DEUTSCHES INSTITUT FÜR WIRTSCHAFTSFORSCHUNG

BEITRÄGE ZUR STRUKTURFORSCHUNG　　　　**HEFT 99 · 1987**

Klaus-Dietrich Bedau, Dieter Teichmann und Rudolf Zwiener

Auswirkungen der Mehrwertsteuererhöhung vom 1. 7. 1983 auf volkswirtschaftliche Gesamtaggregate sowie Haushalte unterschiedlicher Einkommensstruktur

DUNCKER & HUMBLOT · BERLIN

Verzeichnis der Mitarbeiter

Bearbeiter:

Klaus-Dietrich Bedau
Dieter Teichmann
Rudolf Zwiener

EDV:

Helmut Goepel
Helmut Klatt

Statistik:

Horst Hartwig
Hans-Peter Hasse
Reza Rassouli

Graphik:

Margot König

Textverarbeitung:

Barbara Girke
Ingrid Moewius

Herausgeber: Deutsches Institut für Wirtschaftsforschung, Königin-Luise-Str. 5, D-1000 Berlin 33
Telefon (0 30) 82 99 10 — Telefax (0 30) 82 99 12 00
BTX-Systemnummer * 2 99 11 #
Schriftleitung: Prof. Dr. Werner Rothengatter
Verlag Duncker & Humblot GmbH, Dietrich-Schäfer-Weg 9, D-1000 Berlin 41. Alle Rechte vorbehalten.
Druck: 1987 bei ZIPPEL-Druck, Oranienburger Str. 170, D-1000 Berlin 26.
Printed in Germany.
ISBN 3-428-06312-0

Inhaltsverzeichnis

Verzeichnis der Tabellen

Verzeichnis der Schaubilder

KURZFASSUNG

Grundlagen der Untersuchung

1. Die Steuern vom Umsatz (Mehrwertsteuer und Einfuhrumsatzsteuer) sind in der Bundesrepublik Deutschland nach der Lohn- und Einkommensteuer die wichtigste Einnahmequelle des Staates. Angesichts der Bedeutung dieser Steuerquelle ist es nicht verwunderlich, daß die Steuersätze im letzten Jahrzehnt mehrmals zur Verbesserung der Einnahmesituation des Staates erhöht wurden.

2. Eine Anhebung der Mehrwertsteuersätze hat Allokations-, Konjunktur-, Wachstums- und Verteilungswirkungen. Ziel dieser Untersuchung ist es,
   - die Bedingungen für die Überwälzung einer Mehrwertsteuererhöhung sowie die möglichen Wirkungsverläufe abzuleiten,
   - die Auswirkungen der Mehrwertsteuererhöhung vom 1.7.1983 auf Haushalte unterschiedlicher sozialer Gruppen und unterschiedlicher Einkommenshöhe zu quantifizieren,
   - die Auswirkungen der Mehrwertsteuererhöhung vom 1.7.1983 auf volkswirtschaftliche Aggregate zu analysieren,
   - eventuelle Spielräume für weitere Mehrwertsteuererhöhungen auszuloten.

Theoretische Überlegungen

3. Einer Erhöhung der Mehrwertsteuer gehen Signalwirkungen voraus, die von Vorzieheffekten bis zur Ausweitung der Schattenwirtschaft reichen können. Tritt die Steuererhöhung in Kraft, so hat sie Preis- und Marktwirkungen. Unternehmer streben die Überwälzung der zusätzlichen Steuer auf die Produktionsfaktoren an, wenn die Vorwälzung in den Preisen nicht gelingt. Die Gewerkschaften können versuchen, die höhere Steuerlast in Tarifverhandlungen auf die Unternehmer zurückwälzen. Während man beim Konzept der formalen Inzidenz annimmt, daß die Steuererhöhung - wie vom Gesetzgeber beabsichtigt - in voller Höhe auf die Verbraucher abgewälzt wird, berücksichtigt die effektive Inzidenz Nachfragereaktionen der Verbraucher, die eine vollständige Überwälzung ausschließen können.

4. Wirkungen auf die reale Einkommensverteilung, die sich aus der Einführung, Abschaffung oder Erhöhung einer Steuer ergeben, werden als spezifische Inzidenz bezeichnet. Ändern sich die Realeinkommen aufgrund einer Steueränderung und einer

simultan und gleichgerichtet wirkenden Änderung der Staatsausgaben, so spricht man von der Inzidenz des ausgeglichenen Budgets. Betreibt der Staat eine Steuerpolitik, bei der es nur zu Umschichtungen der Einnahmen kommt, so bezeichnet man deren Wirkungen auf die Einkommensverteilung als differentiale Steuerinzidenz.

5. Neben Änderungen in der Einkommensverteilung gibt es Wirkungen auf der Nachfrage-seite, die aus der Einführung, Abschaffung oder Erhöhung einer Steuer herrühren und die Rückwirkungen auf Preisniveau, Produktion und Beschäftigung haben (effektive Inzidenz).

6. Formale und effektive Inzidenz stimmen dann überein, wenn die Unternehmen eine Erhöhung der Mehrwertsteuer vollständig auf die privaten Verbrauchsausgaben über-wälzen konnten. Dies gelingt nur unter bestimmten Bedingungen. Neben der Steuer-rückwälzung von Unternehmen auf die Lieferanten von Vorleistungen oder auf den Produktionsfaktor Arbeit kann es auch zu - rezessiv wirkenden - Gewinneinbußen der Unternehmen kommen.

7. Die privaten Haushalte versuchen in der Regel, nach einer Steuererhöhung - zumindest auf kürzere Frist - ihr reales Ausgabenniveau zu halten. Weil bei vollständiger Überwälzung die Verteilung der Nominaleinkommen unverändert bleibt, aber das Preisniveau steigt, nimmt deshalb kurzfristig die Konsumneigung zu. Mittelfristig passen sich die privaten Haushalte in ihren Konsumgewohnheiten dann dem verän-derten realen Einkommensniveau an.

8. Die gesamtwirtschaftlichen Wirkungen einer Mehrwertsteuererhöhung hängen in we-sentlichem Maße davon ab, welche Geldpolitik die Bundesbank betreibt und wie der Staat die zusätzlichen Mittel verwendet. Dienen sie zum Abbau von Schulden oder zur Verringerung der Nettokreditaufnahme, so gibt es rezessive Impulse. Setzt der Staat die zusätzlichen Einnahmen für höhere öffentliche Investitionen ein, so hat dies positive Produktions- und Beschäftigungswirkungen.

Konjunkturelle Ausgangssituation

9. In welcher Weise die Wirkungsketten verlaufen, hängt von den Rahmenbedingungen ab, die zum Zeitpunkt einer Mehrwertsteuererhöhung herrschen. 1983 erlebte die Bundes republik Deutschland das erste Jahr eines neuen wirtschaftlichen Aufschwungs, der einer mehrjährigen Phase der Stagnation und der Rezession folgte. Die wirtschaftliche Belebung setzte zur Jahreswende 1982/83 ein und verstärkte sich im Jahresverlauf zusehends.

10. Am Arbeitsmarkt, auf dem seit Mitte der siebziger Jahre eine gravierende Lücke zwischen Angebot und Nachfrage klafft, wirkte sich die wirtschaftliche Belebung wenig aus. Allerdings hat sich 1983 der Rückgang der Beschäftigung deutlich verlangsamt, die Zunahme der Arbeitslosigkeit abgeschwächt.

11. Von der Finanzpolitik gingen 1983 restriktive Einflüsse auf die wirtschaftliche Entwicklung aus. Der Staat hat wenig dazu beigetragen, die Lage am Arbeitsmarkt zu entspannen; in erster Linie war die Finanzpolitik darauf gerichtet, das Defizit der öffentlichen Haushalte zu begrenzen und zu verringern. Die Konsolidierung ging zu Lasten der staatlichen Investitionstätigkeit, der Einkommen im öffentlichen Dienst und der staatlichen Sozialleistungen. Die Erhöhung der Mehrwertsteuer zum 1.7.1983 hat die kontraktiven Wirkungen verstärkt, denn die Mehreinnahmen dienten vorwiegend dem Defizitabbau.

12. Die Geldpolitik hat der konjunkturellen Entwicklung 1983 einen expansiven Impuls gegeben. Sie trug aber durch Unstetigkeit auch zu Irritationen auf dem Geld- und Kapitalmarkt bei. Vorübergehend stiegen die Zinsen, obwohl aus konjunktureller Sicht eine kontinuierliche Zinssenkung günstiger gewesen wären.

13. Arbeitgeber und Gewerkschaften haben 1983 eine Politik der Lohnzurückhaltung verfolgt. Tarif- und Effektivverdienste expandierten schwächer als in den Jahren zuvor. Die gesamtwirtschaftlichen "Lohnstückkosten" sind 1983 aufgrund schwacher Verdienstentwicklung, aber kräftiger Produktivitätszunahme nur wenig gestiegen.

14. Die reale Ausfuhr der Bundesrepublik war bis zum dritten Quartal 1983 rückläufig; dann begann ein Nachfragesog aus dem Ausland zu wirken. Die Entwicklung der realen Einfuhr folgte der Nachfragebelebung im Inland, die 1983 einsetzte. Weil die Preise der Einfuhren schwächer stiegen als die der Ausfuhren, verbesserte sich das Güteraustauschverhältnis mit dem Ausland zugunsten der Bundesrepublik Deutschland. Der Außenwert der D-Mark nahm weiter zu.

15. Die Einkommen aus unselbständiger Arbeit sind 1983 schwach, die Einkommen aus Unternehmertätigkeit und Vermögen kräftig gestiegen. Eine solche Entwicklung ist charakteristisch für den Anfang eines konjunkturellen Aufschwungs. Die Verteilungsrelationen erreichten das Niveau, das sie zu Anfang der siebziger Jahre gehabt hatten.

16. Die Entwicklung der Verbraucherpreise hat sich 1983 weiter verlangsamt. Hier wirkte sich aus, daß die Lohnerhöhungen vergleichsweise gering waren, die Lohnstückkosten

und die Erzeugerpreise für gewerbliche Produkte schwächer stiegen als in den Vorjahren, die Erzeugerpreise für landwirtschaftliche Produkte sogar zurückgingen und die Einfuhrpreise bis Mitte 1983 rückläufig waren.

17. Die privaten Haushalte haben ihren Verbrauch 1983 stärker ausgeweitet, als das verfügbare Einkommen zunahm. Die Ersparnis ging zurück. Preisbereinigt ist der private Verbrauch 1983 erstmals seit drei Jahren wieder gestiegen.

Zur Steuerüberwälzung

18. Die gesamtwirtschaftlichen Bedingungen für die Überwälzung der Mehrwertsteuererhöhung waren zur Jahresmitte 1983 weniger günstig als 1979. Nur bei Waren und Dienstleistungen für Bildungs- und Unterhaltungszwecke deutete die Entwicklung des Preisindex auf eine sofortige und volle Überwälzung hin. Allerdings kommt hier auch die Erhöhung der Fernseh- und Rundfunkgebühren zum Ausdruck, die gleichzeitig mit der Mehrwertsteuererhöhung in Kraft trat. Bei Waren und Dienstleistungen für Verkehrszwecke und Nachrichtenübermittlung sowie Elektrizität, Gas und Brennstoffen hat es eine teilweise Vorwälzung im Sommer 1983 gegeben. Keine Hinweise auf eine sofortige Überwälzung der Steuererhöhung gibt die Entwicklung der Preisindizes von Waren und Dienstleistungen für die Körper- und Gesundheitspflege sowie der persönlichen Ausstattung. Für den Bereich der Wohnungsmieten konnte erwartungsgemäß keine Überwälzung festgestellt werden.

19. Preisüberwälzungen sind auch mit Hilfe eines Regressionsansatzes für die Preisindizes des privaten Verbrauchs, der Wohnungsbauinvestitionen, der öffentlichen Bauinvestitionen und des Staatsverbrauchs untersucht worden.

Die Ergebnisse zeigen, daß Preisüberwälzungen in der Regel nicht sofort gelingen, sondern sich über einen gewissen Zeitraum verteilen. Doch das Ausmaß der Überwälzung wird in Regressionsrechnungen vermutlich überschätzt.

20. Für die Simulationsrechnungen mit dem Konjunkturmodell ist es notwendig, einen Überwälzungsgrad vorzugeben. Es wurde eine volle Überwälzung angenommen, allerdings verteilt über einen Zeitraum von drei Jahren. Sowohl hinsichtlich der Annahme der vollen Überwälzung als auch der Verteilung über drei Jahre bestehen einige Unsicherheiten. Die Informationen, die aus dem Regressionsansatz und der Box-Jenkins-Methode gewonnen werden, sprechen indes für die hier getroffenen Annahmen.

Zur Statistik der Einkommensverwendung

21. Will man die Auswirkungen der Mehrwertsteuererhöhung auf Haushalte unterschiedlicher sozialer Gruppen und unterschiedlicher Einkommenshöhe empirisch untersuchen, so benötigt man eine hinreichend tief gegliederte Statistik über die Einkommensverwendung der privaten Haushalte. In den laufenden Wirtschaftsrechnungen des Statistischen Bundesamtes werden für drei Haushaltstypen Einnahmen und Ausgaben detailliert nachgewiesen, doch die monatlichen Daten dieser Statistik zeigen eine "unruhige" Entwicklung. Sie gestatten keine Aussage über die Auswirkungen der Mehrwertsteuererhöhung vom 1.7.1983 auf Haushalte unterschiedlicher Einkommensstruktur.

22. Tiefgegliederte Daten zur Einkommensverteilung und -verwendung sozialer Haushaltsgruppen findet man in den Einkommens- und Verbrauchsstichproben (EVS), die in meist fünfjährigem Abstand durchgeführt werden. Zuletzt wurde die EVS 1983 erhoben; die "zentralen" Ergebnisse stehen aber noch nicht zur Verfügung.

23. Die volkswirtschaftliche Gesamtrechnung (VGR) ist für Strukturuntersuchungen von Bedeutung, weil sie makroökonomische Rahmendaten liefert, die in einem gesamtwirtschaftlichen Kreislaufsystem aufeinander abgestimmt sind. Innerhalb unvermeidlicher Fehlergrenzen schließt man auf diese Weise sowohl die Untererfassung von Einkommens- oder Verbrauchsströmen als auch die Mehrfachzählung von Personen oder Personengruppen aus.

24. Die Modellrechnung des Deutschen Instituts für Wirtschaftsforschung (DIW) zur Einkommensverteilung und -verwendung sozialer Haushaltsgruppen ist abgestimmt mit den Daten der volkswirtschaftlichen Gesamtrechnung. Um die Auswirkungen der Mehrwertsteuererhöhung vom 1.7.1983 auf Haushalte unterschiedlicher Einkommens struktur abzugreifen, wurde mit dieser "Einkommens- und Verbrauchsschichtung" eine komparativ-statische Analyse nach dem Konzept der formalen Inzidenz durchgeführt.

25. In der Einkommensschichtung des DIW werden die Verteilung des Erwerbs- und Vermögenseinkommens, die Einkommensumverteilung durch empfangene und geleistete Transfers sowie die Verteilung des verfügbaren Einkommens detailliert beschrieben. Die Verbrauchsschichtung zeigt, in welchem Verhältnis die einzelnen Haushaltstypen ihr Einkommen auf "unelastische" und "elastische" Ausgabenbereiche verteilen. Das ist im wesentlichen vom Niveau des verfügbaren Einkommens abhängig.

Auswirkungen der Mehrwertsteuererhöhung auf private Haushalte

26. Die Mehrwertsteuerbelastung der einzelnen Verbrauchsbereiche hängt davon ab, in welchem Anteil sie normalbesteuerte, steuerermäßigte und steuerfreie Güter enthalten. Zu berücksichtigen ist die Vorsteuerbelastung von Waren und Dienstleistungen, die auf der Endstufe steuerfrei sind.

27. Haushalte mit niedrigem Einkommen fragen eher Güter des Grundbedarfs nach, die einen geringeren Mehrwertsteueranteil haben als Waren und Dienstleistungen des gehobenen Konsums. Deshalb steigt der Anteil der Mehrwertsteuer an den Verbrauchsausgaben von geringen zu mittleren Einkommen; erst danach setzt ein regressiver Verlauf ein.

28. Bezieht man die Mehrwertsteuerbelastung auf das verfügbare Einkommen, so zeigt sich, daß mit steigendem Einkommen die Bedeutung der umsatzsteuerfreien Ersparnis zunimmt und das Gewicht der mehrwertsteuerbegünstigten Ausgabenbereiche abnimmt. Im unteren Einkommensbereich wirkt stärker die Hinwendung zu vollbesteuerten Waren und Dienstleistungen, bei höheren Einkommen überwiegt der Einfluß der steigenden Sparquote - dann ist klar zu erkennen, daß die Mehrwertsteuerbelastung mit steigendem Einkommen regressiv verläuft.

29. Von einer Erhöhung der Mehrwertsteuer werden die einzelnen Verbrauchsbereiche in unterschiedlichem Ausmaß berührt. Insgesamt belastet die Erhöhung um einen halben Prozentpunkt bei steuerbegünstigten und einen ganzen Prozentpunkt bei normal besteuerten Waren die Verbrauchsausgaben der Privathaushalte um 0,6 vH, das verfügbare Einkommen um etwas über 0,5 vH. Dabei werden die Haushalte aller Einkommensschichten relativ in nahezu gleichem Maße getroffen.

Die absolute Steuermehrbelastung nimmt mit steigendem Einkommen beträchtlich zu. Über zwei Drittel des gesamten Steuermehrbetrages entfallen auf Haushalte, deren Einkommen über dem Medianwert der Einkommensschichtung liegt.

Ökonometrische Simulationen zur Mehrwertsteuererhöhung 1983

30. Die effektive Inzidenz wurde in einer dynamischen Analyse mit der DIW-Version des vierteljährlichen ökonometrischen Konjunkturmodells der Wirtschaftsforschungsinstitute untersucht. Das Modell besteht aus einem güterwirtschaftlichen und einem monetären Teil.

31. Um die Auswirkungen der Mehrwertsteuererhöhung vom 1.7.1983 auf gesamtwirtschaftliche Aggregate mit Hilfe des ökonometrischen Modells abschätzen zu können, ist zuerst eine Basissimulation durchgeführt worden. Hier wurde berechnet, wie die wirtschaftliche Entwicklung ohne die Mehrwertsteuererhöhung verlaufen wäre.

32. Im Vergleich zu dieser Basissimulation wurden dann die Auswirkungen der Mehrwertsteuererhöhung vom 1.7.1983 simuliert und analysiert. Diese Berechnungen zeigen, daß sich die negativen Auswirkungen der Steuererhöhung auf gesamtwirtschaftliche Aggregate erst in den Folgejahren voll auswirken. Die Mehreinnahmen, die sich rechnerisch für den Staat aus der Erhöhung der Mehrwertsteuer ergeben, werden etwa zur Hälfte durch Mindereinnahmen bei direkten Steuern und Sozialversicherungsbeiträgen aufgewogen.

33. Die Mehrwertsteuererhöhung im Jahre 1983 führte über die gesamtwirtschaftlichen Zusammenhänge im Endergebnis in nominaler Rechnung zu einem niedrigeren verfügbaren Einkommen aller privater Haushalte. Gleichzeitig stieg deren Belastung mit höherer Mehrwertsteuer. Real betrachtet sind die verfügbaren Einkommen wegen der steuerinduzierten Preissteigerungen noch stärker zurückgegangen. Davon waren die Selbständigen und die übrigen Haushalte relativ gleich betroffen.

Ökonometrische Simulationen bei alternativer Verwendung des Mehrwertsteueraufkommens

34. Mit einer anderen Finanzpolitik hätte der Staat die wirtschaftliche Entwicklung und die Lage am Arbeitsmarkt positiv beeinflussen können. Dazu wäre es notwendig gewesen, daß er die Einnahmen aus der Mehrwertsteuererhöhung nicht zur Haushaltskonsolidierung, sondern zur Konjunkturunterstützung durch zusätzliche öffentliche Investitionen verwendet hätte. Eine Verwendung der Mehreinnahmen zur Senkung der Unternehmensteuern hätte - für sich genommen - positive gesamtwirtschaftliche Wirkungen ausgelöst, die negativen Effekte der Mehrwertsteuererhöhung wären hierdurch aber nicht ausgeglichen worden.

35. Trotz der zusätzlichen öffentlichen Investitionen hätte sich die Verteilungsposition der Arbeitnehmer und die der Bezieher von Transfereinkommen real verschlechtert. Dies wäre durch tarif-, geld- und sozialpolitische Korrekturen zu verhindern gewesen. Mit einem abgestimmten Maßnahmenbündel hätten sich die expansiven gesamtwirtschaftlichen Effekte noch weiter erhöht.

Bewertung der Ergebnisse

36. Die Frage der Überwälzung der Mehrwertsteuererhöhung ist von zentraler Bedeutung für die gesamtwirtschaftlichen Wirkungen. Sie hängt entscheidend von dem gesamtwirtschaftlichen Umfeld ab. Eine sofortige vollständige Überwälzung der Mehrwertsteuer in die Verbraucherpreise ist nur unter rigiden Bedingungen möglich, und dann auch nur bei einer expansiv ausgerichteten Finanz- und Geldpolitik. Generell läßt sich die Aussage treffen, daß in einer Hochkonjunktur die Voraussetzungen zur Überwälzung in den Preisen günstig und in einer rezessiven Phase ungünstig sind. Hinter dieser Aussage stehen Annahmen über konjunkturbedingt unterschiedliche Preis-Nachfrageelastizitäten und einen unterschiedlich starken Konkurrenzdruck der Anbieter.

37. Mehrwertsteuererhöhungen sollten nicht ohne begleitende finanz-, geld- und lohnpolitische Maßnahmen durchgeführt werden. In der Praxis ist es freilich schwierig, sowohl den konjunkturell richtigen Zeitpunkt für eine Mehrwertsteuererhöhung zu bestimmen als auch die richtige Abstimmung der wirtschaftspolitischen Maßnahmen zu treffen, die erforderlich sind, um die mit einer Steuererhöhung verbundenen negativen Effekte zu vermeiden.

38. Mehrwertsteuererhöhungen sollten vorzugsweise in konjunkturell ruhigeren Zeiten, die vergleichsweise niedrige Preissteigerungsraten aufweisen, vorgenommen werden. In einer solchen Situation sind die Voraussetzungen für die Finanzpolitik günstig. Hier kann sie am ehesten mit einer Unterstützung der Geld- und Lohnpolitik rechnen und die wirtschaftlichen Auftriebskräfte trotz Mehrwertsteueranhebung sogar noch unter stützen. Das Ziel eines Abbaus der öffentlichen Kreditaufnahme ließe sich dann zumindest ohne negative gesamtwirtschaftliche Wirkungen erreichen. Positive gesamtwirtschaftliche Effekte können allerdings nicht erwartet werden.

39. Für die Wahl des richtigen Zeitpunktes kommt der Preisprognose eine besondere Bedeutung zu und gerade die Preisentwicklung kann durch unvorhersehbare externe Einflüsse entscheidend verändert werden. Durch den drastischen Rückgang der Ölpreise sind 1986 Bedingungen geschaffen worden, die für eine Mehrwertsteuererhöhung geeignet wären. Es wäre aber fraglich, ob die dafür notwendigen politischen Entscheidungen sowie das sich anschließende Gesetzgebungsverfahren zügig genug durchgeführt werden könnten, um die günstigen Rahmenbedingungen zu nutzen.

40. Eine Mehrwertsteuererhöhung wirkt auf die Einkommensverteilung weder eindeutig progressiv noch eindeutig regressiv; die Verteilungseffekte sind an ganz bestimmte

Bedingungen geknüpft. Zu nennen sind hier vor allem die konjunkturelle Situation sowie Maßnahmen zur Finanz-, Geld- und Lohnpolitik. Mehrwertsteuererhöhungen wirken mittelfristig verteilungsneutral bis leicht regressiv, solange sie nicht von entsprechenden Tariflohnänderungen begleitet werden. Durch geringe Tariflohnänderungen kann die Verteilungsneutralität gewahrt werden. Kurzfristig können in rezessiven Phasen dennoch progressive Verteilungseffekte auftreten, da bei geringen Überwälzungsmöglichkeiten die Unternehmer stärker getroffen werden als die Arbeitnehmer.

A   Grundlagen der Untersuchung

Die Steuern vom Umsatz (Mehrwertsteuer und Einfuhrumsatzsteuer) sind in der Bundesrepublik Deutschland nach der Lohn- und Einkommensteuer die wichtigste Einnahmequelle des Staates. Im Jahre 1985 war ihr Aufkommen zwar leicht rückläufig, mit knapp 110 Mrd. DM erbrachten die Steuern vom Umsatz aber immerhin gut ein Viertel des Steueraufkommens von Bund, Ländern und Gemeinden.

Angesichts der Bedeutung dieser Steuerquelle ist es nicht verwunderlich, daß die Steuersätze, die von 1968 bis 1977 unverändert bei 5,5 bzw. 11 vH für steuerermäßigte bzw. für normal besteuerte Umsätze gelegen hatten, im letzten Jahrzehnt, in dem sich die finanzielle Lage in den öffentlichen Haushalten drastisch verschlechtert hatte, mehrmals zur Verbesserung der Einnahmensituation des Staates erhöht wurden.

Erleichtert wurden den finanzpolitischen Entscheidungsträgern die Steuererhöhungen durch die Tatsache, daß die Mehrwertsteuersätze in der Bundesrepublik Deutschland, verglichen mit anderen europäischen Ländern, in der unteren Bandbreite der Skala liegen. In den Begründungen der Bundesregierung zur Anhebung der Steuersätze wurden zum Teil unterschiedliche Ziele genannt. So war die Anhebung der Mehrwertsteuersätze vom 1. Januar 1978 (auf 6 bzw. 12 vH) Teil einer breit angelegten Konsolidierungsstrategie zur Sanierung der öffentlichen Haushalte, deren Defizite sich als Folge der Steuerreform 1975 und rezessionsbedingter Steuerausfälle drastisch erhöht hatten. Die zur Mitte des Jahres 1979 vorgenommene Erhöhung der Mehrwertsteuersätze - auf 6,5 bzw. 13 vH - wurde dagegen weniger mit dem Ziel der Haushaltskonsolidierung begründet. Die Mehreinnahmen sollten vielmehr vor allem zur Finanzierung von Maßnahmen zur Wiederbelebung der Wirtschaft verwendet werden. Die vom 1. Juli 1983 an geltende Erhöhung der Steuersätze (auf 7 bzw. 14 vH) war dann wieder stärker an der Konsolidierung der Haushalte ausgerichtet. So sahen die Beschlüsse der Bundesregierung zum Bundeshaushalt 1983 auf der Ausgabenseite eine Reihe von einschneidenden Sparmaßnahmen vor. Im Vergleich dazu wurden nur geringfügige Mittel zur Verbesserung der steuerlichen Rahmenbedingungen und zur Stärkung der Investitionskraft der Unternehmen eingesetzt.

Es liegt auf der Hand, daß eine Anhebung der Mehrwertsteuersätze erhebliche Auswirkungen auf eine Volkswirtschaft haben kann. Von ihr gehen Allokations-, Konjunktur-, Wachstums- und Verteilungswirkungen aus. Das Ziel dieser Untersuchung besteht im ersten Teil darin, die Bedingungen für die Überwälzung sowie die möglichen Wirkungsverläufe aus theoretischer Sicht abzuleiten. Den zweiten Schwerpunkt bildet die Frage nach den Belastungswirkungen der Mehrwertsteuererhöhung für unterschiedliche private Haushalte, die anhand einer im DIW entwickelten und für das Jahr 1983 aktualisierten Einkommens- und Verbrauchsschichtung analysiert wird. Hierbei handelt es sich um eine komparativ-statische Analyse, in der auf der Basis der formalen Steuerinzidenz die Belastung der privaten Haushalte durch die Mehrwertsteuererhöhung ermittelt wird. An diesen Teil schließt sich die Analyse der gesamtwirtschaftlichen Wirkungen der letzten Mehrwertsteuererhöhung zum 1. Juli 1983 an. Die Grundlage für die gesamtwirtschaftliche Wirkungsanalyse ist die DIW-Version des vierteljährlichen ökonometrischen Modells der Wirtschaftsforschungsinstitute, in dem für die Zwecke dieser Untersuchung die privaten Haushalte nach den Selbständigen- und den übrigen Haushalten disaggregiert worden waren. In dem ökonometrischen Modell werden die gesamtwirtschaftlichen Auswirkungen in einer dynamischen und sich über mehrere Jahre erstreckenden Analyse ermittelt. Im Unterschied zu den tief disaggregierten Belastungswirkungen auf die privaten Haushalte erfolgt die dynamische Analyse nach dem Konzept der effektiven Inzidenz.

Schließlich wird unter Berücksichtigung all dieser Ergebnisse der Frage nach eventuellen Spielräumen für weitere Mehrwertsteuererhöhungen nachgegangen.

B   Theoretische Überlegungen zur Steuerinzidenz und zu den gesamtwirtschaftlichen Wirkungsketten

1.   Allgemeine Aspekte einer Wirkungsanalyse

Die Erhöhung der Mehrwertsteuersätze ist nur eines von vielen finanzpolitischen Instrumenten, die vom Staat isoliert oder mit anderen Instrumenten der Wirtschafts- und Finanzpolitik zusammen eingesetzt werden können, um bestimmte Ziele zu erreichen. Generell gilt, daß mit jeder Steuererhöhung dem privaten Sektor zunächst einmal Kaufkraft entzogen und zum öffentlichen Sektor verlagert wird. Die von einer Steuererhöhung direkt oder indirekt betroffenen Wirtschaftssubjekte (private Haushalte, Unternehmen) werden auf diesen Kaufkraftentzug reagieren und ihr Verhalten entsprechend den neuen Bedingungen anpassen. Je nach dem, welche Anpassungen an den veränderten Datenkranz in der Volkswirtschaft stattfinden, ergeben sich unterschiedliche Wirkungen auf Entstehung, Verteilung und Verwendung des Sozialprodukts. Art und Umfang der Anpassung an eine Mehrwertsteuererhöhung hängen darüber hinaus von einer ganzen Reihe von Nebenbedingungen ab. Eine wichtige Rolle spielt das allgemeine Konjunktur- und Preisklima, aber auch die Geld- und Finanzpolitik kann einen erheblichen Einfluß auf das Verhalten der Wirtschaftssubjekte ausüben. In dieser Untersuchung werden die gesamtwirtschaftlichen Auswirkungen einer Erhöhung der Umsatzsteuer auf die makroökonomischen Kreislaufgrößen analysiert, wobei bei der Verwendung der zusätzlichen Steuermittel durch den Staat verschiedenen Varianten nachgegangen wird.

Die entscheidende Frage lautet: Welche Veränderungen und Anpassungen werden sich als Folge einer Erhöhung der Mehrwertsteuer im privaten Sektor ergeben? Hierbei muß ins Kalkül gezogen werden, daß der Staat und der private Sektor auf die gleiche Ausstattung der Volkswirtschaft mit Produktivkräften angewiesen sind, und daß beide bei der Inanspruchnahme der Ressourcen im Wettbewerb miteinander stehen. In diesem Zusammenhang sind vor allem Probleme der Allokation von Produktionsfaktoren angesprochen, d.h. es stellt sich die Frage nach der optimalen Aufteilung zwischen privaten und öffentlichen Bedürfnissen. Verwendet der Staat die zusätzlichen Einnahmen aus der Mehrwertsteuererhöhung z.B. zur Finanzierung zusätzlicher Staatsausgaben, so bedeutet dies eine stärkere Beanspruchung des Produktionspotentials zu Lasten des privaten Sektors. Hieraus ergibt sich für den Staat der Zwang, eine solche Finanzpolitik vor der Öffentlichkeit zu begründen. Relativ problemlos wird dies geschehen, wenn die zusätzlichen Einnahmen zur Finanzierung einer allen Wirtschaftssubjekten erwünscht erscheinenden besseren Aufteilung der Ressourcen verwendet werden. Besondere Legitimationsprobleme ergeben sich jedoch dann, wenn die beabsichtigte verstärkte Staatsaktivität zu einer von der Bevölkerung als zu hoch empfundenen Steuerbelastung führt. In diesem Fall müssen die finanz-politischen Entscheidungsträger abwägen und die eventuell als Folge der Steuererhöhung eintretenden negativen Wachstumseffekte den Wirkungen gegenüberstellen, die sich aus der Verstärkung der staatlichen Aktivitäten ergeben. Vermehrte Staatsaktivitäten können indes durchaus eine Basisfunktion für die wirtschaftliche Entwicklung haben (z.B. Maß-nahmen im Infrastrukturbereich). In bestimmten Fällen kann es sogar so sein, daß Wirtschaftswachstum durch höhere staatliche Investitionsaufwendungen erst möglich wird.

Eng mit dem Allokationsaspekt verknüpft ist der Verwendungsaspekt. Die gesamtwirt-schaftlichen Wirkungen einer Mehrwertsteuererhöhung hängen nicht unwesentlich davon ab, wie der Staat diese zusätzlichen Mittel verwendet. Deshalb müssen in einer kreislauf-mäßigen Betrachtung sowohl die Entzugs- als auch die Ausgabeneffekte einer Mehrwert-steuererhöhung analysiert werden. Eine vom Staat über eine Steuererhöhung erzwungene "Kaufkraftübertragung ist kein Selbstzweck, sondern dient der Verfolgung höherwertiger Ziele" (Pohmer, 1977, S. 194). Die zusätzlichen Mittel können vom Staat etwa eingesetzt werden, um höhere Staatsausgaben (öffentlicher Verbrauch, staatliche Investitionen und/oder Transferzahlungen) zu finanzieren oder aber, um die direkten Steuern zu senken oder die öffentlichen Defizite zu verringern.

Da eine Volkswirtschaft ein interdependentes System darstellt, haben alle Maßnahmen des Staates Einfluß auf die privatwirtschaftlichen Größen, die wiederum Rückwirkungen auf die öffentlichen Einnahme- und Ausgabeströme ausüben. Wichtig in diesem Zusammen-hang ist auch die Tatsache, daß gesamtwirtschaftliche Wirkungen von den öffentlichen Haushalten nicht nur dann ausgehen, wenn sich in der Höhe der Einnahmen und Ausgaben Veränderungen ergeben. Spürbare Effekte auf die Volkswirtschaft sind auch zu erwarten, wenn sich z. B. die Zusammensetzung der Einnahmen und Ausgaben wesentlich ändert. So werden die gesamtwirtschaftlichen Auswirkungen unterschiedlich sein, je nach dem, ob der Staat die zusätzlichen Einnahmen aus den indirekten Steuern für die Bezahlung von mehr Staatsbediensteten ausgibt, für öffentliche Investitionen oder aber zur Senkung der direkten Steuern verwendet.

Im Rahmen einer Wirkungsanalyse der Mehrwertsteuererhöhung fällt es - wie bei allen gesamtwirtschaftlichen Analysen - schwer, die Wirkungen einer bestimmten Maßnahme zu isolieren. Der Wirtschaftsablauf wird ja ständig durch eine Vielzahl von Faktoren beeinflußt (Interdependenzproblem). Wegen der Komplexität der Beziehungen und der damit zusammenhängenden Rückkoppelungen ist es nur bedingt möglich, eindeutige Aussagen über die gesamtwirtschaftlichen Wirkungen einer Mehrwertsteuererhöhung zu machen.

Im zeitlichen Ablauf ist zu unterscheiden zwischen den Wirkungen im Stadium der Planung, der Einführung und der Durchsetzung. Am Anfang, wenn der Staat die geplante Steuererhöhung der Öffentlichkeit bekannt gibt, stehen die psychologischen Wirkungen, die von Musgrave (vgl. Musgrave 1974, S. 191) mit der Bezeichnung "Grolleffekt" versehen und von Schmölders "Signalwirkungen" (vgl. Schmölders 1972, S. 1053 f.) genannt werden. Die in diesem Zusammenhang möglichen Ausweichreaktionen können von Vorzieheffekten bis zu Ausweitung der Schattenwirtschaft gehen. Die zweite Stufe schließt sich dann mit der Einführung der höheren Steuersätze und den hierdurch ausgelösten Preis- und Marktwirkungen an. Die aus den Preis- und Marktwirkungen resultierenden Überwälzungs- vorgänge bilden einen wesentlichen Teil der Inzidenzanalyse. Die Frage, ob einem Unternehmen die "Vorwälzung" auf den Verbraucher oder aber die "Rückwälzung" auf die eingesetzten Produktionsfaktoren gelingt, hat erhebliche Auswirkungen auf den gesamt- wirtschaftlichen Prozeß. Überwälzungsmöglichkeiten ergeben sich jedoch nicht nur für die Unternehmen; die Arbeitnehmer können z.B. höhere Lohnabschlüsse durchsetzen. In Abhängigkeit von den Überwälzungsspielräumen, die wiederum von einer ganzen Reihe anderer Faktoren abhängig sind, dauert es eine gewisse Zeit, bis ein Endpunkt im Anpassungsprozeß erreicht ist. Nach Abschluß aller Überwälzungsvorgänge zeigt sich, wer von den Wirtschaftssubjekten die zusätzliche Steuerlast letztlich zu tragen hat. Die Analyse der gesamtwirtschaftlichen Wirkungen ist indes mit der Frage nach den Möglich- keiten und Bedingungen der Überwälzung keineswegs abgeschlossen. Die aus der Steuer- erhöhung letztlich resultierende Änderung der Einkommensverteilung wird - im dritten Stadium - mehr oder minder starke Wirkungen auf Nachfrage und Beschäftigung ausüben. Diese Wirkungen lassen sich dann als die Einkommenswirkungen der Mehrwertsteuer- erhöhung bezeichnen.

2. Zum Begriff der Steuerinzidenz

In der Finanzwissenschaft hat sich eine Reihe von Inzidenzbegriffen herausgebildet, die je nach dem Standpunkt des Betrachters unterschiedlich weite Wirkungsabläufe einschließen können. Generell unterstellt jedes Konzept der Steuerinzidenz, daß der Steuerzahler nicht in jedem Fall mit dem endgültigen Steuerträger identisch ist. Die Frage nach der Steuerinzidenz ergibt sich unabhängig davon, ob - wie im Falle einer Mehrwertsteuer- erhöhung - die Überwälzung beabsichtigt ist oder nicht. In der engeren Abgrenzung ist die Inzidenz das Ergebnis der aufgrund einer Steuererhöhung stattfindenden Überwälzungen. Der Prozeß ist dann abgeschlossen, wenn ein "bestimmter Teil der Steuerbelastung beim endgültigen Zahler zur "Ruhe kommt" (vgl. Musgrave 1974, S. 177).

In dieser Untersuchung wird - wie in den meisten empirischen Untersuchungen - bei der Analyse der Wirkungen auf die privaten Haushalte mit unterschiedlicher Einkommens struktur das Konzept der formalen Inzidenz angewendet. Bei diesem Konzept wird in einer ex-post Betrachtung die Belastung der privaten Haushalte mit Umsatzsteuern formal aus den besteuerten Konsumausgaben und den für jede Verbrauchskategorie geltenden Mehrwertsteuersätzen berechnet. Mit dieser Vorgehensweise wird implizit unterstellt, daß die Unternehmensgewinne nicht tangiert werden, sondern die höhere Steuer - wie es vom Gesetzgeber beabsichtigt ist - voll auf die Verbraucher abgewälzt werden kann. Darüber hinaus wird unterstellt, daß die Verbraucher weder mit einer Einschränkung ihrer realen Käufe noch mit einer Umschichtung ihrer Ausgaben von den höher besteuerten Gütern und Dienstleistungen zu den nicht- oder geringer besteuerten Waren reagieren. Im Fall der Mehrwertsteuererhöhung kann das Problem der Gütersubstitution vernachlässigt werden, da weitgehend alle Güter und Dienste - bei unverändertem Katalog der steuerbefreiten Tatbestände - von einer Anhebung der Steuersätze betroffen sind. Die formale Inzidenz unterstellt, daß die Belastung der privaten Haushalte mit Mehrwertsteuer ausschließlich von der Höhe der Einkommen und der sich daraus ergebenden Verbrauchsstruktur determiniert wird.

Im Unterschied zur formalen Inzidenz berücksichtigt die effektive Inzidenz, daß sich die Preisbildung für Waren und Dienste überwiegend auf Märkten abspielt, auf denen Angebot und Nachfrage zu "Gleichgewichtspreisen" führen. Für den Verbraucher und sein Verhalten spielt es prinzipiell keine Rolle, ob die Preiserhöhungen aufgrund von Kostensteigerungen bei den Produzenten oder als Folge einer Steuererhöhung vorgenommen werden. Reagiert die Nachfrage der privaten Haushalte elastisch auf die Preiserhöhung, so wird dies bei den Unternehmen einen realen Absatzrückgang zur Folge haben. Wie hoch dieser Absatzrückgang ausfällt, hängt vom Grad der Preiselastizität der Nachfrage ab. Dadurch, daß die Verbraucher aufgrund ihrer Nachfragepräferenzen nicht bereit sind, den - um den Steuerbetrag - höheren Preis zu zahlen und mit einer Reduktion ihrer mengenmäßigen Nachfrage reagieren, bleibt ein Teil der Steuerlast, weil eine volle Überwälzung nicht gelingt, bei den Produzenten hängen.

Für die Abschätzung der wirtschaftlichen Wirkungen einer Mehrwertsteuererhöhung reicht die enge Begriffsabgrenzung der Inzidenz nicht aus. Musgrave (vgl. Musgrave 1974, S. 158) definiert die Inzidenz der Steuer- und Ausgabenpolitik dementsprechend weiter und versteht darunter die Wirkung einer Steuer- oder Ausgabenänderung auf die Verteilung der realen Einkommen. Die sich aus der Einkommensverteilung als Fernwirkungen ergebenden Einflüsse auf die wirtschaftliche Entwicklung bezeichnet Musgrave als Ausbringungswirkungen. Von diesen beiden Komponenten der gesamten Änderung getrennt gehalten wird der dritte Aspekt, nämlich der Transfer von Ressourcen vom privaten zum öffentlichen Sektor, der wiederum eigene, von der Steuererhöhung unabhängige Verteilungswirkungen hat. Die Aufgliederung der Gesamtänderungen in die einzelnen Komponenten hat den Vorteil, daß die Wirkungen getrennt voneinander analysiert werden können.

Bei einem solchen Vorgehen wird es möglich, Änderungen von einzelnen Steuern oder Ausgaben, den Ersatz einer Steuer oder Ausgabe durch eine andere oder simultane Maßnahmen bei den Einnahmen und Ausgaben in ihren verteilungsrelevanten Effekten darzustellen.

Wirkungen auf die reale Einkommensverteilung, die sich aus der Einführung, Abschaffung oder Erhöhung einer Steuer ergeben, werden als spezifische Inzidenz (specific tax incidence) bezeichnet. Dieses Konzept der Inzidenz unterstellt Konstanz der Staatsausgaben. Das Prinzip der spezifischen Inzidenz läßt sich analog auch auf die Ausgabenpolitik des Staates anwenden. Werden im Zuge einer Steueränderung die Staatsausgaben simultan und gleichgerichtet verändert, dann wird die hieraus resultierende Veränderung der Realeinkommen als Inzidenz des ausgeglichenen Budgets (balanced budget incidence) bezeichnet. Betreibt der Staat eine Steuerpolitik, bei der es nur zu Umschichtungen der Einnahmen kommt, so bezeichnet man die sich hieraus ergebenden Wirkungen auf die Einkommensverteilung als differentiale Steuerinzidenz (differential tax incidence).

Die kurz dargestellten Inzidenzkonzepte gelten streng genommen nur in einem klassischen Wirtschaftssystem, in dem sich Sparen und Investitionen entsprechen und Vollbeschäftigung stets gegeben ist. Gemessen werden die Änderungen in der Einkommensverteilung, die sich aus einer Variation der Steuer- und Ausgabenpolitik unter Berücksichtigung der hieraus resultierenden inflatorischen oder deflatorischen Prozesse ergeben. Der Inzidenzbegriff im klassischen System ist definiert als "Änderung in der Verteilung des Einkommens, das für den privaten Verbrauch zur Verfügung steht" (Musgrave 1974, S. 175). Bewegt man sich jedoch in einem System, in dem Vollbeschäftigung nicht immer gegeben sein muß, dann umfassen die Inzidenzbegriffe auch Wirkungen auf der Nachfrageseite, die sich aus Veränderungen der Ausgaben für den privaten Konsum ergeben und die wiederum Rückwirkungen auf Preisniveau, Produktion und Beschäftigung haben. Dieser sehr weit gefaßte und über Musgrave hinausgehende Inzidenzbegriff bildet die methodische Basis für die Berechnungen mit dem ökonometrischen Modell.

3. Theoretische Überlegungen zu den gesamtwirtschaftlichen Wirkungen einer Mehrwertsteuererhöhung

Im Rahmen einer gesamtwirtschaftlichen Kreislaufbetrachtung kann die Wirkungsanalyse einer Mehrwertsteuererhöhung an verschiedenen Punkten ansetzen. Für die Zwecke dieser

Untersuchung bietet es sich an, die Wirkungsketten aus institutioneller Sicht, d.h. Unternehmen, private Haushalte, Staat, abzuleiten.

Von einer Mehrwertsteuererhöhung ist zunächst die Ebene der Unternehmen als Steuerpflichtige betroffen. Dies bedeutet aber nicht, daß die Unternehmen auch tatsächlich die höhere Mehrwertsteuer tragen. Der Gesetzgeber erwartet sogar, daß die Umsatzsteuer als eine indirekte Steuer in den Preisen überwälzt und so letztlich vom Endverbraucher getragen wird. Tatsächlich hängen die gesamtwirtschaftlichen Folgewirkungen davon ab, ob und in welchem Ausmaß es den Unternehmen gelingt, die Mehrwertsteuererhöhung über die Preise an die Nachfrager weiterzugeben.

Unter welchen Bedingungen die Preisbildung und damit die Überwälzung aufgrund einer Erhöhung der Mehrwertsteuer abläuft, soll anhand einfacher Angebots- und Nachfragefunktionen für ein Gut 'X' betrachtet werden (siehe Schaubild). Dabei stellt NN die Nachfragekurve der Konsumenten nach dem Gut 'X' in Abhängigkeit vom Preis dar. Aus dem - aus Vereinfachungsgründen als linear angenommenen - Verlauf ergibt sich, daß der Absatz des Gutes 'X' umso höher ist, je geringer der Preis hierfür angesetzt wird. AA stellt die Angebotskurve vor Einführung bzw. vor Erhöhung einer Mehrwertsteuer dar, während $A_{ust} A_{ust}$ die Angebotskurve nach Einführung einer Umsatzsteuer bildet. Da die Mehrwertsteuer als Wertsteuer mit einem festen Prozentsatz vom Preis erhoben wird, verschiebt sich die Angebotskurve mit einer Linksdrehung nach oben, der Abstand der beiden Angebotskurven entspricht also der Mehrwertsteuer pro Einheit des abgesetzten Gutes 'X'.

Unterstellt man, daß sich die Preisbildung auf einem vollkommenen Markt vollzieht, so ergibt sich ein Gleichgewicht von Angebot und Nachfrage vor Einführung bzw. Erhöhung der Mehrwertsteuer im Punkt G_0, bei dem die Menge X_0 (100) zu einem Preis P_0 (80) abgesetzt wird. Nach der Einführung der Mehrwertsteuer findet ein Anpassungsprozeß statt, der sein neues Gleichgewicht im Punkt G_1 findet, also im Schnittpunkt der Nachfragekurve NN mit der neuen Angebotskurve $A_{UST} A_{UST}$. Die Marktverhältnisse stellen sich für das Unternehmen in diesem Beispiel so dar, daß eine Vorwälzung in die Verbraucherpreise nicht ohne weiteres möglich ist. Die Verbraucher reagieren auf die steuerinduzierte Preiserhöhung elastisch und schränken ihren Verbrauch auf X_1 (75) ein. Bei dieser Absatzmenge liegt der Absatzpreis P_1 (82,5) deutlich unter dem Preis P_2 (88) bei voller Überwälzung der Steuer. Zieht man von dem neuen Verkaufspreis P_1 (82,5) die Umsatzsteuer - im Zahlenbeispiel 10 vH des Erzeugerpreises - ab, so verbleibt dem Unternehmen ein Nettopreis in Höhe von EP (75). Dieser Preis liegt erheblich unter dem alten Gleichgewichtspreis P_0 (80), der - weil es keine Umsatzsteuer gab - mit dem

Erzeuger- bzw. Nettopreis des Produzenten identisch ist. Bei den unterstellten Elastizitätsverhältnissen muß das betroffene Unternehmen einen erheblichen Teil der Steuerlast pro Mengeneinheit, nämlich p_0 (80) minus EP (75), tragen, während auf die Verbraucher pro Mengeneinheit die Differenz zwischen P_1 (82,5) und P_0 (80) entfällt. Insgesamt verteilt sich die Steuerlast auf die Unternehmer und privaten Haushalte wie folgt:

$$(P_1 - EP) \times X_1 \qquad = \qquad (P_1 - P_0) \times X_1 \qquad + \qquad (P_0 - EP) X_1$$

Umsatzsteuer-	= Auf private Haus-	+ Auf Unternehmen
aufkommen	halte überwälzter	zurückgewälzter
	Teil	Teil

$$(82,5\text{-}75) \times 90 \qquad = \qquad (82,5\text{-}80) \times 90 \qquad + \qquad (80\text{-}75) \times 90$$

Schaubild 1

Inzidenz der Mehrwertsteuer

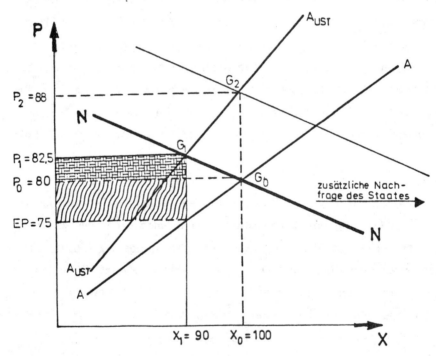

INZIDENZ DER MEHRWERTSTEUER

NN = Nachfragekurve

AA = Angebotskurve ohne Umsatzsteuer

A_{UST} A_{UST} = Angebotskurve einschl. Umsatzsteuer

P_0 = Gleichgewichtspreis vor Umsatzsteuer

X_0 = Gleichgewichtsmenge vor Umsatzsteuer

P_1 = Gleichgewichtspreis nach Umsatzsteuer

X_1 = Gleichgewichtsmenge nach Umsatzsteuer

EP = Erzeugerpreis (Verkaufspreis abzügl. Umsatzsteuer)

Die sich aus den Nachfrageelastizitäten ergebende Steuerlastverteilung entspricht der effektiven Inzidenz. Formale und effektive Inzidenz stimmen nicht überein, da die Nachfrager elastisch reagieren. Das sich im neuen Gleichgewicht G_1 ergebende Umsatzsteueraufkommen - $(P_1 - EP) \times X_1)$ - wäre im Falle der formalen Inzidenz identisch mit der Steuerlast der privaten Haushalte. Doch die vollständige Überwälzung einer Mehrwertsteuererhöhung in die privaten Verbrauchsausgaben ist nur unter ganz bestimmten Bedingungen möglich. Formale und effektive Inzidenz stimmen lediglich dann überein, wenn die volle Überwälzung der höheren Mehrwertsteuer gelingt bzw. die Nachfrager vollkommen unelastisch auf steuerinduzierte Preisveränderungen reagieren.

Da die Mehrwertsteuererhöhung alle Güter und Dienste weitgehend gleichmäßig trifft, besteht für die Verbraucher keine Möglichkeit, auf geringer oder gar nicht besteuerte Waren auszuweichen. Es ist auch nicht mit Ausweichreaktionen zu anderen Anbietern zu rechnen, da sich die relativen Preise durch die Mehrwertsteuererhöhung nicht verändern. Unter dieser Voraussetzung besteht für die Verbraucher daher nur die Möglichkeit, durch Mengenreaktionen die Steuerlast wenigstens teilweise auf die Unternehmen zu verlagern.

Eine vollständige Überwälzung der Umsatzsteuererhöhung bedeutet in Schaubild 1, daß die Nachfragekurve NN senkrecht zur Abszisse durch die Punkte G_2, G_0 und X_0 geht. Die Aufrechterhaltung des realen Konsumniveaus setzt gesamtwirtschaftlich allerdings voraus, daß die marginale Konsumquote steigt.

Im gesamtwirtschaftlichen Kreislauf wird die aufgrund der Mehrwertsteuererhöhung ausfallende reale Nachfrage der privaten Haushalte ersetzt, wenn die öffentliche Nachfrage entsprechend steigt. In der Realität ergibt sich allerdings das Problem, daß sich private und öffentliche Nachfrage sowohl hinsichtlich ihrer Struktur als auch in der Anforderung an die Produktionskapazitäten stark unterscheiden. Abgesehen von den Strukturproblemen reicht eine zusätzliche öffentliche Nachfrage indes als Bedingung für die volle Überwälzung der Mehrwertsteuer nicht aus. Erforderlich ist außerdem die Unterstützung durch die Geldpolitik. Sie muß durch eine expansivere Ausrichtung sicherstellen, daß eine insgesamt unverändert hohe reale Gesamtnachfrage zu den steuerlich bedingt höheren Preisen abgesetzt werden kann. Die für eine Überwälzung notwendige zusätzliche monetäre Nachfrage kann nur dann befriedigt werden, wenn die Geldpolitik die Geldmenge ausweitet und von daher den Spielraum für die Überwälzung der Mehrwertsteuer schafft und/oder aber die Umlaufgeschwindigkeit des Geldes steigt.

Mehrwertsteuererhöhungen sind jedoch nicht nur mit Überwälzungsvorgängen zwischen Unternehmen und privaten Haushalten verbunden, sondern es können sich auch Rückwälzungsprozesse innerhalb des Unternehmenssektors ergeben. Je nach der Marktstellung, die ein Unternehmen besitzt, kommt es zu einem Druck auf die Vorleistungspreise. Die Möglichkeit zur Rückwälzung kann umso höher eingeschätzt werden, je größer der Vorleistungsanteil am Umsatz und je höher die Abhängigkeit des Vorlieferanten von dem betreffenden Unternehmen sind. Ist die Rückwälzung auf den Vorlieferanten erfolgreich, so bedeutet dies, daß die im Hinblick auf die Produktionsstruktur an sich neutrale Nettoumsatzsteuer durchaus Strukturwirkungen hat.

Gelingt es den Unternehmen insgesamt nicht, die für eine volle Überwälzung notwendigen Preiserhöhungen auf den Absatzmärkten zu realisieren, so können sie auch versuchen, den nicht vorgewälzten Teil der Mehrwertsteuer durch Lohnkürzungen oder geringere Lohn-erhöhungen auf den Faktor Arbeit zurückzuwälzen. Inwieweit die Mehrwertsteuererhöhung auf den Faktor Arbeit verlagert werden kann, hängt entscheidend von den Bedingungen auf dem Arbeitsmarkt ab. Die Voraussetzungen, daß dies gelingt, sind in einer vollbeschäftig-ten Wirtschaft tendenziell geringer als bei Unterbeschäftigung. Die Gewerkschaften stehen jedoch bei Arbeitslosigkeit unter einem stärkeren Erfolgsdruck, so daß eindeutige Zusammenhänge nicht gegeben sind.

Gelingt den Unternehmen keine volle Überwälzung der Mehrwertsteuer in die Verkaufs-preise, dann kommen - bei unveränderten Bedingungen auf der Kostenseite - die Gewinne unter Druck. Wenn die Bundesbank, beispielsweise weil sie stabilitätsorientiert handelt, eine restriktive Geldpolitik betreibt, wird dies den Überwälzungsspielraum einschränken. Gewinnschmälerung bedeutet, daß die Selbständigen-Haushalte - bei konstanter Grenz-neigung des Verbrauchs - ihren Konsum einschränken. Mehr noch ist ein negativer Einfluß auf das Investitionsverhalten zu erwarten. Der unter diesen Prämissen ausgelöste Produk-tionsrückgang wird sich negativ auf die Beschäftigungssituation und die verfügbaren Einkommen der Arbeitnehmer auswirken. Per Saldo wird durch die Mehrwertsteuer-erhöhung unter diesen Bedingungen ein rezessiver Impuls ausgelöst, der für den Staat negative Auswirkungen auf die Steuereinnahmen hat.

Aus der Sicht der privaten Haushalte stellt sich bei einer Mehrwertsteuererhöhung die Frage, wie sich ihre Einkommen sowie ihre Konsumneigung ändern. Im Falle der vollen Überwälzung bleibt das Nominaleinkommen der Arbeitnehmerhaushalte durch die Steuer-erhöhung zunächst unberührt. Dies gilt auch für die Einkommen der Unternehmerhaus-halte, deren Gewinne sich gemäß der gesetzten Prämissen ebenfalls nicht verändern, da die Produzenten bei unveränderten Kosten weiterhin gleich hohe Erzeugerpreise erzielen.

Die private Verbrauchsnachfrage hängt nicht nur von der Höhe der verfügbaren Ein-kommen ab, sondern wird auch von psychologischen Größen, z.B. Verbrauchsgewohnheiten, beeinflußt. Viele Einflußgrößen zusammen bestimmen die Grenzneigung zum Verbrauch. Die Konsumneigung ist keine konstante Größe, sie variert z.B. mit der wirtschaftlichen Lage. In Zeiten hoher Arbeitslosigkeit kann sie insgesamt geringer sein als in einer vollbeschäftigten Wirtschaft, da in dieser Situation der Vorsorgeaspekt zu zusätzlichem Sparen führt. Die Konsumquote der privaten Haushalte wird sich aber auch verändern, wenn sich die Einkommensverteilung verschiebt. Generell gilt, daß die Konsumneigung mit steigendem Einkommen fällt. Kommt es aber in einer unterbeschäftigten Wirtschaft zu einem Wachstumsprozess, in dessen Verlauf mehr und mehr Arbeitslose einen neuen Arbeitsplatz finden, so ist es durchaus möglich, daß die gesamtwirtschaftliche Konsumneigung mit den wachsenden Einkommen ebenfalls steigt, weil sich ein Nachholbedarf angestaut hat.

Im Falle einer Mehrwertsteuererhöhung ist davon auszugehen, daß die privaten Haushalte bei unveränderten nominalen Einkommen und steuerbedingt höheren Preisen - zumindest auf kürzere Frist - versuchen werden, ihr reales Ausgabenniveau zu halten. Ein solches Verhalten führt zu einem kurzfristigen Anstieg der Konsumneigung. Erst mittelfristig werden sich die privaten Haushalte in ihren Konsumgewohnheiten dem veränderten realen Einkommensniveau anpassen.

Die Grenzneigung zum Verbrauch kann durch eine Mehrwertsteuererhöhung auch dadurch berührt werden, daß die Verbraucher Käufe von langlebigen und höherwertigen Konsumgütern vorziehen. Diese als Ankündigungswirkung bezeichnete Verhaltensweise der Konsumenten war in mehr oder minder starkem Ausmaß auch bei den letzten Mehrwertsteueranhebungen zu beobachten. Aufgrund der Signalwirkung kommt es zu einem kurzfristigen Ausgabenschub.

Während das Vorziehen von Käufen ein legaler Vorgang ist, zählen die schwarzen Umsätze bzw. die Schattenwirtschaft zu den Tatbeständen der Steuerhinterziehung.Von schwarzen Umsätzen spricht man, wenn steuerpflichtige Leistungen der Besteuerung entzogen werden. In der Bundesrepublik Deutschland wird in den letzten Jahren verstärkt über das Phänomen der Schattenwirtschaft und die daraus resultierenden volkswirtschaftlichen Schäden diskutiert. Vielfach wird angeführt, daß insbesondere die übermäßig hohen Steuersätze die Flucht in die Schattenwirtschaft fördern. Es ist sicher richtig, daß die Ausweitung der Schattenwirtschaft nicht unabhängig von der Höhe der Steuersätze gesehen werden kann. Generell gilt, daß für Unternehmer und private Haushalte stets ein Anreiz besteht, Umsätze unversteuert zu tätigen, denn sie sparen nicht nur die Produktions- und Umsatzsteuern, sondern darüber hinaus auch Einkommensteuer und Sozialabgaben. Allerdings haben sich mittelfristig weniger die Abgabenquoten, sondern die wirtschaftlichen Rahmenbedingungen geändert. Der Einfluß der Steuersätze auf den

Umfang und die Ausweitung der Schattenwirtschaft wird in der Diskussion wohl oft überbetont. Gegenwärtig sieht es so aus, daß die Zunahme der Schattenwirtschaft weniger eine Folge der Steuersätze als vielmehr der mangelnden Erwerbsmöglichkeiten ist. Dennoch kann nicht von der Hand gewiesen werden, daß z.B. eine Erhöhung der Mehrwertsteuersätze den Anreiz zur Steuerumgehung erhöht. Eine quantitative Aussage läßt sich jedoch kaum machen.

Die gesamtwirtschaftlichen Wirkungen der Mehrwertsteuererhöhung hängen - wie schon angesprochen wurde - in wesentlichem Maße davon ab, wie der Staat die zusätzlichen Mittel verwendet. Zu rezessiven Impulsen wird es kommen, wenn die öffentlichen Haushalte diese Mittel zum Abbau von Schulden bzw. zur Verringerung der Nettokreditaufnahme verwenden. In einer Phase schwacher Gesamtnachfrage reicht dann selbst eine expansive Geldpolitik nicht aus, die volle Überwälzung zu sichern. Vielmehr kommt es zu einer Schrumpfung der gesamtwirtschaftlichen Nachfrage und zu einem Druck auf die Bruttogewinne. Die Unternehmen müssen aufgrund der rückläufigen Gesamtnachfrage ihre Produktion einschränken. Dies wiederum dürfte mit einem Rückgang der Beschäftigung verbunden sein und wirkt über die gedrückten Einkommen wieder zurück auf den privaten Verbrauch. Die Unternehmensinvestitionen werden durch die gedrückten Gewinne und die verringerten Absatzerwartungen ebenfalls negativ berührt. Auch der Staat wird aufgrund dieser rezessiven Tendenzen durch sinkende Steuereinnahmen getroffen. Die gesamten Umverteilungswirkungen sind aufgrund der vielseitigen Zusammenhänge sehr schwierig zu beurteilen. Zu beachten ist z.B. auch, daß negative Beschäftigungswirkungen am stärksten die unteren Einkommensklassen mit hoher Verbrauchsneigung treffen, während ein Rückgang der Gewinne tendenziell die Verbrauchsquote erhöht. Bei diesen einander entgegengerichteten Effekten kann theoretisch keine eindeutige Aussage über das Gesamtergebnis gemacht werden.

Völlig anders werden die gesamtwirtschaftlichen und verteilungsrelevanten Auswirkungen der Mehrwertsteuererhöhung sein, wenn der Staat die zusätzlichen Einnahmen nicht zur Konsolidierung der öffentlichen Haushalte, sondern für höhere öffentliche Investitionen einsetzt. Hierbei sei unterstellt, daß die Geldpolitik die Überwälzungsspielräume mit einer zusätzlichen Geldmengenausweitung schafft. Im Zuge der Produktion dieser Investitionen entstehen Einkommen, die wiederum den privaten Verbrauch anregen. Davon können positive Beschäftigungswirkungen ausgehen, wenn die zusätzlichen öffentlichen Investitionen größer sind als - per Saldo - die Ausfälle beim privaten Konsum. Ist dies der Fall, dann hängt der Anstoß zusätzlicher privater Investitionen in entscheidendem Maße davon ab, wie stark die vorhandenen Produktionskapazitäten ausgelastet sind. Gibt es Kapazitätsreserven, so werden Erweiterungsinvestitionen erst dann in stärkerem Umfang vorgenommen, wenn die Kapazitätsgrenzen erreicht sind.

Beim Produktionsfaktor Arbeit gibt es ähnliche Verzögerungen in Abhängigkeit vom Konkunkturverlauf. In einer Abschwungphase werden nach Möglichkeit von den Unternehmen Arbeitskräfte durchgehalten, weil die Kosten und Risiken einer späteren Wiedereinstellung hoch sind. Gesamtwirtschaftlich führt dieses "Durchhalten" zu einer Verringerung der Arbeitsproduktivität. Im Aufschwung wird dann zunächst das beschäftigte Arbeitskräftepotential ausgelastet. Erst wenn alle beschäftigten Arbeitskräfte ausgelastet sind, wird es auch gesamtwirtschaftlich zu einer Beschäftigungsausweitung kommen.

Verwendet der Staat die höhere Umsatzsteuer für eine simultane Senkung der direkten Steuern, z.B. der Einkommensteuer, dann hängen die gesamtwirtschaftlichen Auswirkungen davon ab, wie sich die Umschichtungen vollziehen. Werden z.B. die aus der Mehrwertsteuererhöhung freiwerdenden Mittel vorwiegend für die Senkung der direkten Steuern in den unteren Einkommensschichten verwendet, dann wirkt dies - für sich genommen - progressiv. Geht man zunächst von der vollen Überwälzung aus, so erhöhen sich das Sozialprodukt zu Marktpreisen und das verfügbare Einkommen um den Betrag der Umsatzsteuererhöhung. Dabei ist unterstellt, daß die gleichen realen Produktionsmengen bei gleicher Konsumneigung abgesetzt werden, allerdings zu den höheren Preisen. Im zweiten Schritt wird dann die mit der Umverteilung durch den Staat verbundene Änderung der gesamtwirtschaftlichen Konsumneigung einbezogen. Die Senkung der Einkommensteuer konzentriert sich annahmegemäß auf die kleineren Einkommen mit überdurchschnittlicher Konsumneigung. Darüber hinaus ist zu erwarten, daß bei den größeren Einkommen der per Saldo gegebene Kaufkraftentzug nicht voll verbrauchswirksam wird. Insgesamt steigt jedenfalls die Konsumneigung und löst einen Multiplikatorprozeß aus.

Verwendet der Staat dagegen die Mehreinnahmen voll zur steuerlichen Entlastung der Unternehmen, dann lassen sich im wesentlichen zwei Wirkungsketten analysieren. Zunächst ist zu untersuchen, wie eine solche Steueränderung auf die private Vebrauchsnachfrage wirkt. Da mit der Senkung von Unternehmensteuern die Nettogewinne erhöht und somit im wesentlichen die oberen Einkommensschichten entlastet werden, die nur eine unterdurchschnittliche Konsumneigung aufweisen, ist per Saldo, also nach der Mehrwertsteuererhöhung, mit einem Rückgang des realen privaten Verbrauchs zu rechnen. Auf der anderen Seite ist indes zu fragen, wie eine Senkung von Unternehmensteuern auf angebotsbestimmende Faktoren wie Klimaverbesserung, Vertrauensbildung, Einflüsse auf Leistungsbereitschaft und Investitionsneigung wirkt. Mit Ausnahme der Investitionsneigung handelt es sich bei diesen Faktoren um "psychologische" Einflußgrößen, die sich einer empirischen Überprüfung weitgehend entziehen. Nimmt man die Senkung der direkten Steuern für sich, so können positive Wirkungen dieser angebotsbestimmenden Faktoren durchaus angenommen werden. Im Zusammenwirken mit einer Mehrwertsteuererhöhung stellt sich jedoch die Frage, ob diese psychologischen Faktoren den mehrwert-steuerbedingten Rückgang des realen privaten Verbrauchs kompensieren können.

Empirisch überprüfbar ist allein die Wirkung auf die Investitionsneigung der Unternehmen, die von quantitativen Größen, z.B. der Eigenmittel im Unternehmensbreich, beeinflußt wird. Gelingt den Unternehmen eine volle Überwälzung der Mehrwertsteuer in die Preise, so führt die Senkung von Unternehmensteuern zu einer Erhöhung der Nettogewinne. Die Ertragslage der Unternehmen ist ein wichtiger Bestimmungsfaktor für ihre Investitions-entscheidung, die im Fall einer steuerlichen Entlastung bei den direkten Steuern positiv verändert wird. Ein weiterer wichtiger Bestimmungsfaktor, die gesamtwirtschaftliche Nachfrage, wird indes durch den mehrwertsteuerbedingten Rückgang des realen privaten Verbrauchs negativ beeinflußt. Wie der Saldo aus den beiden entgegengesetzt wirkenden Faktoren aussieht, soll mit Hilfe des ökonometrischen Modells analysiert werden.

In erster Linie sind - mit dem konkreten Bezug zur Mehrwertsteuererhöhung vom 1.7.1983 - die Wirkungszusammenhänge in einer Wirtschaft mit Unterbeschäftigung und mäßigen Inflationsraten zu analysieren. Vom allgemeinen Preisklima her ist in einer solchen Situation am ehesten damit zu rechnen, daß die Geldpolitik den notwendigen Überwälzungsspielraum schafft. Die Ergebnisse sind jedoch mehr oder minder zu differen-zieren, wenn die Wirkungszusammenhänge in einer vollbeschäftigten Wirtschaft be-trachtet werden, in der es leicht zu Überhitzungserscheinungen kommt. In einer wirt-schaftlichen Situation, die ohnehin zu hohen Inflationsraten tendiert, sind die gesamt-wirtschaftlichen Bedingungen für eine Steuerüberwälzung zwar günstig, doch wird die Bundesbank im Zuge einer Mehrwertsteuererhöhung restriktiv handeln. Dadurch verringert sich der Überwälzungsspielraum der Unternehmen.

Steuererhöhungen zu Konsolidierungszwecken sind wegen der dämpfenden Einflüsse in einer unterbeschäftigten Volkswirtschaft nicht empfehlenswert; in einer vollbeschäftigten Wirtschaft kann man eine solche Strategie jedoch nicht ohne weiteres ablehnen. Sie würde zumindest einer vermutlich restriktiv ausgelegten Geldpolitik nicht zuwiderlaufen. Die Gefahr des Umkippens der Konjunktur wird allerdings durch den kombinierten Einsatz einer restriktiven Geld- und Finanzpolitik erhöht.

Alle diese - und keineswegs vollständigen - theoretischen Überlegungen weisen auf eine kaum überschaubare Zahl von "Wirkungsketten" hin, die in Abhängigkeit von den Grund-voraussetzungen variieren und in den Ergebnissen entgegengerichtet sein können. Es wurde auch deutlich, daß die modelltheoretische Annahme der vollen Überwälzung einer Mehr-wertsteuererhöhung an eine Reihe von Annahmen geknüpft ist, die in der Realität nicht gegeben sein müssen. Von Bedeutung für die Überwälzungsmöglichkeiten sind insbesondere die Geld-, Finanz- und Lohnpolitik, die in Abhängigkeit von der Konjunkturlage jeweils andere Ziele verfolgen.

Die von einer Mehrwertsteuererhöhung ausgelösten Effekte sind so vielfältig, daß sie nur anhand von Simulationsrechnungen mit Hilfe von ökonometrischen Modellen beleuchtet werden können. Das folgende Kapitel gibt nun zunächst einen Überblick über die Rahmenbedingungen, wie sie sich im Jahre 1983 zum Zeitpunkt der Mehrwertsteuererhöhung darstellten.

C   Die konjunkturelle Situation im Jahr 1983

1.   Gesamtwirtschaftliche Leistung

1983 erlebte die Bundesrepublik Deutschland das erste Jahr eines neuen wirtschaftlichen Aufschwungs, der einer mehrjährigen Phase der Stagnation und der Rezession folgte. Über längere Zeit konnte zwar kein zusätzliches Realeinkommen verteilt werden, ging der reale private Verbrauch je Einwohner zurück.

Tabelle 1

Zur Entwicklung der gesamtwirtschaftlichen Leistung

Veränderungen in vH gegenüber Vorjahr

Jahr	Brutto-inlandsprodukt zu Preisen von 1980	Brutto-sozialprodukt zu Preisen von 1980	Produktivität 1)
1980	+1,4	+1,5	+1,0
1981	+0,2	+0,0	+1,7
1982	-0,7	-1,0	+0,8
1983	+1,2	+1,6	+2,6
1984	+2,6	+2,7	+2,8

1) Bruttoinlandsprodukt zu Preisen von 1980 zu Arbeitsvolumen.

Quelle: Vierteljährliche volkswirtschaftliche Gesamtrechnung des DIW.

Die wirtschaftliche Belebung setzte zur Jahreswende 1982/83 ein und verstärkte sich im Jahresverlauf zusehends; zugleich stieg die Produktivität des Produktionsfaktors Arbeit:

1983	Brutto-inlandsprodukt zu Preisen von 1980	Brutto-sozialprodukt zu Preisen von 1980	Produktivität 1)
	Veränderung in vH gegenüber Vorjahresquartal		
1. Vj.	-0,1	+0,3	+1,0
2. Vj.	+0,6	+1,2	+2,2
3. Vj.	+1,4	+1,5	+2,7
4. Vj.	+2,9	+3,1	+4,4

1) Bruttoinlandsprodukt zu Preisen von 1980 zu Arbeitsvolumen.

Quelle: Vierteljährliche volkswirtschaftliche Gesamtrechnung des DIW.

Von erheblicher Bedeutung für die Beschleunigung des wirtschaftlichen Wachstums im vierten Quartal 1983 war die Entwicklung der Ausrüstungsinvestitionen:

1983	Ausrüstungs- investitionen zu Preisen von 1980	Bau-
	Veränderung in vH gegenüber Vorjahresquartal	
1. Vj.	-0,9	+0,5
2. Vj.	+6,1	+0,7
3. Vj.	+4,1	+3,3
4. Vj.	+11,0	+2,1

Quelle: Vierteljährliche volkswirtschaftliche Gesamtrechnung des DIW.

Hier wirkte sich aus, daß die Frist für die Inanspruchnahme der Investitionszulage nach dem Beschäftigungsförderungsgesetz von 1982 zum Ende des Jahres 1983 ablief.

Tabelle 2

Komponenten des Bruttosozialprodukts

in Mrd. DM

zu Preisen von 1980

		1982	1983	Nachrichtlich: Veränderung in vH
	Privater Verbrauch	825,2	834,4	+1,1
+	Staatsverbrauch	300,7	301,7	+0,3
+	Ausrüstungsinvestitionen	113,6	119,9	+5,6
+	Bauinvestitionen	189,3	192,5	+1,7
+	Vorratsveränderung	-9,6	-2,5	
+	Ausfuhr	471,5	470,7	-0,2
-	Einfuhr	419,7	422,9	+0,8
=	Bruttosozialprodukt	1 471,0	1 493,8	+1,6

Quelle: Vierteljährliche volkswirtschaftliche Gesamtrechnung des DIW.

2. Lage am Arbeitsmarkt

Auf dem Arbeitsmarkt wirkte sich die wirtschaftliche Belebung, wenig aus. Hier vergrößert sich seit Mitte des vergangenen Jahrzehnts die Lücke zwischen Angebot und Nachfrage.

Tabelle 3

Zur Entwicklung am Arbeitsmarkt

Veränderungen in vH gegenüber Vorjahr

Jahr	Erwerbs-tätige 1)	Beschäftigte Arbeitnehmer	Arbeits-lose	Nachrichtlich: Erwerbs-tätigen-quote 2) in vH	Arbeitslo-losen-quote 3)
1980	+1,1	+1,5	+1,5	43,3	3,7
1981	-0,7	-0,6	+43,1	42,3	5,3
1982	-1,7	-1,9	+44,1	41,6	7,6
1983	-1,5	-1,7	+23,2	41,1	9,3
1984	+0,1	+0,0	+0,4	41,3	9,3

1) Erwerbstätige im Inland. - 2) Erwerbstätige in vH der Bevölkerung. - 3) Arbeitslose in vH der abhängigen Erwerbspersonen.

Quellen: Statistisches Bundesamt, Bundesanstalt für Arbeit.

Im Verlauf des Jahres 1983 hat sich allerdings der Rückgang der Beschäftigung deutlich verlangsamt, die Zunahme der Arbeitslosigkeit abgeschwächt. Saisonbereinigt ging die Zahl der Arbeitslosen nur in wenigen Monaten des Berichtsjahres zurück.

1983	Erwerbstätige	Beschäftigte Arbeitnehmer	Arbeitslose
Veränderung in vH gegenüber Vorjahresquartal			
1. Vj.	-1,9	-2,2	+29,9
2. Vj.	-1,8	-2,1	+30,9
3. Vj.	-1,4	-1,6	+23,4
4. Vj.	-0,8	-0,9	+10,1

Quellen: Statistisches Bundesamt, Bundesanstalt für Arbeit.

Insgesamt verringerte sich die Zahl der Erwerbstätigen 1983 nochmals um 379 000 (-1,5 vH) auf 25,3 Mill., die der beschäftigten Arbeitnehmer um 380 000 (-1,7 vH) auf 22,0 Mill. Die jahresdurchschnittliche Zahl der Arbeitslosen hat von 1982 bis 1983 um 425 000 (+23,2 vH) auf fast 2,3 Mill. zugenommen; die Arbeitslosenquote hat sich in dieser Zeit von 7,6 vH auf 9,3 vH erhöht.

3. Finanzpolitik

Von der Finanzpolitik sind 1983 restriktive Einflüsse auf die wirtschaftliche Entwicklung ausgegangen. Der Staat hat wenig dazu beigetragen, die Lage am Arbeitsmarkt zu entspannen; in erster Linie war die Finanzpolitik darauf gerichtet, das Defizit der öffentlichen Haushalte, das 1975 sprunghaft gestiegen war und seitdem hoch blieb, zu begrenzen und zu verringern. Schon 1981 war die Finanzpolitik auf einen restriktiven Kurs eingeschwenkt, und nach dem Regierungswechsel im Jahr 1982 wurden die Zügel noch straffer gezogen. Um "angesichts der verschlechterten wirtschaftlichen Entwicklung den Anforderungen einer auf Wiederbelebung der Wirtschaft und Beschäftigung und Abbau der strukturellen Defizite gerichteten Finanzpolitik gerecht zu werden" (Deutscher Bundestag, Drucksache 9/2074, S. 1 und Drucksache 9/2140, S. 1), brachten Koalitionsfraktionen und Bundesregierung im November 1982 im Bundestag ein "Haushaltsbegleitgesetz" ein, das Ausgabenkürzungen und Einnahmeerhöhungen in beträchtlichem Umfange vorsah. Nach der Beschlußempfehlung des Bundestags-Haushaltsausschusses zielte dieses Gesetz auf Einnahmeverbesserungen, die "zur Konsolidierung des Haushalts beitragen und zusätzliche beschäftigungswirksame Maßnahmen ermöglichen" (Deutscher Bundestag, Drucksache 9/2283, S. 1) sollten. Im Dezember 1982 wurde das Haushaltsbegleitgesetz 1983 vom Bundestag angenommen und im Bundesgesetzblatt verkündet. Die Mehrwertsteuererhöhung vom 1.7.1983 ist Bestandteil dieses Haushaltsbegleitgesetzes.

Tabelle 4

Zur Entwicklung der Staatsfinanzen

Veränderung in vH gegenüber Vorjahr

Jahr	Einnahmen des Staates	Ausgaben	Nachrichtlich: Finanzierungssaldo in Mrd. DM
1980	+7,1	+7,9	-43,0
1981	+4,4	+6,1	-56,7
1982	+4,8	+3,9	-52,5
1983	+4,3	+2,6	-41,2
1984	+5,2	+4,0	-33,8

Quelle: Statistisches Bundesamt.

Stark eingeschränkt worden ist 1983 wiederum - wie schon in den beiden Vorjahren - die staatliche Investitionstätigkeit. Vor allem die Gemeinden, auf die rund zwei Drittel der öffentlichen Investitionen entfallen, verringerten ihre Defizite zu Lasten der in die Zukunft gerichteten, wachstums- und beschäftigungswirksamen Ausgaben. Dazu trug wesentlich bei, daß die Zuweisungen von Bund und Ländern, mit denen ein großer Teil der kommunalen Investitionen finanziert wird, auch 1983 rückläufig waren.

Tabelle 5

Komponenten der Staatseinnahmen und -ausgaben

in Mrd. DM

	1982	1983	·Nachrichtlich: Veränderung in vH
Direkte Steuern	193,2	200,4	+3,7
Indirekte Steuern	201,9	214,4	+6,2
Sozialbeiträge	284,5	291,6	+2,5
Sonstige Einnahmen	63,9	68,8	+7,7
Staatseinnahmen	743,5	775,2	+4,3
Bruttoinvestitionen	45,3	41,8	-7,7
Ausgaben für Einkommen aus unselbständiger Arbeit	178,1	183,6	+3,1
Soziale Leistungen	287,1	290,9	+1,3
Zinsen auf öffent.Schulden	44,0	50,1	+13,8
Subventionen	29,4	31,8	+8,2
Sonstige Ausgaben	212,1	218,2	+2,9
Staatsausgaben	796,0	816,4	+2,6
Finanzierungssaldo	-52,5	-41,2	

Quelle: Statistisches Bundesamt.

Von den Konsolidierungsbestrebungen der Finanzpolitik betroffen waren 1983 abermals auch die Beschäftigten im öffentlichen Dienst. Hier lagen die Tariferhöhungen wiederum deutlich unter denen im gewerblichen Bereich; die Beamtenbezüge wurden noch etwas weniger als die Löhne und Gehälter der beim Staat tätigen Arbeiter und Angestellten erhöht.

Schließlich spürten 1983 die Empfänger sozialer Leistungen die Auswirkungen der auf Konsolidierung gerichteten Finanzpolitik. Die Rentenversicherungsbeiträge für Arbeitslose und Kurzarbeiter wurden gekürzt. Zudem wurden erneut Eigenbeiträge der Rentner zu ihrer Krankenversicherung eingeführt, die Anpassung der Renten an die Entwicklung der Arbeitseinkommen vom Jahresanfang auf die Jahresmitte 1983 verschoben. Die Anspruchsvoraussetzungen für den Bezug von Arbeitslosenhilfe wurden verschärft, die Kindergeldsätze für Eltern mit höherem Einkommen reduziert.

Eine relative Verringerung der Staatsausgaben wirkt - für sich genommen - kontraktiv auf den gesamtwirtschaftlichen Kreislauf; sie beeinträchtigt die Nachfrage und führt zu Verlusten bei Produktion und Beschäftigung. Darüber hinaus löst sie einen Multiplikatorprozeß aus, der auch die Einnahmen des Staates berührt: Steuern und Sozialbeiträge fließen weniger reichlich, wenn die Auslastung des gesamtwirtschaftlichen Produktionspotentials sinkt.

Zwar hat der Staat im Jahre 1983 einen Teil der eingesparten Mittel dazu verwendet, den Unternehmenssektor steuerlich zu entlasten und den Wohnungsbau zu fördern. Damit wurden aber die negativen Impulse der Ausgabenkürzungen nicht ausgeglichen. Die Erhöhung der Mehrwertsteuer zum 1.7.1983 hat die kontraktiven Wirkungen verstärkt.

4.   Geldpolitik

Während die Finanzpolitk 1983 vorrangig auf die Haushaltskonsolidierung ausgerichtet war und negative Auswirkungen auf die wirtschaftliche Entwicklung in Kauf genommen wurden, hatte sich die Deutsche Bundesbank für eine Unterstützung des konjunkturellen Aufschwungs durch eine mäßig antizyklische Geldpolitik ausgesprochen: Die Zentralbankgeldmenge sollte über das Jahr 1983 hinweg innerhalb eines "Zieltrichters" von 4 vH bis 7 vH steigen. Allerdings hat die Bundesbank die Ausweitung der Geldmenge nicht kontinuierlich verfolgt.

Tabelle 6

Zur Entwicklung der gesamtwirtschaftlichen Geldversorgung

Veränderungen in vH gegenüber Vorjahr

Jahr	Zentralbank geldmenge 1)	Geld- marktzins in %	Nachrichtlich: Kapital-
1980	+5,5	9,5	8,6
1981	+3,2	12,1	10,6
1982	+6,0	8,9	9,1
1983	+6,8	5,8	8,0
1984	+4,6	6,0	7,8

1) Bargeldumlauf bei Nichtbanken sowie Reserve-Soll auf Inlandsverbindlich-keiten zu Reservesätzen vom Januar 1974.

Quelle: Deutsche Bundesbank.

Zu Beginn des Jahres 1983 nahm die Zentralbankgeldmenge stark zu, weit über den oberen Rand des "Zieltrichters" hinaus. Dennoch senkte die Deutsche Bundesbank im März den Diskont- und den Lombardsatz um je einen Prozentpunkt, um die konjunkturelle Erholung zu fördern.

Im Spätsommer 1983 zeichnete sich dann ab, daß die Geldmenge bis zum Jahresende oberhalb des vorgegebenen "Zieltrichters" zunehmen würde. Deshalb erhöhte die Bundes-bank im September den Lombardsatz wieder um einen halben Prozentpunkt und war bis zur Jahreswende 1983/84 bemüht, die Ausweitung der Geldbestände deutlich zu bremsen.

Über das Jahr 1983 gerechnet, ist die Geldmenge etwa in dem Ausmaß gestiegen, das die Bundesbank vorgegeben hatte. Das Zinsniveau am Geld- und Kapitalmarkt ging zurück; die Kosten der Kreditfinanzierung wurden geringer. Insgesamt hat die Geldpolitik der konjunkturellen Entwicklung 1983 einen expansiven Impuls gegeben, trug aber auch durch Unstetigkeit zu Irritationen auf dem Geld- und Kapitalmarkt bei. Vorübergehend stiegen die Zinsen wieder, obwohl aus konjunktureller Sicht eine kontinuierliche Zinssenkung geboten war.

5. Lohnpolitik

Arbeitgeber und Gewerkschaften haben - an den Tarifabschlüssen in früheren Jahren gemessen - 1983 eine Politik der Lohnzurückhaltung verfolgt. Das gesamtwirtschaftliche Tariflohn- und -gehaltsniveau hat sich, je Stunde wie auch je Monat, gegenüber dem Vorjahr lediglich um 3,3 vH erhöht; die Effektivverdienste sind mit der gleichen Rate gestiegen.

Die Bruttolohn- und -gehaltsumme war 1983 - infolge des Beschäftigungsrückganges um 1,7 vH - nur um 1,5 vH höher als 1982. Einschließlich der Arbeitgeberbeiträge zur Sozialversicherung (+4,7 vH) stiegen die Bruttoeinkommen aus unselbständiger Arbeit 1983 um 2,1 vH gegenüber dem Vorjahr.

Tabelle 7
Zur Lohnentwicklung
Veränderung in vH gegenüber Vorjahr

Jahr	Tarif- verdienste je bezahlte Arbeitsstunde	Effektiv-	Lohnstück- kosten 1)
1980	+6,8	+7,5	+7,1
1981	+5,5	+5,8	+4,4
1982	+4,1	+4,4	+2,9
1983	+3,3	+3,3	+0,9
1984	+2,9	+2,9	+0,6

1) Lohnstückkosten sind hier definiert als Quotient des Bruttoeinkommens aus unselbständiger Arbeit und des Bruttoinlandsprodukts zu Preisen von 1980.

Quelle: Vierteljährliche volkswirtschaftliche Gesamtrechnung des DIW.

Die gesamtwirtschaftlichen "Lohnstückkosten" - die Bruttoeinkommen aus unselbständiger Arbeit in Relation zum realen Bruttoinlandsprodukt - sind 1983 aufgrund der schwachen Lohnentwicklung, aber kräftiger Produktivitätssteigerung nur wenig gestiegen.

6. Außenwirtschaftliche Einflüsse

Die reale Ausfuhr der Bundesrepublik Deutschland war bis zum dritten Quartal 1983 rückläufig. Dann begann ein Nachfragesog aus dem Ausland zu wirken. Die Entwicklung der realen Einfuhr folgte der Nachfragebelebung im Inland, die 1983 einsetzte.

Tabelle 8

Zur Entwicklung außenwirtschaftlicher Einflüsse

Veränderungen in vH gegenüber Vorjahr

1983	Ausfuhr Einfuhr zu Preisen von 1980 Veränderung in vH gegenüber Vorjahresquartal		Nachrichtl.: Außenbeitrag in Mrd. DM
1. Vj.	-1,3	-4,4	14,8
2. Vj.	-0,4	-0,2	11,4
3. Vj.	-2,0	+0,6	4,3
4. Vj.	+2,9	+7,4	17,3

Quelle: Vierteljährliche volkswirtschaftliche Gesamtrechnung des DIW.

Jahr	Index der Ausfuhr-	Einfuhr- preise	Terms of Trade 1)	Realer Außenwert der D-Mark 2)
1980	+6,2	+12,0	-5,1	-5,7
1981	+5,6	+11,1	-5,0	-9,1
1982	+4,0	+2,9	+1,0	+1,9
1983	+1,9	+0,7	+1,1	+0,1
1984	+3,3	+4,5	-1,2	-4,5

1) Index der Ausfuhrpreise zu Index der Einfuhrpreise. - 2) Gewogener Außenwert gegenüber 14 Industrieländern nach Ausschaltung der unterschiedlichen Preissteigerungsraten.

Quelle: Vierteljährliche volkswirtschaftliche Gesamtrechnung des DIW.

Weil die Preise der Einfuhren schwächer stiegen als die der Ausfuhren, verbesserte sich das Güteraustauschverhältnis mit dem Ausland zugunsten der Bundesrepublik Deutschland:

1983	Preisindex der		Terms of Trade
	Ausfuhr	Einfuhr	
Veränderungen in vH gegenüber Vorjahresquartal			
1. Vj.	+2,0	+0,7	+1,3
2. Vj.	+1,2	-0,5	+1,7
3. Vj.	+1,8	+1,1	+0,7
4. Vj.	+2,4	+1,4	+1,0

Quelle: Vierteljährliche volkswirtschaftliche Gesamtrechnung des DIW.

Gegenüber den Währungen des am Europäischen Währungssystems beteiligten Ländern hat es für die Deutsche Mark 1983 eine Aufwertung, gegenüber dem US-Dollar indes eine Abwertung, gegeben. Insgesamt hat der Außenwert der D-Mark - wegen des steigenden Dollarkurses allerdings mit abnehmenden Raten - weiter zugenommen:

1983	Entwicklung des Außenwertes der Deutschen Mark gegenüber		Insgesamt
	den am EWS beteiligten Ländern	dem US-Dollar	
Veränderungen in vH gegenüber Vorjahresquartal			
1. Vj.	+8,5	-2,6	+6,6
2. Vj.	+7,9	-4,3	+4,2
3. Vj.	+5,5	-6,1	+1,5
4. Vj.	+5,5	-6,6	+0,0

Quelle: Deutsche Bundesbank.

7. Einkommensverteilung

Während die Einkommen aus unselbständiger Arbeit - wie erwähnt - 1983 schwach zunahmen (2,1 vH), sind die Einkommen aus Unternehmertätigkeit und Vermögen kräftig gestiegen: Sie überschritten ihr Vorjahresniveau um 12,5 vH.

Tabelle 9

Zur Entwicklung der Einkommensverteilung

Veränderung in vH gegenüber Vorjahr

Jahr	Bruttoeinkommen aus		Nachrichtlich: Nichtentn. Gewinne 1) in Mrd.DM
	unselbständiger Arbeit	Unternehmertätigkeit u. Vermögen	
1980	+8,6	-1,9	-1,5
1981	+4,6	+0,0	-22,1
1982	+2,2	+5,5	-18,2
1983	+2,1	+12,5	8,8
1984	+3,2	+8,6	8,4

1) Nichtentnommene Gewinne der Unternehmen nach der Umverteilung.

Quelle: Statistisches Bundesamt.

Die starke Expansion des Einkommens aus Unternehmertätigkeit und Vermögen im Jahr 1983 ist charakteristisch für den Anfang eines konjunkturellen Aufschwungs. In der vorangegangenen Abschwächungsphase waren die Gewinneinkommen gesunken (1980) oder hatten stagniert (1981).

Die gesamtwirtschaftliche Lohnquote - gemessen als Anteil des Bruttoeinkommens aus unselbständiger Arbeit am Volkseinkommen - hat sich erneut verringert; sie ging von 73,8 vH auf 71,8 vH (1983) zurück. Die "bereinigte" Lohnquote, bei deren Berechnung unterstellt wird, der Anteil der Arbeitnehmer an den Erwerbstätigen habe sich seit 1960 nicht verändert, ist gleichfalls - von 65,2 vH (1982) auf 63,6 vH (1983) - gesunken. Die Verteilungsrelationen sind damit etwa auf das Niveau zurückgefallen, das sie zu Anfang der siebziger Jahre gehabt hatten.

Sozialbeiträge und Lohnsteuer der Arbeitnehmer sind auch 1983 stärker gestiegen als das Einkommen aus unselbständiger Arbeit. Für die Nettolohn- und -gehaltsumme verblieb nur eine recht geringe Zunahme (0,5 vH) gegenüber dem Vorjahr. Direkte Steuern und übrige Abzüge vom Einkommen aus Unternehmertätigkeit und Vermögen dagegen waren 1983 niedriger als ein Jahr zuvor; hier sind die Nettoeinkommen um 15,6 vH gestiegen.

Tabelle 10

Komponenten des Volkseinkommens

in Mrd. DM

		1982	1983	Nachrichtlich: Veränderung in vH
	Bruttoeinkommen aus unselbständiger Arbeit	902,5	921,3	+2,1
-	Sozialbeiträge d. Arbeitgeber	167,7	175,6	+4,7
=	Bruttolohn- u. -gehaltsumme	734,0	745,8	+1,5
-	Sozialbeiträge d. Arbeitnehmer	102,2	105,5	+3,3
-	Lohnsteuer der Arbeitnehmer	121,8	126,8	+4,2
=	Nettolohn- u. -gehaltsumme	510,8	513,4	+0,5

		1982	1983	Nachrichtlich: Veränderung in vH
	Bruttoeinkommen aus Unternehmertätigkeit und Vermögen	321,0	361,1	+12,5
-	Direkte Steuern u. übrige Abzüge	61,6	61,4	-0,5
=	Nettoeinkommen aus Unternehmertätigkeit und Vermögen	259,4	299,7	+15,6
-	Entnommene Gewinne und Vermögenseinkommen	277,6	291,0	+4,8
=	Nichtentnommene Gewinne	-18,2	8,8	x

Quelle: Statistisches Bundesamt.

Das verfügbare Einkommen der privaten Haushalte hat sich von 1982 bis 1983 um 2,5 vH erhöht. Je Haushalt betrug der Zuwachs 2,3 vH, je Haushaltsmitglied 2,8 vH. Für die

Haushalte von Selbständigen gab es eine vergleichsweise starke, für die der übrigen sozialen Gruppen eine schwache Einkommensentwicklung:

Tabelle 11
Einkommenskomponenten der privaten Haushalte
in Mrd. DM

		1982	1983	Nachrichtlich: Veränderung in vH
	Nettolohn- und -gehaltsumme	510,8	513,4	+0,5
+	Entnommene Gewinne und Vermögenseinkommen	310,8	328,2	+5,6
+	Empfangene lfd. Übertragungen	281,8	287,3	+1,9
-	Geleistete lfd. Übertragungen	31,6	32,5	+2,8
-	Zinsen auf Konsumentenschulden	19,4	17,8	-8,5
=	Verfügbares Einkommen	1 052,4	1 078,6	+2,5

	Verfügbares Einkommen	
	je Haushalt	je Haushalts- mitglied
Veränderung gegenüber Vorjahr in vH		
Haushalte von		
Selbständigen	+4,6	+4,9
Arbeitnehmern	+2,3	+3,0
Nichterwerbspersonen	+0,7	+0,9
Zusammen	+2,1	+2,8

Quelle: Statistisches Bundesamt.

8. Verbraucherpreise

Bei den Lebenshaltungskosten begann 1982 die Preisberuhigung. 1983 sind die Verbraucherpreise im Durchschnitt um 3,3 vH gestiegen - ebenso stark wie das tarifliche Lohn- und Gehaltsniveau, aber stärker als das verfügbare Einkommen je Einwohner.

Die Abschwächung des Preisanstiegs hatte eine Reihe von Gründen. Wie erwähnt, gab es als Ergebnis der Tarifverhandlungen vergleichsweise niedrige Lohnerhöhungen; die Lohnstückkosten und die Erzeugerpreise für gewerbliche Produkte stiegen erheblich schwächer als in den Vorjahren, die Erzeugerpreise für landwirtschaftliche Produkte gingen sogar zurück. Die Importpreise waren bis zur Jahresmitte 1983 rückläufig; dann stiegen sie wieder.

Tabelle 12

Zur Preisentwicklung

Veränderungen in vH gegenüber Vorjahr

| | Index der Erzeugerpreise | | Preisindex für die Lebenshaltung 2) |
	gewerblicher Produkte 1)	landwirtschaftlicher	
1980	+7,5	+1,6	+5,4
1981	+7,8	+6,0	+6,3
1982	+5,8	+3,6	+5,3
1983	+1,5	-1,5	+3,3
1984	+2,9	-1,2	+2,4

1) Ohne Mehrwertsteuer. - 2) Preisindex für die Lebenshaltung aller privater Haushalte.

Quelle: Statistisches Bundesamt.

Die Preise besonders ernte-, saison- und witterungsabhängiger Nahrungsmittel, des Heizöls, der Kraftstoffe, der Fernseh-, Phono-, Foto- und Kinogeräte waren 1983 niedriger als im Vorjahr. In anderen Verbrauchsbereichen hat sich die Preisentwicklung merklich abgeschwächt.

	Preisindex für die Lebenshaltung aller privaten Haushalte	
	1982	1983
Veränderung in vH gegenüber Vorjahr		
Ernteabhängige Nahrungsmittel	+2,5	-1,2
Sonstige Nahrungsmittel	+5,1	+2,0
Flüssige Brennstoffe	+5,7	-8,1
Kraftstoffe	-2,1	-0,8
Sonstige Energieträger	+8,9	+1,7
Unterhaltungselektronik u.ä.	+0,6	-2,6
Sonstige Verbrauchs- und Gebrauchsgüter	+5,6	+4,0
Dienstleistungen und Reparaturen	+5,5	+5,1
Wohnungs- und Garagennutzung	+5,6	+5,7

Quelle: Statistisches Bundesamt.

9.　Privater Verbrauch

Das verfügbare Einkommen der privaten Haushalte ist 1983 um 2,5 vH gestiegen. Der private Verbrauch wurde um 4,3 vH ausgeweitet, die private Ersparnis war um fast 10 vH geringer als im Vorjahr.

Je Haushalt gerechnet ist der private Verbrauch 1983 um 3,9 vH gestiegen; je Einwohner hat er um 4,6 vH zugenommen. Entsprechend der divergierenden Einkommensentwicklung haben die einzelnen sozialen Gruppen ihren Verbrauch in unterschiedlichem Maße erhöht:

	Privater Verbrauch	
	je Haushalt	je Haushalts-mitglied
Veränderungen gegenüber Vorjahr in vH		
Haushalte von		
Selbständigen	+5,3	+5,7
Arbeitnehmern	+4,1	+4,7
Nichterwerbspersonen	+3,5	+3,7
Zusammen	+3,9	+4,6

Quelle: Statistisches Bundesamt.

Tabelle 13

Zur Entwicklung des privaten Verbrauchs

Veränderungen in vH gegenüber Vorjahr

Jahr	Verfügbares Einkommen der privaten Haushalte	Ersparnis	Privater Verbrauch	Privater Verbrauch zu Preisen von 1980 je Einwohner
1980	+7,3	+9,0	+7,1	+0,9
1981	+6,4	+11,8	+5,6	-0,7
1982	+2,6	-2,5	+3,4	-1,3
1983	+2,5	-9,9	+4,3	+1,5
1984	+3,6	+6,9	+3,1	+1,0

Quelle: Statistisches Bundesamt.

Preisbereinigt ist der private Verbrauch 1983 erstmals seit drei Jahren wieder gestiegen. Insgesamt ergab sich eine Zunahme von 1,1 vH, je Einwohner eine durchschnittliche Steigerung von 1,5 vH.

D   Meßprobleme der Steuerüberwälzung

In einer gesamtwirtschaftlichen Analyse von Mehrwertsteuererhöhungen spielt die Frage nach der Überwälzbarkeit eine wichtige Rolle. Von den verschiedenen Überwälzungsprozessen, die im theoretischen Teil ausführlich angesprochen wurden, wird in der empirischen Analyse ausschließlich die Vorwälzung in die Preise behandelt. Im Hinblick auf die Zielsetzung dieser Untersuchung spielt eine mögliche Rückwälzung auf Vorproduzenten kaum eine Rolle. Für die Abschätzung von gesamtwirtschaftlichen und verteilungsrelevanten Wirkungen sind Überwälzungsvorgänge innerhalb des Unternehmensbereiches nur von untergeordneter Bedeutung; empirisch lassen sich solche intrasektoralen Prozesse ohnehin nicht vollständig erfassen.

Im theoretischen Teil wurde die Rückwälzung auf den Faktor Arbeit diskutiert. Eine spürbare Rückwälzung wurde für eher unwahrscheinlich gehalten. Außerdem gilt auch bei dieser Art von Rückwälzung, daß sie einer empirischen Überprüfung nicht zugänglich ist.

Die empirische Analyse berücksichtigt daher ausschließlich die Überwälzung der Steuererhöhung in die Preise. Bei der komparativ-statistischen Analyse der Belastungswirkungen von Haushalten unterschiedlicher Einkommensstruktur wird, entsprechend dem Konzept der formalen Inzidenz, eine sofortige und volle Überwälzung angenommen. Die folgende empirische Analyse von Vorwälzungsprozessen bildet die Basis für die auf dem Konzept der effektiven Inzidenz beruhenden dynamischen Simulationsrechnungen mit dem ökonometrischen Modell.

Zur Prüfung der Vorwälzung wurden Überwälzungsvorgänge vor allem anhand der Preisindices der Lebenshaltung auf monatlicher Basis analysiert. In den meisten Untersuchungen, die es auf dem Gebiet der Inzidenzanalysen gibt, wird unterstellt, daß eine Mehrwertsteuererhöhung voll in den Preisen weitergegeben wird. Die Erhöhung der Mehrwertsteuersätze am 1.7.1983 von 6,5 vH bzw. 13 vH auf 7 vH bzw. 14 vH bedeutete bei voller Überwälzung rein rechnerisch eine Preisanhebung von 0,5 vH bei Gütern, die mit dem halben Mehrwertsteuersatz belegt sind, und von 0,9 vH für normalbesteuerte Güter.

Die volle Überwälzung einer indirekten Steuer ist zwar vom Gesetzgeber beabsichtigt und wird auch durch die Art der Berechnung - Nettopreise plus Mehrwertsteuer - gefördert; diese Annahme kann sich aber bei ungünstigen Rahmenbedingungen auf den Absatzmärkten als falsch erweisen. Wie sehr sich die Überwälzungsspielräume verengt haben, zeigt sich besonders deutlich an einer Reihe indirekter Steuern (Branntwein-, Schaumwein- und Tabaksteuer). In den 50er und auch noch in den 60er Jahren entsprach die

Annahme, daß jede Steuererhöhung voll auf die Verbraucher vorgewälzt wurde, noch weitgehend der Realität. Inzwischen jedoch haben sich die Bedingungen auf einigen Märkten soweit geändert, daß diese Annahme keine generelle Gültigkeit mehr besitzt. So führte die letzte Steuererhöhung für Branntwein im Jahre 1982 von 2 250 DM auf 2 550 DM/hl (+13 vH) zu einem durchschnittlichen Anstieg der Verbraucherpreise um gut 10 vH, d. h. die Unternehmen haben die Preise stärker erhöht, als es der Steueranhebung entsprochen hat. Preisanhebungen führten zwar auch schon früher zu teilweise beträchtlichen Reaktionen der Verbraucher, doch haben sich diese bis Anfang der 80er Jahre erheblich verstärkt. Die letzte Steuererhöhung beim Branntwein induzierte unmittelbar einen Verbrauchsrückgang von 13 vH; dies entspricht einer Preis-Absatz-Elastizität von -1,2. Damit liegen die Preis-Absatz-Relationen in einer Größenordnung, in der Steuererhöhungen sogar absolute Aufkommenseinbußen für den Fiskus nach sich ziehen können.

Bei der Analyse der Preisindices für die Lebenshaltung aller privaten Haushalte zeigt sich, daß die Überwälzungsspielräume anläßlich der Umsatzsteuererhöhungen 1978, 1979 und 1983 sehr unterschiedlich gewesen sind. Am günstigsten waren die Bedingungen bei der Mehrwertsteuererhöhung zum 1.7.1979. Im Anstieg des Preisindex für die Lebenshaltung zeigte sich mit dem Inkrafttreten der Mehrwertsteuererhöhung im Vorjahresvergleich eine deutliche Zunahme, nämlich um 1 vH-Punkt. Auch wenn der Anstieg des Lebenshaltungsindex im zweiten Halbjahr 1979 zu einem Teil auf der Ölverteuerung beruhte, so spricht dennoch vieles dafür, daß die Umsatzsteuererhöhung im Jahre 1979 im wesentlichen noch im gleichen Jahr von den Unternehmen über die Preise an die Verbraucher weitergegeben wurde.

Weniger günstig für eine erfolgreiche Überwälzung waren die gesamtwirtschaftlichen Bedingungen zur Jahresmitte 1983. Die Finanzpolitik war - wie in den Ausführungen zur konjunkturellen Situation im Jahre 1983 ausführlich dargestellt - vor allem darauf ausgerichtet, das Staatsdefizit zügig zu verringern. Die Geldpolitik bewegte sich auf einer Linie, die die Spielräume für eine Steuerüberwälzung keinesfalls vergrößerte. Schon im Frühjahr 1983 versuchte die Bundesbank, die über das Geldmengenziel hinausgehende Ausweitung der Geldmenge zu bremsen. Die in den ersten Monaten des Jahres 1983 einsetzenden Zinssteigerungen - die Zinssätze waren bis dahin rückläufig - führten letztlich dazu, daß die monetäre Expansion im Sommer erheblich nachließ. Während die Zentralbankgeldmenge in den ersten Monaten 1983 noch mit einer Jahresrate von 10 vH gestiegen war, betrug im Sommerhalbjahr der Zuwachs nur 6 vH.

1983 führte der Preisrückgang ernteabhängiger Nahrungsmittel sowie die Verbilligung von Heizöl und Benzin dazu, daß sich der Anstieg der Lebenshaltungskosten im Vorjahrsvergleich weiter deutlich abschwächte. Vom Ausland gingen zu Jahresbeginn 1983 dämpfende Einflüsse auf das inländische Preisniveau aus; dies änderte sich im weiteren Verlauf des Jahres. Mit der beginnenden Abwertung der D-Mark verteuerte sich ein Großteil der Einfuhren, und auch die Preise von Rohöl, die bis dahin gesunken waren, übten keinen dämpfenden Einfluß auf den Lebenshaltungsindex mehr aus. Im folgenden wird beschrieben mit welchen Methoden versucht wurde, den Grad der Steuerüberwälzung zu bestimmen.

1.   Messung von Steuerüberwälzungen mit Hilfe der Box-Jenkins-Methode

Inwieweit die Mehrwertsteuererhöhung Preisanhebungen induziert hat, läßt sich nur analysieren, wenn man eine Vorstellung darüber besitzt, wie sich die Preise ohne Umsatzsteuererhöhung verändert hätten. Dies ist mit Hilfe der Box-Jenkins-Methode versucht worden.

Die Box-Jenkins-Analysemethode (ARIMA = Autoregressive Integrated Moving Average) ist ein univariates Zeitreihenverfahren, das in der Lage ist, die Bewegungen einer Reihe aus sich heraus zu erklären. Dahinter steht die Vorstellung einer Art Eigengesetzlichkeit der Entwicklung einer Zeitreihe. Auf ökonomische Zusammenhänge ist dieses Verfahren nur bedingt anzuwenden, denn es liefert naturgemäß keine ökonomische Erklärung der Entwicklung. Verwendbar ist es aber - eingeschränkt - für Kurzfristprognosen, insbesondere dann, wenn keine besonderen Störungen der zu erklärenden Variablen zu erwarten sind. Häufig werden Prognosen nach dem Box-Jenkins-Verfahren als Referenzgrößen zur Beurteilung der Güte von mit Hilfe anderer Verfahren gewonnener Prognosen verwendet. Die Box-Jenkins-Methode kann daher auch zum Aufdecken von Strukturbrüchen eingesetzt werden. Liegt nämlich ein Sondereinfluß auf die zu untersuchende Variable vor, dann kann das ARIMA-Verfahren in der betreffenden Periode kein gutes Anpassungsverhalten zeigen. Die Box-Jenkins-Methode erscheint daher für die Untersuchung von Preisüberwälzungsvorgängen, bei denen Mehrwertsteueranhebungen als Sondereinflüsse auf die Preisentwicklung anzusehen sind, als geeignet.

Als Schätzperiode der ARIMA-Prozesse für die zu untersuchenden Preisindizes muß ein Zeitraum bis zur Erhöhung der Mehrwertsteuer im Juli 1983 gewählt werden. Anschließend kann mit Hilfe der geschätzten ARIMA-Prozesse die weitere Preisentwicklung prognostiziert und mit der tatsächlichen Entwicklung verglichen werden. Liegt eine sofortige Preisüberwälzung der Mehrwertsteuererhöhung vor, dann müßten die realisierten Steigerungsraten ausgewählter Preisindizes von Juli 1983 an erkennbar über den nach der Box-Jenkins-Methode ermittelten Werten liegen.

Untersucht wurden die Preisindizes für die neun Hauptgruppen der Lebenshaltung auf Monatsbasis. Dabei gelang es nur für sechs Preisindizes, nach statistischen Kriterien überhaupt ARIMA-Prozesse zu identifizieren und zu schätzen. Von diesen sechs Gruppen scheint nur der Preisindex "Waren und Dienstleistungen für Bildung und Unterhaltungszwecke" eine sofortige und volle Überwälzung anzuzeigen. Allerdings ist der größte Teil dieses Preissprungs auf die Erhöhung der Fernseh- und Rundfunkgebühren um 25 vH ebenfalls zum 1.7.1983 zurückzuführen. Die Entwicklung der Preisindizes "Waren und Dienstleistungen für Verkehrszwecke und Nachrichtenübermittlung" und "Elektrizität, Gas, Brennstoffe" lassen eine teilweise Vorwälzung im Sommer 1983 erkennen. Für den Bereich der Wohnungsmieten kann erwartungsgemäß keine Überwälzung festgestellt werden. Problematisch sind die Ergebnisse für die Preisindizes "persönliche Ausstattung, sonstige Waren und Dienstleistungen" und "Waren und Dienstleistungen für die Körper- und Gesundheitspflege": Die geschätzten ARIMA-Prozesse dieser beiden Indizes zeigen eine leicht verstärkte Preisabschwächung nach der Mehrwertsteuererhöhung an. Eine sofortige Überwälzung scheint für diese beiden Bereiche daher ausgeschlossen.

Nach dem gleichen Verfahren wurde die Mehrwertsteueranhebung zum 1.7.1979 ebenfalls für alle Hauptbereiche der Lebenshaltung untersucht. Es konnten auch hier nur die sechs oben beschriebenen ARIMA-Prozesse identifiziert werden. Die Ergebnisse sind ebenfalls nicht eindeutig. Einen sofortigen Preissprung gab es in keinem Fall. In der Regel bewegte sich die Unterschätzung der tatsächlichen Preisentwicklung zwischen 0,3 und 1,1 vH-Punkten. In einem Fall waren die Schätzungen so schlecht, daß die Ergebnisse nicht interpretiert werden konnten.

Neben der Reaktion der Preisindices der Lebenshaltung auf Mehrwertsteuerveränderungen sind für das ökonometrische Vierteljahresmodell auch die Reaktionen bei den Baupreisindices von Bedeutung. Diese Preisreihen werden nur im vierteljährlichen Abstand erhoben. Mit Hilfe der monatlichen Auftragseingänge im Bauhauptgewerbe, die volumen- und wertmäßig erfaßt werden, konnte ein monatlicher Baupreisindex konstruiert werden. Er enthält allerdings auch Bauinvestitionen, die nicht mehrwertsteuerpflichtig sind (im wesentlichen die gewerblichen Bauinvestitionen). Eine Prognose dieses Index mit Hilfe der Box-Jenkins-Methode für den Zeitraum Juli 1979 bis Dezember 1980 zeigt eine deutliche Unterschätzung der tatsächlichen Entwicklung. Dies kann als Indiz für eine volle Preis- überwälzung der Mehrwertsteueranhebung von 1979 zumindest innerhalb eines Jahreszeit- raums gewertet werden.

Diese Ergebnisse des ARIMA-Schätzverfahrens liefern allerdings nur Anhaltspunkte. Das hat mehrere Gründe. Einmal ist die Trennschärfe des Verfahrens in der Regel nicht groß genug, um die Abweichung zwischen tatsächlichen und prognostizierten Werten eindeutig auf Sonderfaktoren zurückführen zu können. Eindeutig durch Sondereinflüsse hervorgerufen ist nur das Ergebnis beim Preisindex "Waren und Dienstleistungen für Bildungs- und Unterhaltungszwecke". Zum anderen ist nicht zu erwarten, daß die durch die Mehrwertsteuererhöhung induzierten Preisanhebungen genau im Juli 1983 stattfanden. Der Zeitpunkt der Mehrwertsteueranhebung war lange vorher bekannt, so daß die Unternehmen schon im Frühjahr diese Steuererhöhung in den Preisen vorwegnehmen konnten. Außerdem können natürlich immer Sondereinflüsse den Preiseffekt der Mehrwertsteuererhöhung verstärken, ihn aufheben oder umkehren. Die Box-Jenkins-Methode ist nicht in der Lage, zwischen verschiedenen Sondereinflüssen zu unterscheiden. Zur besseren Beurteilung sind also weitere Informationen heranzuziehen.

Für drei Hauptgruppen konnten keine ARIMA-Prozesse geschätzt werden, eine eindeutige Erklärung dafür gibt es nicht. Möglicherweise wurden diese drei Bereiche zu sehr von anderen Sondereinflüssen bestimmt, so daß kein Grundmuster der Entwicklung ausgemacht werden konnte. Im folgenden Teil soll deshalb versucht werden, mit Hilfe von Regressionsanalysen, die auf Quartalswerten der volkswirtschaftlichen Gesamtrechnung basieren, den Überwälzungsgrad zu schätzen.

2. Messung von Preisüberwälzungen mit Hilfe von Regressionsschätzungen

Im Unterschied zur Box-Jenkins-Methode gehören Regressionsschätzungen zu den multivariaten Verfahren, die den gleichzeitigen Einfluß verschiedener Größen auf eine Variable zu bestimmen versuchen. Zur Erklärung des inländischen Preisniveaus wurden im vierteljährlichen ökonometrischen Konjunkturmodell des DIW neben Variablen wie der Kapazitätsauslastung, dem Lohndruck (Tariflohnindex minus Produktivitätsindex), den Einfuhrpreisen und Saisondummies auch eine Mehrwertsteuervariable herangezogen. Dazu ist der Mehrwertsteuersatz als zusätzliche Variable mit einem eigenen Regressionskoeffizienten in die Preisgleichungen einbezogen worden. Der Schätzwert dieses Regressionskoeffizienten mißt damit den Grad der Überwälzung. Allerdings sind bei der Interpretation Einschränkungen zu beachten. In die Schätzung des Regressionskoeffizienten gingen alle Mehrwertsteuererhöhungen von 1974 bis 1983 ein. Die auf diese Weise geschätzte Überwälzung stellt deshalb einen Durchschnittswert dar. Einzelne Mehrwertsteuererhöhungen können einen von dieser durchschnittlichen Überwälzung abweichenden - niedrigeren oder höheren - Preisanstieg hervorrufen.

Die Mehrwertsteuervariable wurde in die Verhaltensfunktionen für die Preisindizes des privaten Verbrauchs, der Wohnungsbauinvestionen, der öffentlichen Bauinvestitionen und des Staatsverbrauchs aufgenommen. Der Schätzzeitraum erstreckt sich dabei vom 1. Quartal 1974 bis zum 4. Quartal 1983.

Eine volle Überwälzung der Mehrwertsteuererhöhung im Preisindex des privaten Verbrauchs müßte diesen - unter Berücksichtigung von Bereichen mit ermäßigten Steuersätzen- um gut 0,7 vH-Punkte erhöhen. Im 1. Quartal nach einer Mehrwertsteuererhöhung wird der Preisindex in der Einzelgleichungsschätzung um 0,4 vH-Punkte angehoben, im 2. Quartal um 0,7 vH-Punkte und ein Jahr später um 1,1 vH-Punkte. Danach treten zusätzliche Effekte kaum noch auf. Insgesamt schätzt das Regressionsverfahren also eine mehr als volle Preisüberwälzung.

Noch höhere Effekte werden in den Preisindizes für den staatlichen Bau und den Wohnungsbau gemessen. Geht man nach den Schätzergebnissen, dann waren Mehrwertsteuererhöhungen im Baugewerbe durchweg Anlaß für zusätzliche Preiserhöhungen. Möglicherweise 'überschätzt' hier das Verfahren den Einfluß von Mehrwertsteueränderungen. Sowohl die Baupreisindizes als auch die Mehrwertsteuersätze sind in den letzten 10 Jahren stark gestiegen, so daß nicht ausgeschlossen werden kann, daß das Regressionsverfahren die Beziehung zwischen den Variablen überschätzt. Beim Preisindex für den Staatsverbrauch liegt die geschätzte Überwälzung mit 0,5 vH-Punkten zwar auch hoch, doch erscheint die Größenordnung als realistisch.

Ein Vergleich der Box-Jenkins-Ergebnisse und der Regressionsschätzungen ist nur beim Preisindex für den privaten Verbrauch direkt möglich. Kommt hier die allgemeine Aussage der Regressionsschätzung noch zu einer vollen Überwälzung, so zeigt die Untersuchung mit Hilfe der ARIMA-Prozesse für die Hauptgruppen der Lebenshaltung, daß im Jahre 1983 die Überwälzung nicht gelungen ist. Beim Vergleich der Regressionsergebnisse für die Baupreisindices und dem Box-Jenkins-Ergebnis für den konstruierten Baupreisindex ist der Unterschied eher noch größer. Die mit Hilfe der Regressionsschätzung festgestellten "Mitnahmeeffekte" in Form erheblicher zusätzlicher Preissteigerungen wurden durch den geschätzten ARIMA-Prozeß nicht bestätigt, der eine normale Überwälzung feststellt.

Für die Simulationsrechnungen mit dem Konjunkturmodell ist es notwendig, einen Überwälzungsgrad exogen vorzugeben. Die konjunkturelle Situation im Jahre 1983 sowie insbesondere das Verhalten der Finanzpolitik dürften den Überwälzungsspielraum erheblich eingeengt haben. Dies haben auch die Ergebnisse der ARIMA-Prozesse - soweit sie identifiziert werden konnten - für den Bereich der Lebenshaltungskosten bestätigt. Mittelfristig ist anzunehmen, daß die Unternehmen - wie vom Gesetzgeber beabsichtigt - eine höhere Mehrwertsteuer voll in die Preise überwälzen. Kurzfristig sind jedoch - und dies haben die verschiedenen Überwälzungsanalysen gezeigt - Bedingungen auf den Märkten denkbar, die eine volle Überwälzung zunächst verhindern können. Für die

ökonometrischen Simulationsrechnungen wurde hier zwar eine volle Überwälzung ange-
nommen, allerdings verteilt über einen Zeitraum von drei Jahren. Sowohl hinsichtlich der
Annahme der vollen Überwälzung als auch der Verteilung über drei Jahre bestehen einige
Unsicherheiten. Die Informationen, die aus dem Regressionsansatz und der Box-Jenkins-
Methode gewonnen werden konnten, sprechen indes für die hier getroffenen Annahmen.
Beim Preisindex für den Wohnungsbau, die öffentlichen Bauinvestitionen und den Staats-
verbrauch ist ebenfalls eine volle Überwälzung unterstellt worden, allerdings verteilt sich
diese nur auf zwei Jahre, wobei der größere Teil, nämlich zwei Drittel, bereits im ersten
Jahr nach der Mehrwertsteuererhöhung wirksam wird.

E Statistiken zur Einkommensverwendung der privaten Haushalte

Will man die Auswirkungen der Mehrwertsteuererhöhung auf Haushalte unterschiedlicher sozialer Gruppen und unterschiedlicher Einkommenshöhe empirisch untersuchen, so benötigt man eine hinreichend tief gegliederte Statistik über die Einkommensverwendung der privaten Haushalte. In der Bundesrepublik Deutschland gibt es mehrere Statistiken, in denen man Angaben über Verbrauch und Ersparnis privater Haushalte findet.

1. Amtliche Statistiken zur Einkommensverwendung

1.1 Laufende Wirtschaftsrechnungen

Die Einkommensverwendung der privaten Haushalte wird vom Statistischen Bundesamt seit längerem regelmäßig in den laufenden Wirtschaftsrechnungen erfaßt. Hier gibt es für drei ausgewählte Haushaltstypen jährliche, halb- und vierteljährliche sowie monatliche Informationen über Höhe und Zusammensetzung der Einnahmen und Ausgaben (Reddies 1965, Kunz; Euler 1972).

In den laufenden Wirtschaftsrechnungen werden die folgenden Verbrauchergruppen unterschieden:

Haushaltstyp 1:
2-Personen-Haushalte von Renten- und Sozialhilfeempfängern mit geringem Einkommen; erfaßt werden vorwiegend ältere Ehepaare in Gemeinden mit 5 000 oder mehr Einwohnern.
Haushaltstyp 2:
4-Personen-Arbeitnehmer-Haushalte mit mittlerem Einkommen des alleinverdienenden Haushaltsvorstands; erfaßt werden Ehepaare mit zwei Kindern (darunter mindestens ein Kind unter 15 Jahren) in Gemeinden mit 20 000 oder mehr Einwohnern.
Haushaltstyp 3:
4-Personen-Haushalte von Angestellten und Beamten mit höherem Einkommen; erfaßt werden Ehepaare mit zwei Kindern (darunter mindestens ein Kind unter 15 Jahren) in Gemeinden mit 20 000 oder mehr Einwohnern.

Freilich hat das Statistische Bundesamt darauf hingewiesen, daß die Ergebnisse der laufenden Wirtschaftsrechnungen in ihrer Aussagekraft beschränkt sind. Dafür gibt es mehrere Gründe.

Einmal ist die Zahl der in die laufenden Wirtschaftsrechnungen einbezogenen Haushalte sehr gering. Während es in der Bundesrepublik Deutschland zur Zeit etwa 25 Mill. private

Haushalte gibt, werden von den laufenden Wirtschaftsrechnungen nur rund 1 000 Haushalte erfaßt:

Tabelle 14
Zahl der in den laufenden Wirtschaftsrechnungen
durchschnittlich erfaßten Haushalte

Jahr	Haushaltstyp			Zusammen
	1	2	3	
1980	163	381	428	972
1981	158	386	439	983
1982	158	378	424	960
1983	151	378	423	952
1984	161	396	447	1004

Quelle: Statistisches Bundesamt (Herausgeber): Fachserie 15, Wirtschafts-rechnungen, Reihe 1, Einnahmen und Ausgaben ausgewählter privater Haushalte.

Beschränkungen gibt es sodann durch die Tatsache, daß für die in den Wirtschaftsrech-nungen erfaßten Haushalte Einkommensunter- und -obergrenzen festgelegt werden. "Die absolute Höhe der ausgabefähigen Einkommen bzw. Einnahmen je Haushalt, die bei den laufenden Wirtschaftsrechnungen anfällt, ist also keineswegs, wie häufig angenommen wird, ein statistisches Ergebnis im eigentlichen Sinne. Vielmehr wird sie durch die Vorgabe von Einkommensgrenzen bei der Auswahl der Haushalte auf einen ganz bestimmten Bereich fixiert" (Kunz; Euler 1972, S. 322).

Die Entwicklung der mehrwertsteuerpflichtigen Ausgaben war bei allen Haushaltstypen der laufenden Wirtschaftsrechnungen von Monat zu Monat des Jahres 1983 recht "unruhig". Die Veränderungsraten zeigen hier erhebliche Ausschläge, die kaum inter-pretierbar sind. Welche Auswirkungen die Mehrwertsteuererhöhung vom 1. Juli 1983 auf Haushalte unterschiedlicher Einkommensstruktur hatte, läßt sich aus den Ergebnissen der laufenden Wirtschaftsrechnungen nicht ableiten.

Tabelle 15

Veränderung der mehrwertsteuerpflichtigen Ausgaben[1]

ausgewählter privater Haushalte

in vH gegenüber Vorjahr

Monat	Haushaltstyp		
	1	2	3
Jan. 1983	+14,1	- 0,1	- 0,7
Febr. 1983	+12,5	+14,9	+ 2,2
März 1983	+12,2	+ 7,4	+14,1
April 1983	+ 9,8	+ 3,7	+ 3,7
Mai 1983	- 0,4	+13,4	+ 9,2
Juni 1983	+ 1,0	- 0,2	+ 7,0
Juli 1983	- 3,7	- 0,8	+ 5,1
Aug. 1983	+ 6,4	+12,0	+ 6,6
Sept. 1983	+ 8,2	+ 7,4	+12,6
Okt. 1983	+13,4	- 8,3	+ 1,4
Nov. 1983	- 2,8	+ 0,9	- 2,0
Dez. 1983	+18,1	+ 4,5	- 0,5

1) Ausgaben für den privaten Verbrauch ohne Wohnungsmieten u.ä.

Quelle: Berechnungen des DIW nach Ergebnissen der laufenden Wirtschaftsrechnungen.

1.2   Einkommens- und Verbrauchsstichproben

Tiefgegliederte Daten zur Einkommensverteilung und -verwendung sozialer Haushalts-gruppen findet man in den Einkommens- und Verbrauchsstichproben (EVS), die seit 1962 in meist fünfjährigem Abstand durchgeführt werden. Haushalte, die an der EVS teilnehmen, tragen alle Einnahmen und Ausgaben, die sie in einem Monat des Berichtsjahres hatten, detailliert in ein Haushaltungsbuch ein. Dieser "Feinanschreibungsmonat" wird für jeden einzelnen Haushalt nach einem Rotationssystem festgelegt. In den übrigen Monaten des Berichtsjahres schreiben die Haushalte ihre Einnahmen ebenfalls detailliert auf; bei den Ausgaben werden dann monatlich - um die teilnehmenden Haushalte nicht allzu sehr mit Schreibarbeit zu belasten - im Wege einer "verkürzten" Anschreibung diejenigen Po-sitionen erfaßt, die für das Haushaltsbudget größenordnungsmäßig besondere Bedeutung haben (z. B. Käufe langlebiger Gebrauchsgüter) oder die besonders stark saisonal schwanken (z. B. Urlaubsausgaben) (Euler 1982a).

Tabelle 16

**Entstehung, Verteilung, Umverteilung und Verwendung des Einkommens 1983
in der volkswirtschaftlichen Gesamtrechnung
in Mrd. DM**

	Unternehmen	Staat	Private Haushalte[1]	Zusammen
Einkommensentstehung				
Entstandene Bruttoeinkommen				
aus unselbständiger Arbeit	706,0	183,6	29,5	919,1
aus Unternehmertätigkeit und Vermögen	358,5	-	-	358,5
= Nettowertschöpfung	1 064,5	183,6	29,5	1 277,6
Einkommensverteilung				
Nettowertschöpfung	1 064,5	183,6	29,5	1 277,6
+ Empfangene Bruttoeinkommen				
aus unselbständiger Arbeit	-	-	921,3	921,3
aus Unternehmertätigkeit und Vermögen	86,6	30,7	334,1	451,4
- Geleistete Bruttoeinkommen				
aus unselbständiger Arbeit	706,0	183,6	29,5	919,1
aus Unternehmertätigkeit und Vermögen	380,9	50,1	17,8	448,8
= Volkseinkommen	64,2	- 19,4	1 237,6	1 282,4
Einkommensumverteilung				
Anteil am Volkseinkommen	64,2	- 19,4	1 237,6	1 282,4
+ Empfangene laufende Übertragungen	78,4	726,3	354,6	1 159,3
- Geleistete laufende Übertragungen	100,3	356,8	547,2	1 004,3
= Verfügbares Einkommen[2]	42,3	350,1	1 045,0	1 437,4
Einkommensverwendung				
Verfügbares Einkommen	42,3	350,1	1 045,0	1 437,4
- Letzter Verbrauch	-	336,5	957,5	1 294,0
= Ersparnis	42,3	13,6	87,5	143,4

1) Einschließlich privater Organisationen ohne Erwerbszweck. - 2) Die Summe der verfügbaren Einkommen enthält indirekte Steuern (abzüglich Subventionen) und ist deshalb größer als das Volkseinkommen, das die indirekten Steuern nicht einschließt.

Quellen: Statistisches Bundesamt (Herausgeber): Fachserie 18, Volkswirtschaftliche Gesamtrechnungen, Reihe 1, Konten und Standardtabellen 1984.

Aus der jüngsten EVS von 1983 hat das Statistische Bundesamt bisher Daten zur Struktur der privaten Haushalten (Euler 1984a), zur Ausstattung der Haushalte mit ausgewählten langlebigen Gebrauchsgütern (Euler 1984b), zum Wohnverhältnis und zu den Wohnungsmieten (Euler 1984c), zur Beteiligung der 55- bis 65-jährigen am Erwerbsleben (Euler 1984d) sowie zu Vermögensformen und Schulden privater Haushalte (Euler 1985a, Euler 1985b, Hertel 1985, Braun 1985) vorgelegt; die "zentralen" Veröffentlichungen zu den Einnahmen und Ausgaben privater Haushalte sowie den Aufwendungen für den privaten Vebrauch indes stehen noch aus.

1.3   Volkswirtschaftliche Gesamtrechnung

Die Ergebnisse der volkswirtschaftlichen Gesamtrechnung (VGR) sind für Strukturuntersuchungen von großer Bedeutung, weil sie in einem gesamtwirtschaftlichen System abgestimmt sind und auf diese Weise innerhalb unvermeidlicher Fehlergrenzen sowohl die Untererfassung von Einkommens- oder Verbrauchsströmen als auch die Mehrfachzählung von Personen oder Personengruppen vermieden wird. Von Zeit zu Zeit wird der Datenbestand der VGR revidiert, wenn Konzepte und Abgrenzungen verändert oder die Ergebnisse von Großzählungen eingebaut werden. Eine solche Revision hat es zuletzt 1985 gegeben (Lützel und Mitarbeiter 1985). Das Güterverzeichnis für den privaten Verbrauch (Statistisches Bundesamt 1963), das der vorliegenden Untersuchung zugrunde liegt, wurde im Rahmen der Einnahmen und Ausgaben der privaten Haushalte (Statistisches Bundesamt 1983) ersetzt.

2.   Einkommensverteilungs- und - verwendungsrechnung des DIW

2.1   Grundkonzeption

Im Deutschen Institut für Wirtschaftsforschung wird seit langem daran gearbeitet, Informationen aus unterschiedlichen statistischen Quellen zur Einkommensverteilung und -verwendung zusammenzuführen und unter Beachtung gesamtwirtschaftlicher Rahmendaten aufeinander abzustimmen (vgl. Göseke; Bedau 1974, Göseke; Bedau 1978, Deutsches Institut für Wirtschaftsforschung 1982). In einer solchen makroökonomisch orientierten Rechnung werden grundsätzlich sowohl die Untererfassung von Einkommensströmen als auch die Mehrfachzählung von Personen oder Personengruppen vermieden. Durch "Fortschreibung" lassen sich aktuelle Strukturen zur Einkommensverteilung und -verwendung berechnen, die man in der amtlichen Statistik meist vergeblich sucht.

Eine der wichtigsten Quellen für die Einkommensverteilungs- und -verwendungsrechnung des DIW ist die Einkommens- und Verbrauchsstichprobe - im Grunde die einzige amtliche

Statistik, die detaillierte Strukturdaten zu diesem Themenkomplex liefert. Aber die Aufbereitung der EVS-Ergebnisse nimmt viel Zeit in Anspruch, und wenn die Daten schließlich veröffentlicht werden, haben sie um einiges an Aktualität verloren.

Für das vorliegende Gutachten wurde die an die Berechnungen der Einkommensverteilung angeknüpfte Einkommensverwendungsrechnung des DIW eingesetzt. Dabei wurde eine komparativ-statische Analyse durchgeführt. Dynamische Aspekte werden später mit einem ökonometrischen Modell untersucht.

2.2   Aufbau der Einkommensverwendungsrechnung

Empirische Analysen zur Einkommensverteilung und -verwendung setzen voraus, daß es Informationen gibt über die Zahl der Personen, die Einkünfte beziehen, sowie über die Zahl der Menschen, die jeweils in einem gemeinsam wirtschaftenden Haushalt zusammenleben, zum gesamten Haushaltseinkommen beitragen und aus diesem Haushaltseinkommen zu versorgen sind. Deshalb steht die Ermittlung eines demographischen Bezugsrahmens zu den Einkommens- und Verbrauchsströmen am Anfang der DIW-Berechnungen.

Die Privathaushalte werden gegliedert nach
- der sozialen Stellung des Haushaltsvorstands,
- der Zahl der im Haushalt lebenden Personen,
- der Zahl der zum Haushaltseinkommen beitragenden Personen.

Als Haushaltsvorstände werden in den Berechnungen des DIW unterschieden
- Selbständige in der Land- und Forstwirtschaft:
  tätige Eigentümer oder Pächter von Betrieben der Landwirtschaft, des Garten- und Weinbaus, der Tierhaltung und Tierzucht, der Forstwirtschaft, der Fischerei und Fischzucht sowie der gewerblichen Gärtnerei,
- Selbständige außerhalb der Land- und Forstwirtschaft:
  tätige Eigentümer in Einzelunternehmen und Personengesellschaften, selbständige Ärzte, Anwälte und andere freiberuflich Tätige, selbständige Handwerker, Handels-und Versicherungsvertreter, Hausgewerbetreibende, Zwischenmeister u.ä.,
- Angestellte:
  Arbeitnehmer in kaufmännischen, technischen und Verwaltungsberufen, die Sozialbeiträge zur Angestelltenversicherung leisten, eingeschlossen sind Auszubildende und Empfänger von Arbeitslosengeld oder -hilfe in diesem Versicherungszweig,
- Beamte:
  Arbeitnehmer in einem öffentlich-rechtlichen Arbeitsverhältnis, eingeschlossen sind Beamtenanwärter, Richter und Soldaten,

- Arbeiter:

  Lohnempfänger, die Sozialbeiträge zur Arbeiterrentenversicherung leisten, einge-
  schlossen sind Auszubildende und Empfänger von Arbeitslosengeld oder -hilfe in diesem
  Versicherungszweig,
- Rentner:

  Nichterwerbspersonen, die von sozialen Leistungen (ohne öffentliche Pensionen),
  sonstigen laufenden Übertragungen oder Vermögenseinkommen leben,
- Versorgungsempfänger des öffentlichen Dienstes:

  pensionierte Beamte und Richter.

Nicht selten gehören die Mitglieder eines Haushalts unterschiedlichen sozialen Gruppen
an. Dann fließen Einkommen aus verschiedenen Quellen im Haushalt zusammen. Auch
bezieht der Haushaltsvorstand mitunter mehrere Einkommensarten.

Im Kontensystem der volkswirtschaftlichen Gesamtrechnung werden die privaten Haushalte und die privaten Organisationen ohne Erwerbszweck zusammengefaßt. Will man die
Einkommensverteilung und -verwendung nach Haushaltsgruppen gliedern, so ist es notwendig, beide Teilsektoren voneinander zu trennen. Außerdem sind Personen, die - nicht
nur kurzfristig - in Wohn- und Pflegeheimen, Kasernen, Strafanstalten oder sonstigen
Gemeinschaftsunterkünften leben und sich nicht sinnvoll einer Haushaltsgruppe zuordnen
lassen, zusammen mit ihrem Einkommen und ihrem Verbrauch aus dem Bereich der
privaten Haushalte auszugliedern.

In Erweiterung der volkswirtschaftlichen Gesamtrechnung muß man bei einer Unter-
suchung der Einkommensverteilung und -verwendung nach sozialen Gruppen diejenigen
Einkommensströme einbeziehen, die zwischen Privathaushalten, Anstaltsbevölkerung und
privaten Organisationen ohne Erwerbszweck sowie zwischen den einzelnen sozialen
Haushaltsgruppen fließen. Das sind beispielsweise Unterhalts-und Unterstützungszahlungen an geschiedene Ehefrauen sowie an Familienangehörige, die außerhalb des
Haushalts leben, Alimentenleistungen, Kirchensteuern, Beiträge und Spenden an Parteien,
Gewerkschaften und Vereine, Unterstützungszahlungen der Gewerkschaften an ihre Mit-
glieder bei Streiks, Arbeitsunfähigkeit oder Sterbefällen.

Als privater Verbrauch werden in diesem Gutachten die Käufe der inländischen privaten
Haushalte für Konsumzwecke erfaßt. Der Eigenverbrauch der privaten Organisationen
ohne Erwerbszweck, der in der volkswirtschaftlichen Gesamtrechnung ebenfalls zum
privaten Verbrauch zählt, wird hier ausgegliedert.

Tabelle 17

Gliederung der größeren Verwendungsbereiche
des privaten Verbrauchs

1 Nahrungsmittel[1]

Fleisch und Fleischwaren, Fische und Fischwaren

Eier

Milch, Käse, Butter

Speisefette und -öle (ohne Butter)

Brot und Backwaren

Mehl, Nährmittel, Kartoffelerzeugnisse

Kartoffeln

Gemüse und Obst

Zucker, Süßwaren

Gewürze und ähnliche Back- und Speisezutaten

Alkoholfreie Getränke

Fertige Mahlzeiten; Verzehr in Gaststätten

2 Genußmittel

Bohnenkaffee

Echter Tee

Alkoholische Getränke

Tabakwaren

3 Kleidung, Schuhe

Oberbekleidung

Sonstige Bekleidung

Schuhe

4 Wohnungsmieten u.ä.

Mieten u. Pachten (o. Mietwert d. Eigentümerwohnungen u.ä.)

Mietwert der Eigentümerwohnungen u.ä.

Untermieten

5 Elektrizität, Gas, Brennstoffe u.ä.

Elektrizität

Gas

Kohlen und sonstige feste Brennstoffe

Flüssige Brennstoffe (ohne Kraftstoffe)

Zentralheizung und Warmwasser

6 Übrige Waren und Dienstleistungen für die Haushaltsführung

Möbel

Heimtextilien, Haushaltswäsche (auch Kunststoffwaren)

Heiz- und Kochgeräte, Beleuchtungskörper

Haushaltsmaschinen und -geräte (ohne Heiz- und Kochgeräte)

Tapeten, Farben, Baustoffe, Wohnungsreparaturen u.ä.

Häusliche Dienste (Entgelte für im Haushalt regelmäßig Beschäftigte)

Wäscherei und Reinigung

Sonstige Waren und Dienstleistungen für die Haushaltsführung

7 Waren und Dienstleistungen für Verkehrszwecke, Nachrichtenübermittlung

Kraftfahrzeuge und Fahrräder

Kraftstoffe

Sonstige Waren und Dienstleistungen für eigene Kraftfahrzeuge u.ä.

Fremde Verkehrsleistungen

Nachrichtenübermittlung

8 Waren und Dienstleistungen für die Körper- und Gesundheitspflege, für Bildungs- und Unterhaltungszwecke

Gebrauchsgüter für die Körperpflege

Verbrauchsgüter für die Körperpflege

Friseur- und sonstige Dienstleistungen für die Körperpflege

Gebrauchsgüter für die Gesundheitspflege

Verbrauchsgüter für die Gesundheitspflege

Arzt-, Krankenhaus- und sonstige Dienstleistungen für die Gesundheitspflege

Rundfunk-, Fernseh- und Phonogeräte und deren Zubehörteile

Foto- und Kinoapparate und deren Zubehörteile

Bücher, Zeitungen, Zeitschriften

Kosten für Theater, Kino und Sportveranstaltungen

Sonstige Waren und Dienstleistungen für Bildungs- und Unterhaltungszwecke

9 Persönliche Ausstattung; sonstige Waren und Dienstleistungen

Uhren, echter Schmuck

Sonstige persönliche Ausstattung

Dienstleistungen des Beherbergungsgewerbes

Dienstleistungen der Banken

Dienstleistungen der Versicherungen

Sonstige Waren und Dienstleistungen (a.n.g.)

1) Einschließlich Verzehr in Gaststätten.

Quelle: Statistisches Bundesamt (Herausgeber): Güterverzeichnis für den Privaten Verbrauch, Ausgabe 1963

Neben den tatsächlichen Käufen rechnet die volkswirtschaftliche Gesamtrechnung den privaten Haushalten einige Arten "unterstellter" Käufe zu, deren Gegenwert - wie erwähnt - im verfügbaren Einkommen der Haushalte enthalten ist:

- den Eigenverbrauch von Unternehmen (das sind im eigenen Unternehmen hergestellte und im Haushalt des Unternehmers verbrauchte Produkte),
- den Verbrauch von Naturalvergütungen an Arbeitnehmer (landwirtschaftliche Produkte, Kohle, Bier u.ä.),
- den Wert der Nutzung von Eigentümerwohnungen.

Nicht zum privaten Verbrauch zählen die Aufwendungen der Sozialversicherung und der Sozialhilfe für Medikamente, Arzt- und Krankenhausleistungen sowie andere "Realtransfers", die der Staat ohne spezielles Entgelt zur Verfügung stellt und die privaten Haushalten zugute kommen (Bildungswesen, Kultur, Erholung u.ä.).

Die Ersparnis der privaten Haushalte ist derjenige Teil ihres verfügbaren Einkommens, der nach Abzug der Verbrauchsausgaben verbleibt. Die nichtentnommenen Gewinne der Unternehmen ohne eigene Rechtspersönlichkeit werden hier nicht zur Ersparnis der privaten Haushalte gezählt.

Nach Formen der Vermögensbildung gegliedert, fließt die private Ersparnis im wesentlichen in die Geldanlage bei Banken, Bausparkassen und Versicherungen oder wird zum Erwerb von festverzinslichen Wertpapieren und Aktien verwendet. Die Kreditaufnahme für Konsumzwecke wird von der Geldvermögensbildung[1] der privaten Haushalte abgesetzt.

2.3 Die Strukturbeziehungen der Einkommensverwendungsrechnung

Zentrale analytische und zugleich instrumentale Bedeutung in der DIW-Einkommensverwendungsrechnung haben marginale Verbrauchs- und Sparquoten. Sie sind als Veränderung des Verbrauchs oder der Ersparnis von Einkommensklasse zu Einkommensklasse, bezogen auf den Einkommensmehrbetrag, definiert. Bezugsbasis ist hier die Zahl der Haushaltsmitglieder, denn für die Aufteilung des Haushaltseinkommens auf einzelne Ausgabenbereiche und die Ersparnis ist in erster Linie derjenige Einkommensbetrag maßgebend, der rechnerisch für jede aus dem gesamten Haushaltseinkommen zu versorgende Person zur Verfügung steht. "Große (kinderreiche) Haushalte sind pro Kopf gesehen fast stets ärmer als andere Mitglieder ihrer sozialen (beruflichen) Schicht. Dies hat den Rückgang des einschränkbaren Konsums gegenüber den Lebensnotwendigkeiten zur Folge, weiter die Senkung der Qualitäten der gekauften Waren (bei Nahrungsmitteln, Kleidern und vor allem Wohnung) und die Erhöhung der in den Haushalt verlegten Eigenproduktion von Leistungen.

Andererseits führt die Vergrößerung des Haushaltsumfanges aber auch zu 'economics of scale'; sie bringt z.B. Mengenrabatte im weitesten Sinne (etwa der niedrige Quadratmeterpreis der Großwohnung)" (Streissler 1966, S. 66).

Weil in den DIW-Berechnungen nicht nur nach Einkommenshöhe, sondern auch nach der sozialen Stellung des Haushaltsvorstands, der Haushaltsgröße, der Zahl der Einkommensbezieher im Haushalt und nach Verwendungsbereichen des verfügbaren Einkommens differenziert wird, bilden die marginalen Verbrauchsquoten eine fünfdimensionale Matrix oder - anschaulicher - ein engmaschiges Netzwerk von Daten, die aufgrund von "Rangordnungsvorschriften" in einem relativ strengen Verhältnis zueinander stehen und den Berechnungen ein hohes Maß innerer Stabilität geben.

Die Rangordnungsvorschriften sind Ausdruck für die Differenzierung der Verbrauchsneigung in Abhängigkeit von den oben genannten Kriterien; sie beschreiben die Strukturbeziehungen der Einkommensverwendungsrechnung. Ihrer Abstufung liegt die Annahme zugrunde, daß Unterschiede im Verbraucherverhalten um so geringer ausfallen, je weniger sich die entsprechenden Merkmalsausprägungen voneinander unterscheiden. "Jede soziale Schicht orientiert sich ... an der nächsthöheren Schicht oder besser gesagt, primär an den Konsumführer in der eigenen Schicht, die aber ihrerseits wieder an den ja teilweise durchlässigen Rändern sozialer Schichten in Berührung kommen und von diesen beeinflußt werden" (Streissler 1966, S. 71 und 72).

In der Realität wirken alle Einflußgrößen, die das Verbraucherverhalten sozialer Gruppen bestimmen, simultan. Will man in der theoretischen Analyse den Einfluß eines einzelnen Faktors abschätzen, ist es wichtig, nur die Ausprägungen dieses einen Faktors zu variieren, die Ausprägungen aller übrigen Faktoren dagegen konstant zu halten. Unterschiede im Verbrauchsverhalten etwa, die aus der sozialen Stellung des Haushaltsvorstandes herrühren, sind nur dann exakt zu quantifizieren, wenn die Ausgabenneigung der einzelnen Haushaltsgruppen bei jeweils gleicher Einkommenshöhe, gleicher Haushaltsgröße und gleicher Anzahl von Einkommensbeziehern im Haushalt untersucht wird[2].

Die Nachfrage nach Gütern des privaten Verbrauchs, die zum Grundbedarf der Lebenshaltung gehören (Nahrungs- und Genußmittel, Bekleidung, Wohnungseinrichtung, Energie für Haushaltszwecke) zeigt geringe Einkommenselastizität. Absolut gesehen, nehmen die Ausgaben für diese Verbrauchsbereiche mit steigendem Einkommen zu. Zur Deckung von Grundbedürfnissen, die es naturgemäß in allen Einkommensschichten gibt, tritt dann in wachsendem Maße ein Qualitätseffekt - die Nachfrage nach hochwertigen (und teuren) Gütern der genannten Verwendungsbereiche. Bezogen auf die verfügbaren Mittel des

Haushalts, verlieren die Ausgaben für diese Bereiche aber mit steigendem Einkommen an Bedeutung. Je höher das Einkommen, um so größer ist daher der Anteil, der für den einkommenselastischen Verbrauch zur Verfügung steht - das ist die Nachfrage nach Gütern der "gehobenen" Lebensführung wie Wohnungsausstattung, Unterhaltungselektronik und Haushaltsgeräte, Kraftfahrzeuge, Schmuck, Dienstleistungen unterschiedlichster Art. Auch die Sparquote nimmt mit steigendem Einkommen zu - einmal erhöht sich die Fähigkeit, aus dem laufenden Einkommen zu sparen, zum anderen wächst die Bedeutung der jeweiligen Vermögenserträge (vgl. Euler 1982b).

Weil die Haushalte von Selbständigen, Arbeitnehmern und Nichterwerbspersonen schwerpunktmäßig unterschiedlichen Einkommensbereichen angehören, wirkt die soziale Stellung des jeweiligen Haushaltsvorstands auf das Verbraucherverhalten in gleicher Richtung wie die Einkommenshöhe. Doch gibt es auch einkommensunabhängige Faktoren, die die Verbrauchsneigung sozialer Gruppen beeinflussen.

Dies gilt etwa für die Ausgabenstruktur der landwirtschaftlichen Haushalte: Angehörige dieser Gruppe "haben wesentlich seltener als andere soziale Gruppen die Möglichkeit, an kulturellen oder sportlichen Veranstaltungen teilzunehmen, sich in der Freizeit zu betätigen oder zu verreisen" (Euler 1982b, S. 866). Augenfällig sind die in der Einkommens- und Verbrauchsstichprobe von 1978 nachgewiesenen überdurchschnittlich hohen Aufwendungen für Nahrungsmittel, Wohnungsnutzung und Energie der landwirtschaftlichen Haushalte.

Haushalte von Selbständigen außerhalb der Land- und Forstwirtschaft haben eine höhere marginale Sparquote als alle übrigen Gruppen. Hier kommt zum Ausdruck, daß Selbständige im Gegensatz zu Arbeitnehmern ihre Altersversorgung im wesentlichen aus dem verfügbaren Einkommen finanzieren. Angestellten-Haushalte räumen Ausgaben für Bekleidung, Verkehrsleistungen und Haushaltsführung Priorität ein. In Beamten-Haushalten haben Aufwendungen für die Körper- und Gesundheitspflege größere Bedeutung als in anderen Arbeitnehmern-Haushalten: Beamte sind nicht Mitglieder der gesetzlichen Krankenversicherung; sie zahlen die Krankheitskosten aus dem verfügbaren Einkommen, erhalten sie allerdings (zum Teil oder in voller Höhe) von ihrer privaten Krankenversicherung oder vom Arbeitgeber erstattet. Arbeiter-Haushalte stehen bei der Nachfrage nach Genußmitteln an der Spitze der Rangordnungsskala.

Das Verbraucherverhalten von Rentner- und Beamtenpensionärs-Haushalten wird durch den Umstand geprägt, daß hier ganz überwiegend ältere Menschen zusammenleben. Mit zunehmendem Lebensalter steigen in der Regel naturgemäß die für Körper- und Gesund heitspflege aufzubringenden Mittel. Einen großen Teil der Rentner-Haushalte machen alleinstehende Witwen aus, die nach dem Tode ihres Ehepartners die eheliche Wohnung beibehalten haben; daher sind Miet- und Heizkostenaufwand dieser Haushalte relativ hoch. Auch für die persönliche Ausstattung wird in Haushalten von Rentnern und Versorgungsempfängern des öffentlichen Dienstes vergleichsweise viel ausgegeben. Aufwendungen für private Kraftfahrzeughaltung dagegen sind für diese Haushalte von geringer Bedeutung.

Anmerkungen
Kapitel E

[1] Schließlich unterscheiden sich Ersparnis und die um die Kreditaufnahme verminderte Geldvermögensbildung noch um den Saldo der Vermögensübertragungen.

[2] In der Theorie des Konsumentenverhaltens entspricht diesem Vorgehen die Methode der partiellen Differentiation.

F   Auswirkungen der Mehrwertsteuererhöhung 1983 auf Haushalte
         unterschiedlicher sozialer Gruppen und unterschiedlicher Einkommenshöhe

1.   Einkommensverteilung und -verwendung 1983

1983 gab es in der Bundesrepublik Deutschland etwa 24,8 Mill. Privathaushalte, in denen
60,4 Mill. Menschen lebten.[1] Reichlich die Hälfte der Haushalte waren solche von
Arbeitnehmem, zwei Fünftel solche von Rentnern oder Versorgungsempfängern des
öffentlichen Dienstes.

Tabelle 18

Privathaushalte und Haushaltsmitglieder 1983

in 1 000

| | Zahl der | | Nachrichtlich: |
	Haushalte	Haushalts-mitglieder	Durchschnittl. Haushaltsgöße
Haushalte von			
Selbständigen in der Land- und Forstwirtschaft	408	1 771	4,3
Selbständigen außerhalb der Land- und Forstwirtschaft	1 466	4 555	3,1
Angestellten	5 561	14 713	2,6
Beamten	1 552	4 698	3,0
Arbeitern	5 949	18 016	3,0
Rentnern	8 799	14 970	1,7
Versorgungsempfängern des öffentlichen Dienstes	1 025	1 708	1,7
Zusammen	24 760	60 431	2,4

Quelle: Berechnungen des DIW unter Verwendung amtlicher Statistiken.

Vergleichsweise große Familien sind noch immer typisch für Selbständige in der Land- und
Forstwirtschaft. Hier gibt es im Durchschnitt die meisten Kinder und auch noch den Drei-
Generationen-Haushalt. Selbständige außerhalb der Land- und Forstwirtschaft hingegen

unterscheiden sich in der durchschnittlichen Haushaltsgröße nicht mehr wesentlich von Arbeitnehmern.

Fast ein Drittel aller Privathaushalte bestand 1983 aus alleinstehenden Personen, von denen der überwiegende Teil aus dem Erwerbsleben ausgeschieden war. Über die Hälfte aller Mehrpersonen-Haushalte hatte im Berichtsjahr neben dem Haushaltsvorstand einen weiteren Einkommensbezieher.

Erwerbseinkommen haben die Privathaushalte 1983 in Höhe von 1 124 Mrd.DM empfangen. Die in der volkswirtschaftlichen Gesamtrechnung für die Beamtenversorgung und für Betriebsrenten "unterstellten" Sozialbeiträge und die nichtentnommenen Gewinne der Unternehmen ohne eigene Rechtspersönlichkeit sind in dieser Summe nicht enthalten. Vermögenseinkommen haben die Haushalte in Höhe von 93 Mrd.DM erzielt, von denen nahezu die Hälfte an Arbeitnehmer-Haushalten geflossen ist.

Gruppiert man die Haushaltsgruppen nach ihrem Durchschnittseinkommen, so liegen an der Spitze dieser "Einkommenshierarchie" die Haushalte von Selbständigen außerhalb der Land- und Forstwirtschaft. Doch ist hier die Streuung größer als bei anderen Gruppen - einerseits gibt es Familien von selbständig Erwerbstätigen im Handel, Handwerk, Verkehrs- und Dienstleistungsgewerbe, die mitunter das Einkommen von Arbeitnehmer-Haushalten nicht erreichen, andererseits Familien von Angehörigen freier Berufe, die Spitzeneinkommen erzielen. Die Einkommensentwicklung der landwirtschaftlichen Haushalte ist durch vergleichsweise starke Schwankungen gekennzeichnet; 1983 gab es einen merklichen Rückgang, nachdem die Einkommen in den beiden Vorjahren überdurchschnittlich gestiegen waren. Allerdings werden die ernte- und preisbedingten Einkommensausschläge dadurch gemildert, daß ein nicht unerheblicher Teil des landwirtschaftlichen Haushaltseinkommens heute durch unselbständige Arbeit erzielt wird.

Die Einkommensentwicklung der Arbeitnehmer-Haushalte wurde 1983 von vergleichsweise geringen Tariferhöhungen geprägt. Die Effektivverdienste stiegen um nicht viel mehr als 3 vH - eine ähnlich schwache Zunahme hatte es in der Bundesrepublik Deutschland seit 1967 nicht mehr gegeben. Allerdings ist zu berücksichtigen, daß sich 1983 auch der Auftrieb der Lebenshaltungskosten merklich abgeschwächt hat. Etwas geringer als die Verdienste in den übrigen Wirtschaftsbereichen haben sich 1983 die Einkommen der beim Staat beschäftigten Arbeitnehmer erhöht.

Tabelle 19

Erwerbs- und Vermögenseinkommen der Privathaushalte 1983

in Mrd. DM

	Empfangene Bruttoeinkommen aus			
	unselbst. Arbeit 1)	Unternehmer- tätigkeit 2)	Vermögen	Zu- sammen
Haushalte von				
Selbständigen in der Land- und Forstwirtschaft	6,2	12,7	2,0	20,9
Selbständigen außerhalb der Land- u. Forstwirtschaft	20,1	198,0	21,0	239,1
Angestellten	381,8	11,9	24,4	418,1
Beamten	94,9	3,3	6,3	104,5
Arbeitern	318,5	11,5	13,4	343,4
Rentnern	34,1	22,5	22,3	78,9
Versorgungsempfängern des öffentlichen Dienstes	5,6	3,0	3,6	12,2
Zusammen	861,2	262,9	93,0	1 217,1

1) Ohne unterstellte Sozialbeiträge.- 2) Ohne nichtentnommene Gewinne der Unternehmen ohne eigene Rechtspersönlichkeit.

Quelle: Berechnungen des DIW unter Verwendung amtlicher Statistiken.

Für Haushalte von Rentnern und Beamtenpensionären sind Erwerbseinkünfte naturgemäß von geringer Bedeutung. Vermögenserträge indes fallen durchaus ins Gewicht, denn Personen im höheren Lebensalter haben in der Regel über eine längere Ansparzeit hinweg bei steigendem Einkommen, zunehmender Bedarfssättigung sowie abnehmenden Kreditverpflichtungen Geldvermögensbestände in mitunter beträchtlicher Höhe aufgebaut.

Einkommensübertragungen haben die Privathaushalte 1983 in Höhe von 330 Mrd.DM empfangen. Dies waren im wesentlichen Übertragungen vom Staat wie Sozialrenten, Pensionen und sonstige Leistungen der sozialen Sicherung; eingeschlossen sind auch Übertragungen aus dem Unternehmensbereich wie Betriebsrenten, Versorgungsleistungen an Angehörige der freien Berufe und Leistungen der Schadenversicherungen sowie interfamiliale Einkommenstransfers.

Der größte Teil der laufenden Übertragungen fließt im Rahmen des horizontalen Einkommensausgleichs an die Haushalte von Rentnern und Beamtenpensionären. Doch auch die übrigen Haushaltsgruppen empfangen Einkommensübertragungen. Denn zur horizontalen Umverteilung tritt der vertikale Einkommensausgleich, der diejenigen Haushalte begünstigt, deren vergleichsweise geringes Erwerbseinkommen nicht ausreicht, um bestimmte soziale Tatbestände (Krankheit, Invalidität, Arbeitslosigkeit u.ä.) finanziell zu tragen. Kinder- und Wohngeld, Leistungen der Kranken- und Unfallversicherung, Berufsunfähigkeitsrenten, Witwenrenten an erwerbstätige Frauen und weitere soziale Leistungen sind sowohl für Arbeitnehmer- als auch für Selbständigen-Haushalte durchaus von Bedeutung.

Direkte Steuern, Sozialbeiträge und sonstige geleistete laufende Übertragungen haben das Einkommen der Privathaushalte im Berichtsjahr um 517 Mrd.DM gemindert. Einschließlich der Arbeitgeberbeiträge zur Sozialversicherung entfielen rund zwei Drittel der geleisteten Übertragungen auf Angestellten- und Arbeiter-Haushalte.

Tabelle 20

Empfangene und geleistete Übertragungen

der Privathaushalte 1983

in Mrd.DM

	Empfangene laufende Übertragungen 1)	Geleistete	Transfersaldo
Haushalte von			
Selbständigen in der Land- und Forstwirtschaft	4,5	7,7	- 3,2
Selbständigen außerhalb der Land- und Forstwirtschaft	18,2	76,4	- 58,2
Angestellten	30,8	188,8	-158,0
Beamten	10,2	34,2	- 24,0
Arbeitern	36,0	162,6	-126,6
Rentnern	190,3	33,5	+156,8
Versorgungsempfängern des öffentlichen Dienstes	39,8	13,9	+ 25,9
Zusammen	329,8	517,1	-187,3

1) Einschließlich Zinsen auf Konsumentenschulden.

Quelle: Berechnungen des DIW unter Verwendung amtlicher Statistiken.

Von Einkommensabzügen werden die einzelnen Haushaltsgruppen in unterschiedlichem Maße betroffen. Die vergleichsweise hohen Einkünfte der Selbständigen außerhalb der Land- und Forstwirtschaft werden auch mit hohen Steuersätzen belegt; doch bietet das Steuerrecht selbständigen Steuerpflichtigen einen beträchtlichen "Gestaltungsspielraum", der anderen Gruppen in weitaus geringerem Maße offensteht. Landwirte werden durch spezielle Regelungen des Einkommensteuerrechts[2] erheblich begünstigt. Weil Angestellte und Arbeiter neben direkten Steuern auch Beiträge zu allen Zweigen der sozialen Sicherung zahlen, werden sie stärker als andere Gruppen von der Einkommensumverteilung berührt. Beamte zahlen in der Regel keine Sozialbeiträge; ihre Altersversicherung wird aus allgemeinen staatlichen Mitteln finanziert. Während Sozialrenten faktisch steuerfrei sind und 1983 erst mit geringen Eigenbeiträgen zur Krankenversicherung der Rentner belastet waren, zahlen Beamtenpensionäre aus ihren Ruhegehältern Lohnsteuern und vergleichsweise hohe Beiträge zu einer Krankenversicherung.

Nach der Umverteilung stand den Privathaushalten 1983 ein Einkommen von insgesamt 1 030 Mrd.DM zur Verfügung. Auf jeden Haushalt entfielen im Monatdurchschnitt 3 466 DM, auf jeden Haushaltsangehörigen 1 420 DM.

Zwischen den einzelnen Haushaltsgruppen gab es deutliche Einkommensunterschiede. Für Selbständige außerhalb der Land- und Forstwirtschaft lag das durchschnittlich verfügbare Haushaltseinkommen erheblich über dem von Arbeitnehmern; bei diesen war eine deutliche Differenzierung zwischen den Haushaltseinkommen von Beamten, Angestellten und Arbeitern erkennbar. Eine Pro-Kopf-Einkommensrechnung zeigt - nicht ganz überraschend - das im Durchschnitt günstige materielle Einkommensniveau der Haushalte von Versorgungsempfängern des öffentlichen Dienstes, auch wenn man berücksichtigt, daß eine personenbezogene Einkommensrechnung die Besserstellung gegenüber anderen Gruppen überzeichnet.

Etwa neun Zehntel des insgesamt verfügbaren Einkommens wurden 1983 für den privaten Verbrauch verwendet; ein Zehntel floß als Ersparnis der Privathaushalte[3] auf Sparkonten, wurde bei Bausparkassen und Versicherungsunternehmen oder in Wertpapieren angelegt. Vergleichsweise niedrig war 1983 die Sparquote der Arbeiter-Haushalte - hier ist die Sparfähigkeit durch die ungünstige Lage am Arbeitsmarkt beeinträchtigt worden (vgl. Müller-Krumholz; Pohl 1984). Weit über dem Durchschnitt dagegen lag die Sparquote der Selbständigen-Haushalte außerhalb der Land-und Forstwirtschaft; hier sind freilich private und betriebliche Ersparnis nicht immer klar voneinander zu trennen.

Tabelle 21

Verfügbares Einkommen und Einkommensverwendung der Privathaushalte 1983

in Mrd.DM

Haushalte von	Verfügbares Einkommen	Verbrauch	Ersparnis	Nachrichtlich: Durchschnittliche Konsumquote in vH des verfügbaren Einkommens	Sparquote
Selbständigen in der Land- und Forstwirtschaft	17,7	16,3	1,4	92,1	7,9
Selbständigen außerhalb der Land- und Forstwirtschaft	180,9	150,3	30,6	83,1	16,9
Angestellten	260,1	236,7	23,4	91,0	9,0
Beamten	80,5	73,4	7,1	91,2	8,8
Arbeitern	216,8	199,9	16,9	92,2	7,8
Rentnern	235,7	213,9	21,8	90,8	9,2
Versorgungsempfängern des öffentlichen Dienstes	38,1	34,3	3,8	90,0	10,0
Zusammen	1 029,8	924,8	105,0	89,8	10,2

Quelle: Berechnungen des DIW unter Verwendung amtlicher Statistiken.

79

Für wenig einkommenselastische Verbrauchsbereiche - Nahrungs-und Genußmittel, Bekleidung, Wohnungsmieten sowie Elektrizität, Gas und Brennstoffe - haben die Privathaushalte 1983 insgesamt 485 Mrd.DM ausgegeben. Dabei machten die Nahrungsmittelkäufe ein Drittel, die Mieten ein Viertel dieser Summe aus. Drei Fünftel der Genußmittelkäufe waren Ausgaben für Bier und Tabakwaren.

Mit 440 Mrd.DM entfiel fast die Hälfte der privaten Verbrauchsausgaben auf den einkommenselastischen Bedarf - Güter der Haushaltsführung, für Verkehrs- und Nachrichtenzwecke, Körper- und Gesundheitspflege, Bildungs-und Unterhaltungszwecke, persönliche Ausstattung, Dienstleistungen des Beherbergungsgewerbes, der Banken und Versicherungsunternehmen.

In welchem Verhältnis die Verbrauchsausgaben von den Haushalten auf unelastischen und elastischen Bedarf aufgeteilt werden, ist in erster Linie eine Frage des Einkommensniveaus. Deshalb überrascht es nicht, daß der Anteil derjenigen Waren und Dienstleistungen, die über den Grundbedarf der Lebenshaltung hinausgehen, bei Haushalten von Selbständigen außerhalb der Land- und Forstwirtschaft beträchtlich höher ist als bei den übrigen Gruppen, obwohl die Ausgaben der Selbständigen-Haushalte auch bei den unelastischen Bereichen vergleichsweise hoch sind. Über dem Durchschnitt aller Privathaushalte liegt der Anteil der einkommenselastischen Nachfrage auch bei Angestellten- und Beamten-Haushalten.

In allen sozialen Gruppen gibt es eine Streuung der Haushalte nach der Einkommenshöhe, die auf die Struktur der Einkommensverwendung ausstrahlt. Das unterschiedliche Ausmaß der Streuung läßt die Quintilendarstellung der Einkommensverteilung erkennen: Eine vergleichsweise große Disparität der Haushaltseinkommen gibt es bei Selbständigen außerhalb der Land-und Forstwirtschaft, zu denen "kleine" Gewerbetreibende, Unternehmer und Angehörige freier Berufe gehören, aber auch bei Rentnern, zu denen neben den Empfängern von Sozialversicherungsrenten hier auch solche Personen zählen, die von den Erträgen ihres Vermögens leben. Faßt man die - mehr oder weniger homogenen - Haushaltsgruppen zu einer heterogenen Gesamtgruppe zusammen, so ist die Einkommensdisparität der Gesamtgruppe größer als die Disparitäten in jeder der einzelnen Gruppen (vgl. Piesch 1975). Dies kann man ebenfalls an der Quintilendarstellung erkennen.

Tabelle 22

Verbrauchsausgaben der Privathaushalte 1983 nach Verwendungsbereichen

in Mrd.DM

Haushalte von	Nahrungs-mittel	Genuß-mittel	Bekleidung	Wohnungs-miete	Energie	übrige Haushalts-führung	Verkehr und Nachrichten	Gesundheit und Bildung	persönliche Ausstattung	Zusammen
Selbständigen in der Land- und Forstwirtschaft	3,9	1,0	1,4	2,6	1,1	1,4	2,4	1,5	1,0	16,3
Selbständigen außerhalb der Land- und Forstwirtschaft	22,4	8,8	10,3	18,1	4,1	18,5	30,7	21,8	15,6	150,3
Angestellten	41,2	16,3	21,6	30,6	11,4	27,1	39,9	28,3	20,3	236,7
Beamten	12,3	4,4	6,6	8,7	3,2	8,3	13,3	10,5	6,1	73,4
Arbeitern	41,8	16,0	18,8	26,1	12,5	20,1	29,7	21,2	13,7	199,9
Rentnern	39,3	15,3	18,2	35,3	13,7	22,0	24,6	25,0	20,5	213,9
Versorgungsempfängern des öffentlichen Dienstes	5,8	2,4	2,7	5,3	1,9	3,6	4,5	4,9	3,2	34,3
Zusammen	166,7	64,2	79,6	126,7	47,9	101,0	145,1	113,2	80,4	924,8

Quelle: Berechnungen des DIW unter Verwendung amtlicher Statistiken.

Schaubild 2

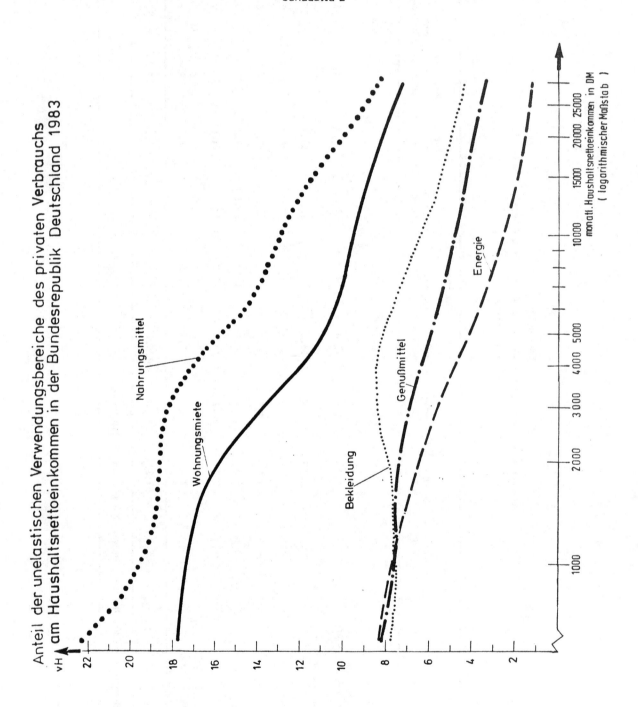

Anteil der unelastischen Verwendungsbereiche des privaten Verbrauchs am Haushaltsnettoeinkommen in der Bundesrepublik Deutschland 1983

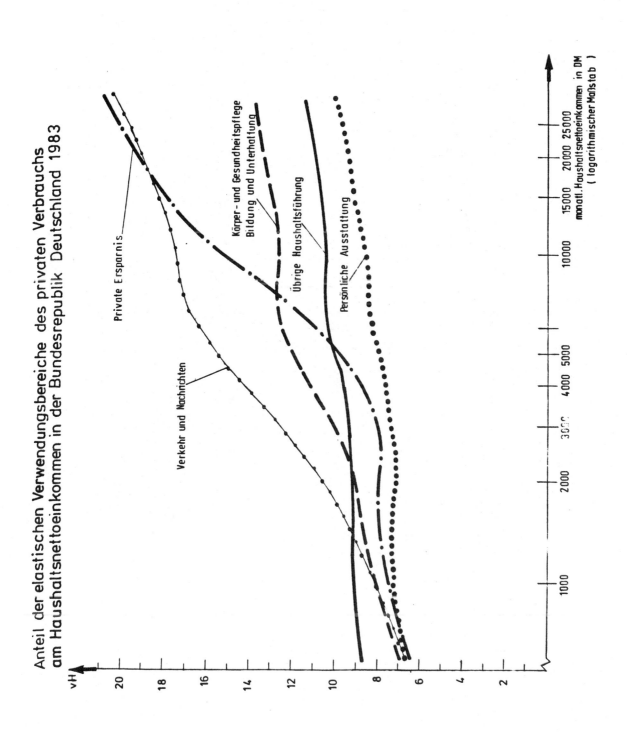

Anteil der elastischen Verwendungsbereiche des privaten Verbrauchs am Haushaltsnettoeinkommen in der Bundesrepublik Deutschland 1983

Tabelle 23

Anteil der einkommenselastischen Bereiche an den

Verbrauchsausgaben der Haushaltsgruppen 1983

in vH

Haushalte von	
Selbständigen in der Land- und Forstwirtschaft	38,5
Selbständigen außerhalb der Land- und Forstwirtschaft	57,7
Angestellten	48,9
Beamten	52,0
Arbeitern	42,4
Rentnern	43,1
Versorgungsempfängern des öffentlichen Dienstes	47,2
Zusammen	47,6

Quelle: Berechnungen des DIW unter Verwendung amtlicher Statistiken.

Tabelle 24

Quintilendarstellung der Einkommensverteilung 1983

	Anteil des	
	ersten	letzten
	Quintils der Haushalte am verfügbaren Einkommen in vH	
Haushalte von		
Selbständigen in der Land- und Forstwirtschaft	10,9	29,9
Selbständige außerhalb der Land- und Forstwirtschaft	9,7	37,4
Angestellten	10,1	34,5
Beamten	11,6	31,9
Arbeitern	9,9	33,0
Rentnern	8,9	36,7
Versorgungsempfängern des öffentlichen Dienstes	10,4	33,1
Zusammen	7,4	41,6

Quelle: Berechnungen des DIW unter Verwendung amtlicher Statistiken.

Zur Einkommens- und Verbrauchsschichtung der Haushaltsgruppen im Jahr 1983 ist im DIW eine Fülle detaillierter Strukturen berechnet worden. Eine Auswahl ist im Tabellenanhang dieses Gutachtens zu finden. Hier können nur ausgewählte Ergebnisse dargestellt werden. Es überrascht nicht, daß mit steigendem Haushaltseinkommen die Sparquote beträchtlich zunimmt: Mehreinkommen ist in der Regel mit höherer Sparfähigkeit verbunden. Erinnert sei daran, daß für Selbständigen-Haushalte, die in den oberen Einkommensklassen zu finden sind, Ersparnis - anders als bei Arbeitnehmer-Haushalten - zu einem großen Teil der Altersvorsorge dient.

Mit steigendem Haushaltseinkommen sinkt der Anteil des Grundversorgungsbedarfs an den Verbrauchsausgaben. Der Aufwand für Nahrungsmittel etwa beanspruchte 1983 im Einkommensbereich unter 1 000 DM je Monat, in dem vorwiegend Rentner-Haushalte anzutreffen waren, fast ein Viertel der gesamten Ausgaben; bei einem Einkommen von 2 000 bis 3 000 DM, das für eine große Zahl von Arbeitnehmer-Haushalten typisch war, betrugen die Aufwendungen für Nahrungsmittel im Durchschnitt nur noch ein Fünftel der

Tabelle 25

Einkommensschichtung und Sparquote der Privathaushalte 1983

in vH

Monatlich verfügbares Haushaltseinkommen von ... bis unter ... DM			Verteilung der Haushalte	Sparquote
	unter	1 000	3,8	6,4
1 000	...	2 000	23,3	7,9
2 000	...	3 000	25,7	7,9
3 000	...	4 000	21,0	8,3
4 000	...	5 000	10,4	9,1
5 000	...	6 000	5,9	10,3
6 000	...	7 000	3,5	11,5
7 000	...	8 000	2,0	12,5
8 000	...	9 000	1,2	13,6
9 000	...	10 000	0,8	14,6
10 000	...	15 000	1,4	16,8
15 000	...	20 000	0,6	18,4
20 000	...	25 000	0,3	19,6
25 000 oder mehr			0,1	20,5
Zusammen			100,0	10,2

Quelle: Berechnungen des DIW unter Verwendung amtlicher Statistiken.

Ausgaben. In der Einkommensklasse von 6 000 bis 7 000 DM je Monat - hier lag der "häufigste" Einkommenswert der Selbständigen-Haushalte - belief sich der Nahrungs-mittelanteil auf lediglich ein Sechstel des gesamten Verbrauchsaufwands. Insgesamt nahmen die Grundbedürfnisse der Lebenshaltung 1983 im Bereich geringen Einkommens mehr als zwei Drittel der Verbrauchsausgaben in Anspruch; bei Einkommen von 2 000 bis 3 000 DM machte der Aufwand für den Grundbedarf drei Fünftel, bei Einkommen über 6 000 DM monatlich weniger als die Hälfte der Ausgaben aus. Bei geringerem relativem Aufwand für den einkommensunelastischen Verbrauch gaben die Haushalte in den mitt-leren und oberen Einkommensschichten jedoch ein Vielfaches des absoluten Betrages aus, den einkommensschwache Haushalte für ihre Grundbedürfnisse zahlten.

In den einkommenselastischen Konsum flossen 1983 bei geringen Einkünften nicht einmal ein Drittel, bei Spitzeneinkommen dagegen mehr als zwei Drittel der Verbrauchsausgaben. Stark einkommensabhängig waren die Aufwendungen der Privathaushalte für Verkehrs-zwecke und Nachrichtenübermittlung: Bei Einkünften von weniger als 1 000 DM im Monat flossen in diesen Verwendungsbereich durchschnittlich 7 vH der Verbrauchsausgaben, bei hohen Einkünften von mehr als 10 000 DM über 20 vH des Verbrauchs. Diese Differenzie-rung ist darauf zurückzuführen, daß in den unteren Einkommensschichten Rentner-Haushalte dominieren, die in der Regel öffentliche Verkehrsleistungen in Anspruch nehmen, während die Haushalte von Arbeitnehmern und Selbständigen der mittleren und oberen Einkommensschichten für den Kauf und den Unterhalt von Personenkraftwagen erheblich höhere Mittel aufwenden. Diese - vergleichsweise großen - Haushalte haben häufig mehrere Personenkraftwagen. Hinzu kommt, daß die Ausgaben für Verkehrszwecke hier Aufwendungen für Flug- und Schiffsreisen enthalten. Auch die Ausgaben für Körper- und Gesundheitspflege sowie Bildungs- und Unterhaltungszwecke gewinnen mit steigendem Einkommen an Bedeutung.

Tabelle 26

Anteil der einkommenselastischen Bereiche an den

Verbrauchsausgaben der Privathaushalte 1983

in vH

Monatlich verfügbares Haushaltseinkommen von ... bis unter ... DM	
unter 1 000	31,1
1 000 ... 2 000	37,1
2 000 ... 3 000	40,8
3 000 ... 4 000	44,7
4 000 ... 5 000	48,4
5 000 ... 6 000	51,8
6 000 ... 7 000	54,2
7 000 ... 8 000	55,8
8 000 ... 9 000	56,2
9 000 ... 10 000	57,0
10 000 ... 15 000	59,3
15 000 ... 20 000	63,4
20 000 ... 25 000	66,1
25 000 oder mehr	69,0
Zusammen	47,6

Quelle: Berechnungen des DIW unter Verwendung amtlicher Statistiken.

2.   Anteil der Mehrwertsteuer an den Verbrauchsausgaben

Für die Beantwortung der Frage, welche Auswirkungen eine Mehrwertsteuererhöhung auf Haushalte unterschiedlicher Einkommensstruktur hat, ist neben der Ausgabenstruktur der verschiedenen Haushaltstypen vor allem der durchschnittliche Mehrwertsteuersatz maßgebend. Da das Umsatzsteuergesetz keinen einheitlichen Steuertarif kennt, sondern neben dem Normaltarif 13 bzw. 14 vH noch einen ermäßigten 6,5 bzw. 7 vH sowie einen Nullsatz für einzelne, gesonderte Umsätze ausweist, mußte in jeder Ausgabenkategorie an Hand der hierin vertretenen Güter und Dienste ein durchschnittlicher Steuersatz geschätzt werden.

In jeder der hier unterschiedenen Ausgabengruppen wurde mit Hilfe des Güterverzeichnisses des privaten Verbrauchs versucht, die dort enthaltenen Einzelausgaben in normalbesteuerte, steuerermäßigte und steuerfreie Teile zu trennen und dann hieraus einen durchschnittlichen Steuersatz zu bestimmen. Gewichtet wurden die einzelnen Güter und Gütergruppen mit dem Wägungsschema, das der Berechnung des Preisindex für die Lebenshaltung aller privaten Haushalte auf der Basis 1980 zugrunde liegt (vgl. Rasch 1984). Dieses Wägungsschema gibt die Verbrauchsstruktur eines durchschnittlichen "Indexhaushalts" wieder und beruht auf Ergebnissen der Einkommens- und Verbrauchsstichprobe von 1978. Diese wurden verwendet, um einen Warenkorb mit mehr als 700 Indexpositionen festzulegen. Außerdem berechnet die amtliche Statistik Preisindizes für spezielle Haushaltstypen:

Haushaltstyp 1:

2-Personen-Haushalte von Renten- und Sozialhilfeempfängern mit geringen Einkommen,

Haushaltstyp 2:

4-Personen-Arbeitnehmer-Haushalte mit mittlerem Einkommen des alleinverdienenden Haushaltsvorstands,

Haushaltstyp 3:

4-Personen-Haushalte von Angestellten und Beamten mit höherem Einkommen.

Tabelle 27

Verbrauchsstrukturen der "Indexhaushalte" 1980

in vH

	Haushaltstyp			Alle privaten Haushalte
	1	2	3	
Ausgaben für				
Nahrungsmittel	27,6	22,8	17,4	19,5
Genußmittel	5,7	5,3	3,7	5,4
Bekleidung	6,6	8,8	8,5	8,2
Wohnungsmiete	22,0	15,6	14,2	14,8
Energie	8,6	6,2	4,9	6,5
Übrige Haushaltsführung	8,5	8,7	9,7	10,5
Verkehr und Nachrichtenüberittlung	7,1	13,3	14,0	14,3
Gesundheit und Bildung	9,4	11,1	14,8	11,4
persönliche Ausstattung	4,5	8,2	12,8	9,4
Zusammen	100,0	100,0	100,0	100,0

Quelle: Hans Georg Rasch: Zur Neuberechnung des Preisindex für die Lebenshaltung auf Basis 1980. In: Wirtschaft und Statistik. Heft 7/1984.

Probleme ergaben sich bei einigen Ausgabearten, die zwar im Güterverzeichnis des privaten Verbrauchs eindeutig nach den verschiedenen Steuersätzen zu trennen sind, in der Gliederung des Lebenshaltungsindex nach dem Verwendungszweck jedoch nur als - steuertechnisch nicht homogene - Gruppe von Gütern und Dienstleistungen, auf die unterschiedliche Steuersätze anzuwenden sind, ausgewiesen werden. In solchen Fällen erfolgte eine eigene Schätzung der Ausgaben in normalbesteuerte, steuerermäßigte und steuerfreie Teile. Angesichts des geringen Gewichts der nicht aufteilbaren Ausgaben innerhalb der betreffenden Ausgabenkategorie dürften sich Fehlschätzungen jedoch nur geringfügig auf den Durchschnittsteuersatz auswirken.

Besondere Schwierigkeiten bei der Berechnung der durchschnittlichen Umsatzsteuersätze bereitete die Ermittlung der Vorsteuerbelastung für Ausgabearten, die formal mehrwertsteuerfrei sind. Sie sind nur in dem Sinne steuerfrei, daß die Verkäufer für diese Umsätze keine Mehrwertsteuer an das Finanzamt zahlen müssen. Für steuerfreie Umsätze können die Unternehmer jedoch auch keinen Vorsteuerabzug geltend machen, so daß auch steuerfreie Güter, soweit Mehrwertsteuer bei den Vorleistungen gezahlt wird, mit Umsatzsteuer belastet sind. Hierbei handelt es sich um Waren und Dienstleistungen, z. B. Wohnungsmieten oder Arztleistungen, die auf der Endstufe umsatzsteuerfrei sind. Die Produzenten dieser Güter und Leistungen werden, da sie bei diesen Umsätzen nicht zum Vorsteuerabzug berechtigt sind, versuchen, die in den Vorumsätzen enthaltene Mehrwertsteuer auf die Käufer abzuwälzen. Soweit es Ihnen gelingt, die in den steuerfreien Umsätzen enthaltene Vorsteuer verdeckt im Preis weiterzugeben, müßte nur dieser Teil bei der Ermittlung der Mehrwertsteuerbelastung der privaten Haushalte mit berücksichtigt werden. Es ist anzunehmen, daß den Unternehmern - zumindest auf mittlere Sicht - eine volle Fortwälzung in die Verkaufspreise gelingt.

Für die Ermittlung der Vorsteuerbelastung wurde soweit wie möglich versucht, auf Kostenstatistiken zurückzugreifen. In einigen Fällen, z. B. bei der Bundespost sowie für Banken, konnten Anhaltspunkte über die Ausgabenstruktur aus den Geschäftsberichten gewonnen werden. Aus den Kosten- und Ausgabenstrukturen läßt sich die Vorsteuerbelastung berechnen.

Den in tiefer Gliederung vorliegenden Verbrauchsausgaben der "Indexhaushalte" wurden die gesetzlich festgelegten Mehrwertsteuersätze zugeordnet. Zu beachten war dabei der Unterschied zwischen der Auf-Hundert-Rechnung und dem Im-Hundert-Ansatz der Prozentrechnung.[4]

Tabelle 28

Mehrwertsteuersätze nach Ausgabearten des privaten Verbrauchs

in vH

1.	**Nahrungsmittel**	7
	Ausnahmen:	
	Hummer, Kaviar, Langusten, Austern, Schnecken	14
	Alkoholfreie Getränke	14
	dar.: stilles Wasser	7
	Verzehr in Gaststätten u. Kantinen	14
2.	**Genußmittel**	14
	Ausnahme:	
	Bohnenkaffee, Tee	7
3.	**Bekleidung u. Schuhe**	14
4.	**Wohnungsmiete**	0
5.	**Elektrizität, Gas, Brennstoffe**	14
6.	**Übrige Waren und Dienstleistungen für die Haushaltsführung**	14
	Ausnahmen:	
	Blumen u. Pflanzen u.ä.	7
	Lebende Tiere	7
7.	**Waren u. Dienstleistungen für Verkehrszwecke, Nachrichtenübermittlung**	14
	Ausnahmen:	
	Mieten für Garagen	0
	Nahverkehrsmittel	7
	Nachrichtenübermittlung	0
8.	**Waren u. Dienstleistungen für Körper- und Gesundheitspflege, Bildungs- u. Unterhaltungszwecke**	14
	Ausnahmen:	
	Arztkosten	0
	Krankenhauskosten	0
	Krankenfahrstühle, Prothesen u. orthopädische Hilfsmittel	7
	Bücher, Zeitungen, Zeitschriften	7
	öfftl. Theater, Konzerte, Museen u.ä.	0
	Rundfunk- u. Fernsehgebühren	0
	Schulgeld, ähnl. Bildungskosten	0
9.	**Persönliche Ausstattung, sonstige Waren und Dienstleistungen**	14
	Ausnahmen:	
	Banken, Versicherungen	0

Tabelle 29

Mehrwertsteuerquoten der "Indexhaushalte"

bei alternativen Steuersätzen

in vH der Verbrauchsausgaben

	Haushaltstyp			Alle privaten Haushalte
	1	2	3	
Allgemeiner Steuersatz 13 vH				
Ausgaben für				
Nahrungsmittel	6,8	7,2	7,5	7,7
Genußmittel	10,0	10,6	10,6	10,6
Bekleidung	11,5	11,5	11,5	11,5
Wohnungsmiete	3,9	3,9	3,9	3,9
Energie	11,5	11,5	11,5	11,5
Übrige Haushaltsführung	10,4	11,0	10,9	10,8
Verkehr und Nachrichten	7,7	10,0	10,1	10,1
Gesundheit und Bildung	8,7	8,9	8,0	8,3
persönliche Ausstattung	8,2	7,6	6,6	6,8
Zusammen	7,7	8,4	8,3	8,5
Allgemeiner Steuersatz 14 vH				
Ausgaben für				
Nahrungsmittel	7,2	7,8	8,1	8,2
Genußmittel	10,6	11,4	11,4	11,4
Bekleidung	12,3	12,3	12,3	12,3
Wohnungsmiete	4,2	4,2	4,2	4,2
Energie	12,3	12,3	12,3	12,3
Übrige Haushaltsführung	11,1	11,8	11,7	11,5
Verkehr und Nachrichten	8,3	10,6	10,8	10,8
Gesundheit und Bildung	9,3	9,5	8,6	8,9
persönliche Ausstattung	8,7	8,1	7,0	7,2
Zusammen	8,2	9,0	8,9	9,1

Quelle: Berechnungen des DIW unter Verwendung amtlicher Statistiken.

Die drei Haushaltstypen unterscheiden sich - neben anderen Merkmalen - deutlich nach der Einkommenshöhe: 1983 betrug das ausgabefähige Einkommen je Haushalt und Monat

        1 591 DM beim Haushaltstyp 1,

        3 469 DM beim Haushaltstyp 2,

        5 936 DM beim Haushaltstyp 3.

Deshalb geben die für die einzelnen Haushaltstypen berechneten Mehrwertsteuerquoten Hinweise auf die einkommensabhängige Differenzierung der Mehrwertsteuerbelastung nach Verwendungsbereichen des privaten Verbrauchs.

Die Mehrwertsteuerbelastung der Nahrungsmittelausgaben etwa nimmt mit steigendem Einkommen zu - dann gewinnt der (vollbesteuerte) Verzehr von Speisen und Getränken in Gaststätten an Gewicht, während der Anteil der mit dem ermäßigten Mehrwertsteuersatz belegten Käufe von Grundnahrungsmitteln zurückgeht. Bei Ausgaben für Genußmittel steigt die Mehrwertsteuerbelastung mit dem Einkommen, weil die mit dem Regelsteuersatz belegten alkoholischen Getränke und Tabakwaren dann gegenüber den umsatzsteuerbegünstigten Käufen von Kaffee und Tee an Bedeutung zunehmen. Ins Gewicht fallen strukturelle Verschiebungen bei den Ausgaben für Verkehrs- und Nachrichtenzwecke: Im unteren Einkommensbereich haben die geringbesteuerten Dienstleistungen der Nachrichtenübermittlung einen vergleichsweise hohen Anteil, der mit steigendem Einkommen deutlich zugunsten der normalbesteuerten Waren und Dienstleistungen für Kraftfahrzeuge zurückgeht. Wenn eine "Motorisierungsschwelle" überschritten worden ist, nimmt die Mehrwertsteuerbelastung dann schwächer zu als im Bereich niedriger Einkommen.

Ausgaben für Bekleidung und Haushaltsenergie werden mit dem vollen Mehrwertsteuersatz belegt. Wohnungsmieten sind nach dem Gesetz mehrwertsteuerfrei, tragen indes (vergleichsweise geringe) Mehrwertsteuern aus vorgelagerten Umsätzen. Bei Gütern der Haushaltsführung sowie für Gesundheit und Bildung nimmt die Mehrwertsteuerbelastung mit dem Einkommen erst zu, geht aber dann wieder zurück. Für Güter der persönlichen Ausstattung sowie sonstige Waren und Dienstleistungen wurden durchschnittlich Mehrwertsteuersätze berechnet, die um so geringer waren, je höher das Haushaltseinkommen ausfiel.

Über alle Ausgabenbereiche gerechnet, lassen die Mehrwertsteuerquoten der drei Haushaltstypen einen "bogenförmigen" Verlauf der einkommensabhängigen Steuerbelastung erkennen: Die durchschnittliche Quote des Haushaltstyps 2 mit mittlerem Einkommen ist höher als die des Haushaltstyps 1 mit geringem Einkommen; für den Haushaltstyp 3 mit höherem Einkommen ergibt sich ein Mehrwertsteuersatz, der etwas geringer ist als die für den Haushaltstyp 2 errechnete Quote.

Schaubild 4

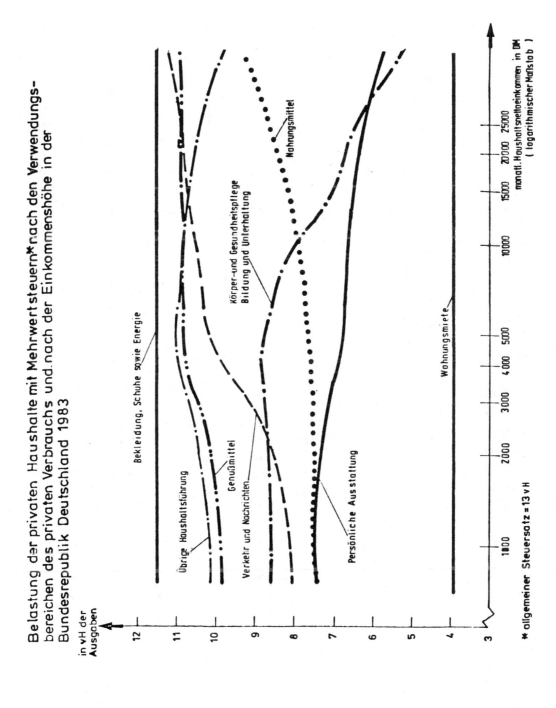

Belastung der privaten Haushalte mit Mehrwertsteuern* nach den Verwendungsbereichen des privaten Verbrauchs und nach der Einkommenshöhe in der Bundesrepublik Deutschland 1983

in vH der Ausgaben

Bekleidung, Schuhe sowie Energie

Übrige Haushaltsführung

Genußmittel

Verkehr und Nachrichten

Körper- und Gesundheitspflege
Bildung und Unterhaltung

Nahrungsmittel

Persönliche Ausstattung

Wohnungsmiete

monatl. Haushaltsnettoeinkommen in DM
(logarithmischer Maßstab)

* allgemeiner Steuersatz = 13 vH

93

94

Belastung der privaten Haushalte mit Mehrwertsteuern* nach den Verwendungsbereichen des privaten Verbrauchs und nach der Einkommenshöhe in der
Bundesrepublik Deutschland 1983

in vH der
Ausgaben

Bekleidung, Schuhe sowie Energie

Übrige Haushaltsführung

Verkehr und Nachrichten

Genußmittel

Nahrungsmittel

Persönliche Ausstattung

Körper- und Gesundheitspflege
Bildung und Unterhaltung

Wohnungsmiete

12
11
10
9
8
7
6
5
4
3

1000   2000   3000   4000 5000   10000   15000 20000 25000

monatl. Haushaltsnettoeinkommen in DM
(logarithmischer Maßstab)

*allgemeiner Steuersatz = 14 vH

3. Verteilungswirkungen der Mehrwertsteuer

Nach dem traditionellen finanzwissenschaftlichen Urteil belasten indirekte Steuern ärmere Schichten der Bevölkerung stärker als reiche: "Steuern auf Einkommensverwendung, wie z.B. Umsatz- und Verbrauchsteuern, wirken regressiv, d.h. die Bezieher kleiner Einkommen, die in der Regel den größten Teil ihres Einkommens für Konsumgüter ausgeben müssen, in deren Preisen diese indirekten Steuern enthalten sind, werden relativ stärker belastet als Einkommensbezieher, die Teile ihres Einkommens sparen können" (Steuerreformkommission 1971, S. 30).

In den letzten Jahren sind die Verteilungseffekte indirekter Steuern mehrfach empirisch untersucht worden (vgl. Knoche 1980). Die Transfer-Enquête-Kommission hat einige der Untersuchungen kritisch gewürdigt und ist zu folgendem Ergebnis bekommen: "Obwohl nicht abschließend beurteilt werden soll und mit letzter Exaktheit auch nicht werden kann, welche der Analysen die tatsächliche Inzidenz der indirekten Steuern am besten wiedergibt, muß die traditionelle Annahme einer durchgängigen, stark ausgeprägten regressiven Wirkung der indirekten Steuern modifiziert werden" (Transfer-Enquête-Kommission 1981, S. 92).

Die Mehrwertsteuer erbringt - zusammen mit der Einfuhrumsatzsteuer - etwa die Hälfte des gesamten Aufkommens an indirekten Steuern. In welchem Ausmaß belastet die Mehrwertsteuer die Haushalte in den einzelnen Einkommensbereichen?

Daß einkommensschwache Haushalte in der Regel einen vergleichsweise hohen Anteil ihrer verfügbaren Mittel für den Verbrauch aufwenden und nur einen verhältnismäßig geringen Teil des Einkommens sparen, ist eine altbekannte Tatsache. Doch zu diesem - empirisch bereits dargestellten - Sachverhalt tritt ein zweiter Effekt: Wie gezeigt wurde, tragen die einzelnen Verbrauchsbereiche eine unterschiedliche Steuerbelastung, und Haushalte mit niedrigem Einkommen fragen eher Güter des Grundbedarfs nach, die einen geringeren Mehrwertsteueranteil haben als Waren und Dienstleistungen des gehobenen Konsums. Im unteren Einkommensbereich machen die steuerbegünstigten Ausgabenbereiche (Wohnungsmieten, Nahrungsmittel, persönliche Ausstattung) die Hälfte, im Bereich hoher Einkommen nur ein Drittel des jeweiligen Verbrauchs aus.

Es liegt auf der Hand, daß dieser Struktureffekt der privaten Verbrauchsausgaben Auswirkungen auf die durchschnittliche Mehrwertsteuerbelastung hat: Von geringen zu mittleren Einkommen steigt der Anteil der Mehrwertsteuer an den Verbrauchsausgaben; erst danach setzt ein regressiver Verlauf ein.

Tabelle 30

Verbrauchsausgaben der Privathaushalte 1983
nach der Mehrwertsteuerbelastung

in vH

Monatlich verfügbares Haushaltseinkommen von ... bis unter ... DM	Ausgabenbereiche mit	
	niedriger	hoher
	Mehrwertsteuerquote	
unter 1 000	49,9	50,1
1 000 ... 2 000	46,6	53,4
2 000 ... 3 000	43,6	56,4
3 000 ... 4 000	41,4	58,6
4 000 ... 5 000	39,2	60,8
5 000 ... 6 000	37,7	62,3
6 000 ... 7 000	36,6	63,4
7 000 ... 8 000	36,2	63,8
8 000 ... 9 000	36,4	63,8
9 000 ... 10 000	36,4	63,6
10 000 ... 15 000	36,2	63,8
15 000 ... 20 000	34,4	65,6
20 000 ... 25 000	33,4	66,6
25 000 oder mehr	32,0	68,0
Zusammen	40,4	59,6

Quelle: Berechnungen des DIW unter Verwendung amtlicher Statistiken.

Wie verläuft nun die Belastung der privaten Haushalte durch die Mehrwertsteuer, wenn man als Bezugsgröße das verfügbare Einkommen wählt? Dann beeinflussen zunehmende Bedeutung der umsatzsteuerfreien Ersparnis und abnehmendes Gewicht der mehrwertsteuerbegünstigten Ausgabenbereiche bei steigendem Einkommen die Mehrwertsteuerbelastung der Haushalte in entgegengesetzter Weise. Beide Effekte überlagern sich und kompensieren sich dabei teilweise. Im Einkommensbereich von etwa 3 500 DM bis 5 000 DM haben sich ihre Wirkungen im Berichtsjahr nahezu ausgeglichen, so daß die

Mehrwertsteuerbelastung hier proportional zum Einkommen verlief. Im unteren Einkommensbereich wirkte stärker die Hinwendung zu vollbesteuerten Waren und Dienstleistungen, bei höheren Einkommen überwog der Einfluß der steigenden Sparquote - dann ist die regressive Wirkung der Mehrwertsteuer klar zu erkennen und tritt stärker ausgeprägt zutage als bei Bezugnahme auf die Verbrauchsausgaben. Doch erstreckte sich diese regressive Wirkung nicht - so wie man es lange Zeit glaubte - über die gesamte Einkommensskala hinweg.

Tabelle 31

Mehrwertsteuerquoten der Privathaushalte 1983
bei einem allgemeinen Steuersatz von 13 vH

Monatlich verfügbares Haushaltseinkommen von ... bis unter ... DM	Mehrwertsteuerquoten in vH	
	der Verbrauchs- ausgaben	des verfügbaren Einkommens
unter 1 000	8,0	7,5
1 000 ... 2 000	8,1	7,5
2 000 ... 3 000	8,4	7,8
3 000 ... 4 000	8,7	7,9
4 000 ... 5 000	8,8	8,0
5 000 ... 6 000	8,8	7,9
6 000 ... 7 000	8,8	7,8
7 000 ... 8 000	8,8	7,7
8 000 ... 9 000	8,8	7,6
9 000 ... 10 000	8,7	7,4
10 000 ... 15 000	8,7	7,2
15 000 ... 20 000	8,6	7,0
20 000 ... 25 000	8,6	6,9
25 000 oder mehr	8,5	6,7
Zusammen	8,6	7,7

Quelle: Berechnungen des DIW unter Verwendung amtlicher Statistiken.

Die Mehrwertsteuerquoten, die sich im Durchschnitt für die einzelnen Haushaltsgruppen ergaben, hängen vom unterschiedlichen Einkommensniveau, von der unterschiedlichen Höhe der Sparquoten und von der unterschiedlichen Ausgabenstruktur der Gruppen ab. Selbständigen-Haushalte außerhalb der Land- und Forstwirtschaft haben im Durchschnitt das höchste Einkommen und auch die höchste Sparquote; sie trugen eine geringere Mehrwertsteuerbelastung als andere Gruppen. Für Haushalte von Rentnern und Versorgungsempfängern des öffentlichen Dienstes war die Mehrwertsteuerbelastung unterdurchschnittlich, weil in der Verbrauchsstruktur dieser Haushalte Waren und Dienstleistungen mit niedriger Steuerquote vergleichsweise große Bedeutung haben. Die Mehrwertsteuerquoten der übrigen Haushaltsgruppen unterschieden sich im Durchschnitt nur wenig voneinander.

Tabelle 32

Verbrauchsausgaben der Privathaushalte 1983
nach der Mehrwertsteuerbelastung

in vH

| | Ausgabenbereiche mit | |
| | niedriger | hoher |
	Mehrwertsteuerquote	
Haushalte von		
Selbständigen in der Land- und Forstwirtschaft	45,9	54,1
Selbständigen außerhalb der Land- und Forstwirtschaft	37,3	62,7
Angestellten	38,9	61,1
Beamten	36,9	63,1
Arbeitern	40,8	59,2
Rentnern	44,4	55,6
Versorgungsempfängern des öffentlichen Dienstes	41,8	58,2
Zusammen	40,4	59,6

Quelle: Berechnungen des DIW unter Verwendung amtlicher Statistiken.

Tabelle 33

**Mehrwertsteuerquoten der Haushaltsgruppen 1983
bei einem allgemeinen Steuersatz von 13 vH**

| | Mehrwertsteuerquoten in vH | |
	der Verbrauchs- ausgaben	des verfügbaren Einkommens
Haushalte von		
Selbständigen in der Land- und Forstwirtschaft	8,5	7,8
Selbständigen außerhalb der Land- und Forstwirtschaft	8,6	7,1
Angestellten	8,7	7,9
Beamten	8,8	8,0
Arbeitern	8,7	8,0
Rentnern	8,4	7,6
Versorgungsempfängern des öffentlichen Dienstes	8,5	7,6
Zusammen	8,6	7,7

Quelle: Berechnungen des DIW unter Verwendung amtlicher Statistiken.

Im Rahmen einer Untersuchung der Belastungs- und Verteilungswirkungen der indirekten Steuern in der Bundesrepublik Deutschland hat sich Dennerlein (1982) auch mit der Belastung privater Haushalte durch die Mehrwertsteuer befaßt. Dennerlein verwendet Ergebnisse der Einkommens- und Verbrauchsstichprobe von 1969, die mit einem speziellen Hochrechnungsrahmen auf gesamtwirtschaftliche Größen hochgerechnet wurden. Dieser Hochrechnungsrahmen ist von einer Forschergruppe an den Universitäten Frankfurt und Mannheim im Rahmen der Arbeiten am "integrierten Mikrodatenfile 1969 (IMDAF 69) entwickelt worden (vgl. Galler 1977, Kortmann 1981).

Dennerleins Untersuchung hat ergeben, daß die Mehrwertsteuerbelastung der privaten Haushalte mit zunehmendem Einkommen anfangs leicht steigt, später abnimmt. Nach

Dennerleins Berechnungen setzte die regressive Wirkung 1969 bei einem Haushaltsnetto-einkommen von 1 200 DM je Monat ein, das damals von reichlich der Hälfte aller in der EVS erfaßten Haushalte überschritten wurde (vgl. Euler 1983). "Unterhalb einem Nettoeinkommen von DM 1 100 verläuft die Belastung leicht progressiv, d.h. nimmt mit steigendem Einkommen leicht zu. Dieser progressive Belastungsverlauf ist jedoch nur schwach ausgeprägt ... Danach nimmt die Mehrwertsteuerbelastung mit steigendem Nettoeinkommen ab, d.h. man erhält einen regressiven Belastungsverlauf ... Der leicht progressive Belastungsverlauf für das Haushaltsnettoeinkommen bis zu DM 1 100 entsteht ... dadurch, daß die Belastung des Privaten Verbrauchs stärker zunimmt als die Konsum-quote mit steigendem Nettoeinkommen abnimmt" (Dennerlein 1982, S. 101).

Zu berücksichtigen ist, daß im Nettoeinkommen der EVS freiwillige Versicherungsbeiträge enthalten sind, die nicht zum verfügbaren Einkommen in der Abgrenzung der volkswirt-schaftlichen Gesamtrechnung gehören. "Werden die freiwilligen Vorsorgeleistungen aus dem Nettoeinkommen ausgeschlossen ..., um eine Gleichbehandlung freiwilliger und gesetzlicher Vorsorgeleistungen zu erreichen, so ergibt sich neben der durchschnittlich höheren Einkommensbelastung durch die Mehrwertsteuer auch ein verlangsamter Rück-gang der Belastung zwischen Haushaltsnettoeinkommen von DM 1 300 und DM 3 000" (Dennerlein 1982, S. 113).

Im Zuge der allgemeinen Einkommensexpansion, die es seit 1969 gab, hat sich auch derjenige Einkommenswert erhöht, an dem die Mehrwertsteuer ihre (leicht) progressive Wirkung verliert. Immerhin war das durchschnittlich verfügbare Haushaltseinkommen 1983 zweieinhalb mal so hoch wie 1969. Berücksichtigt man dies, so sind Dennerleins Resultate und die hier vorgelegten Ergebnisse - obwohl aus unterschiedlichen Strukturdaten stammend - durchaus miteinander verträglich.

Unmittelbar aus Ergebnissen der Einkommens- und Verbrauchsstichprobe von 1969 - d.h. ohne Verwendung des IMDAF-Hochrechnungsrahmens - hat die Transfer-Enquête-Kommission die Belastung der privaten Haushalte mit Mehrwertsteuern abgeleitet. Nach diesen Berechnungen gab es 1969 "beim Nettoeinkommen als Bezugsgröße zuerst eine proportionale Belastung bis zu einer Einkommenshöhe von ca. 1 000 DM und dann einen regressiven Verlauf" (Transfer-Enquête-Kommission 1981, S. 90).

Kitterer und Fronia (1981) haben die Daten der Einkommens- und Verbrauchsstichprobe von 1973 analysiert und einen ähnlichen Belastungsverlauf wie die Transfer-Enquête-Kommission festgestellt: "Die Umsatzsteuerbelastung der Haushaltsnettoeinkommen verläuft bis zu einem monatlichen Haushaltsnettoeinkommen von 1 800 DM weitgehend proportional. In den Einkommensklassen über 1 800 DM je Monat wird der regressive Verlauf deutlicher..." (Kitterer; Fronia 1981, S. 226).

Die Ergebnisse der hier diskutierten Untersuchungen unterscheiden sich im Grunde nur in einem Punkt. Kontrovers ist, wie die Mehrwertsteuerbelastung im unteren Einkommensbereich verläuft - nimmt sie zu oder bleibt sie konstant? Mit den Daten der EVS von 1969 lassen sich - wie zu sehen war - beide Verlaufsmuster belegen; aus den Daten der EVS von 1973 ergibt sich ein proportionaler Verlauf. Zu berücksichtigen ist, daß es bei der Weiterverarbeitung von Ergebnissen aus den Randbereichen der Einkommens-und Verbrauchsstichprobe besondere "Schätzrisiken" gibt (vgl. Lindner 1986).

4.   Verteilungswirkungen der Mehrwertsteuererhöhung

Zum 1.7.1983 wurde der ermäßigte Mehrwertsteuersatz von 6,5 vH auf 7 vH, der Regelsteuersatz von 13 vH auf 14 vH erhöht. Um die Verteilungswirkungen der Steuererhöhung auf Haushalte unterschiedlicher Einkommensstruktur herauszuarbeiten, wurde eine komparativ-statische Analyse durchgeführt, indem die Verbrauchsausgaben der einzelnen Haushaltsgruppen einmal mit denjenigen Sätzen belegt wurden, die vor der Erhöhung galten, zum anderen mit den angehobenen Steuersätzen. Insoweit handelt es sich um fiktive Rechnungen. Die tatsächlichen Effekte der Mehrwertsteuererhöhung von 1983 waren schwächer als die hier berechneten, weil die Steuererhöhung erst zur Mitte des Jahres wirksam wurde und zudem nicht sofort in voller Höhe auf den Endverbraucher überwälzt worden ist.

Von einer Erhöhung der Mehrwertsteuer werden die einzelnen Verbrauchsbereiche in unterschiedlichem Ausmaß berührt. Fast alle Bereiche in der hier verwendeten Gliederung sind "Mischbereiche", die neben vollbesteuerten auch steuerbegünstigte Güter umfassen - aber deren Anteil schwankt von Bereich zu Bereich.

Wenig Auswirkung hat eine Steuererhöhung auf Mietausgaben, die prinzipiell mehrwertsteuerfrei sind, allerdings in geringem Umfang Steuern aus vorgelagerten Umsätzen tragen. Die Steuerquoten von Nahrungsmitteln und Gütern der persönlichen Ausstattung nehmen etwas schwächer zu als die anderer Verwendungsbereiche.

Faktisch ruft eine solche Steuererhöhung also kaum große Unterschiede in der Belastungswirkung auf Haushalte mit unterschiedlichem Einkommen hervor. Vielmehr werden die Privathaushalte aller Einkommensschichten von einer vergleichsweise geringen Erhöhung der Mehrwertsteuer, so wie sie 1983 durchgeführt wurde, relativ in nahezu gleichem Ausmaß getroffen. Die Kurven der Belastungswirkungen - ob auf den privaten Verbrauch oder das verfügbare Einkommen bezogen - ändern sich im Niveau, aber kaum im Verlauf.

Tabelle 34

**Zunahme der Mehrwertsteuerquoten bei einer Erhöhung
des allgemeinen Steuersatzes von 13 vH auf 14 vH**

in vH der Verbrauchsausgaben

Ausgaben für	
Nahrungsmittel	0,5
Genußmittel	0,7
Bekleidung	0,8
Wohnungsmiete	0,3
Energie	0,8
übrige Haushaltsführung	0,7
Verkehr und Nachrichten	0,7
Gesundheit und Bildung	0,6
persönliche Ausstattung	0,5
Zusammen	0,6

Quelle: Berechnungen des DIW unter Verwendung amtlicher Statistiken.

Ein anderes Bild zeigt sich, wenn man nicht die relative, sondern die absolute Steuermehrbelastung betrachtet, die auf die Haushalte der einzelnen Einkommensklassen entfällt. Diese nimmt mit steigendem Einkommen beträchtlich zu.

Insgesamt entfallen über zwei Drittel des zusätzlichen Mehrwertsteueraufkommens auf diejenigen Haushalte, deren Einkommen im Berichtsjahr über dem Medianwert der Einkommensschichtung lag.

Die relativen Auswirkungen einer Mehrwertsteuererhöhung auf einzelne Haushaltsgruppen unterscheiden sich nicht stark voneinander. Haushalte von Rentnern und Versorgungsempfängern des öffentlichen Dienstes werden etwas schwächer betroffen als andere

Tabelle 35

Mehrwertsteuern der Privathaushalte bei alternativen Steuersätzen

Monatlich verfügbares Haushaltseinkommen von ... bis unter ... DM		Mehrwertsteuern bei einem allgemeinen Steuersatz von 13 vH	14 vH in Mill.DM	Mehrwertsteuerquote bei einem allgemeinen Steuersatz von 13 vH	14 vH des Verbrauchs	13 vH in vH des verfügbaren Einkommens	14 vH
		Haushalte von Selbständigen in der Land- und Forstwirtschaft					
	unter 1 000	4	4	8,0	8,2	7,7	7,9
1 000 ...	2 000	34	37	7,9	8,5	7,4	7,9
2 000 ...	3 000	245	262	8,2	8,8	7,6	8,2
3 000 ...	4 000	417	446	8,5	9,1	7,9	8,4
4 000 ...	5 000	404	432	8,6	9,2	7,9	8,5
5 000 ...	6 000	200	214	8,6	9,2	7,9	8,4
6 000 ...	7 000	66	71	8,7	9,3	7,8	8,4
7 000 ...	8 000	14	15	8,6	9,2	7,7	8,3
8 000 ...	9 000						
9 000 ...	10 000						
10 000 ...	15 000						
15 000 ...	20 000						
20 000 ...	25 000						
25 000 oder mehr							
Zusammen		1 385	1 482	8,5	9,1	7,8	8,4
		Haushalte von Selbständigen außerhalb der Land- und Forstwirtschaft					
	unter 1 000						
1 000 ...	2 000						
2 000 ...	3 000	3	3	8,1	8,4	7,1	7,4
3 000 ...	4 000	118	126	8,4	9,0	7,4	7,9
4 000 ...	5 000	412	441	8,5	9,1	7,4	7,9
5 000 ...	6 000	743	794	8,6	9,2	7,4	7,9
6 000 ...	7 000	986	1 054	8,6	9,2	7,4	7,9
7 000 ...	8 000	1 098	1 174	8,6	9,2	7,3	7,8
8 000 ...	9 000	1 169	1 250	8,6	9,2	7,3	7,8
9 000 ...	10 000	1 048	1 120	8,6	9,2	7,2	7,7
10 000 ...	15 000	3 180	3 401	8,6	9,2	7,1	7,6
15 000 ...	20 000	2 112	2 258	8,6	9,2	7,0	7,5
20 000 ...	25 000	1 168	1 248	8,6	9,2	6,9	7,4
25 000 oder mehr		889	950	8,5	9,1	6,7	7,2
Zusammen		12 926	13 818	8,6	9,2	7,1	7,6

Tabelle 35

noch: Tabelle 35
Mehrwertsteuern der Privathaushalte bei alternativen Steuersätzen

Monatlich verfügbares Haushaltseinkommen von ... bis unter ... DM	Mehrwertsteuern bei einem allgemeinen Steuersatz von 13 vH	Mehrwertsteuern bei einem allgemeinen Steuersatz von 14 vH	Mehrwertsteuerquote bei einem allgemeinen Steuersatz von 13 vH	Mehrwertsteuerquote bei einem allgemeinen Steuersatz von 14 vH	13 vH	14 vH
	in Mill. DM		des Verbrauchs		des verfügbaren Einkommens	
Angestellten-Haushalte						
unter 1 000	45	48	8,1	8,6	7,6	8,1
1 000 ... 2 000	631	675	8,2	8,8	7,6	8,1
2 000 ... 3 000	3 543	3 788	8,5	9,0	7,8	8,4
3 000 ... 4 000	5 020	5 367	8,7	9,3	8,0	8,6
4 000 ... 5 000	3 946	4 219	8,8	9,4	8,0	8,6
5 000 ... 6 000	2 684	2 870	8,8	9,5	8,0	8,5
6 000 ... 7 000	1 893	2 024	8,9	9,5	7,9	8,5
7 000 ... 8 000	1 315	1 406	8,9	9,5	7,9	8,4
8 000 ... 9 000	750	801	8,9	9,5	7,8	8,4
9 000 ... 10 000	460	492	8,9	9,5	7,8	8,3
10 000 ... 15 000	254	272	8,9	9,5	7,7	8,3
15 000 ... 20 000	86	92	8,8	9,4	7,6	8,1
20 000 ... 25 000						
25 000 oder mehr						
Zusammen	20 628	22 053	8,7	9,3	7,9	8,5
Beamten-Haushalte						
unter 1 000	1	1	8,2	9,1	8,2	9,1
1 000 ... 2 000	39	41	8,2	8,7	7,5	8,0
2 000 ... 3 000	733	783	8,5	9,1	7,8	8,4
3 000 ... 4 000	1 533	1 639	8,7	9,3	8,0	8,6
4 000 ... 5 000	1 444	1 544	8,8	9,4	8,1	8,6
5 000 ... 6 000	1 080	1 155	8,9	9,5	8,0	8,6
6 000 ... 7 000	750	802	8,9	9,5	8,0	8,5
7 000 ... 8 000	460	492	8,9	9,5	8,0	8,5
8 000 ... 9 000	234	250	8,9	9,5	7,9	8,5
9 000 ... 10 000	99	106	8,9	9,5	7,9	8,5
10 000 ... 15 000	59	63	8,8	9,5	7,8	8,4
15 000 ... 20 000	17	19	8,8	9,4	7,7	8,2
20 000 ... 25 000						
25 000 oder mehr						
Zusammen	6 449	6 895	8,8	9,4	8,0	8,6

Tabelle 35

noch: Tabelle 35
Mehrwertsteuern der Privathaushalte bei alternativen Steuersätzen

Monatlich verfügbares Haushaltseinkommen von ... bis unter ... DM	Mehrwertsteuern bei einem allgemeinen Steuersatz von 13 vH	14 vH in Mill.DM	Mehrwertsteuerquote bei einem allgemeinen Steuersatz von 13 vH des Verbrauchs	14 vH	13 vH in vH des verfügbaren Einkommens	14 vH
		Arbeiter-Haushalte				
unter 1 000	98	105	8,1	8,7	7,6	8,1
1 000 ... 2 000	1 647	1 761	8,2	8,8	7,7	8,2
2 000 ... 3 000	4 942	5 284	8,5	9,1	7,9	8,5
3 000 ... 4 000	5 062	5 412	8,8	9,4	8,1	8,7
4 000 ... 5 000	2 841	3 038	8,9	9,5	8,1	8,7
5 000 ... 6 000	1 568	1 676	8,9	9,5	8,1	8,6
6 000 ... 7 000	846	905	8,9	9,5	8,0	8,6
7 000 ... 8 000	274	293	8,9	9,6	8,0	8,5
8 000 ... 9 000	65	69	8,9	9,6	8,0	8,6
9 000 ... 10 000	9	10	9,0	9,6	8,1	8,7
10 000 ... 15 000						
15 000 ... 20 000						
20 000 ... 25 000						
25 000 oder mehr						
Zusammen	17 352	18 553	8,7	9,3	8,0	8,6
		Rentner-Haushalte				
unter 1 000	574	614	8,0	8,6	7,5	8,0
1 000 ... 2 000	5 322	5 691	8,1	8,7	7,4	7,9
2 000 ... 3 000	4 748	5 077	8,3	8,9	7,6	8,1
3 000 ... 4 000	4 122	4 407	8,5	9,1	7,7	8,2
4 000 ... 5 000	1 455	1 556	8,6	9,2	7,7	8,3
5 000 ... 6 000	959	1 025	8,7	9,3	7,7	8,2
6 000 ... 7 000	479	512	8,7	9,3	7,6	8,2
7 000 ... 8 000	194	207	8,7	9,3	7,6	8,1
8 000 ... 9 000	32	34	8,6	9,2	7,6	8,1
9 000 ... 10 000						
10 000 ... 15 000						
15 000 ... 20 000						
20 000 ... 25 000						
25 000 oder mehr						
Zusammen	17 884	19 121	8,4	8,9	7,6	8,1

Tabelle 35

noch: Tabelle 35
Mehrwertsteuern der Privathaushalte bei alternativen Steuersätzen

Monatlich verfügbares Haushaltseinkommen von ... bis unter ... DM	Mehrwertsteuern bei einem allgemeinen Steuersatz von 13 vH	14 vH in Mill.DM	Mehrwertsteuerquote bei einem allgemeinen Steuersatz von 13 vH	14 vH des Verbrauchs	13 vH	14 vH des verfügbaren Einkommens
Haushalte von Versorgungsempfängern des öffentlichen Dienstes						
unter 1 000	3	4	7,9	8,6	7,7	8,4
1 000 ... 2 000	315	337	8,1	8,7	7,4	7,9
2 000 ... 3 000	751	803	8,3	8,9	7,6	8,1
3 000 ... 4 000	858	917	8,5	9,1	7,7	8,2
4 000 ... 5 000	460	492	8,6	9,2	7,7	8,2
5 000 ... 6 000	312	334	8,7	9,3	7,7	8,2
6 000 ... 7 000	138	148	8,7	9,3	7,7	8,2
7 000 ... 8 000	48	52	8,7	9,3	7,7	8,3
8 000 ... 9 000	16	17	8,7	9,3	7,6	8,1
9 000 ... 10 000						
10 000 ... 15 000						
15 000 ... 20 000						
20 000 ... 25 000						
25 000 oder mehr						
Zusammen	2 903	3 103	8,5	9,1	7,6	8,1
Privathaushalte insgesamt						
unter 1 000	725	775	8,0	8,6	7,5	8,0
1 000 ... 2 000	7 989	8 542	8,1	8,7	7,5	8,0
2 000 ... 3 000	14 964	16 000	8,4	9,0	7,8	8,3
3 000 ... 4 000	17 130	18 314	8,7	9,3	7,9	8,5
4 000 ... 5 000	10 963	11 721	8,8	9,4	8,0	8,5
5 000 ... 6 000	7 546	8 068	8,8	9,4	7,9	8,4
6 000 ... 7 000	5 158	5 515	8,8	9,4	7,8	8,3
7 000 ... 8 000	3 403	3 638	8,8	9,4	7,7	8,2
8 000 ... 9 000	2 266	2 422	8,8	9,4	7,6	8,1
9 000 ... 10 000	1 616	1 727	8,7	9,3	7,4	7,9
10 000 ... 15 000	3 494	3 736	8,7	9,3	7,2	7,7
15 000 ... 20 000	2 216	2 369	8,6	9,2	7,0	7,5
20 000 ... 25 000	1 168	1 248	8,6	9,2	6,9	7,4
25 000 oder mehr	889	950	8,5	9,1	6,7	7,2
Zusammen	79 525	85 025	8,6	9,2	7,7	8,3

Quelle: Berechnungen des DIW unter Verwendung amtlicher Statistiken.

Belastung der privaten Haushalte
mit Mehrwertsteuern nach der Einkommenshöhe
in der Bundesrepublik Deutschland 1983

—————— allgemeiner Steuersatz 13 vH

··········· allgemeiner Steuersatz 14 vH

Belastung des privaten Verbrauchs

Belastung des verfügbaren Einkommens

monatl. Haushaltsnettoeinkommen in DM
(logarithmischer Maßstab)

vH
12
11
10
9
8
7
6
5
0

1000 2000 3000 4000 5000 10000 15000 20000 25000

107

Gruppen, weil sie vergleichsweise viel an umsatzsteuerbegünstigten Waren und Dienstleistungen nachfragen. Bei Selbständigen-Haushalten zeigt sich wiederum der Einfluß der im Durchschnitt recht hohen Sparquote.

Tabelle 36

Zusätzliche Mehrwertsteuer der Privathaushalte bei einer

Erhöhung des allgemeinen Steuersatzes von 13 vH auf 14 vH

Monatlich verfügbares Haushaltseinkommen von ... bis unter ... DM	Zusätzliche Mehrwertsteuer		
	in vH der Verbrauchs-ausgaben	in vH des verfügbaren Einkommens	in DM je Haushalt und Monat
unter 1 000	0,56	0,52	4
1 000 ... 2 000	0,56	0,52	8
2 000 ... 3 000	0,58	0,54	14
3 000 ... 4 000	0,60	0,55	19
4 000 ... 5 000	0,61	0,55	25
5 000 ... 6 000	0,61	0,55	30
6 000 ... 7 000	0,61	0,54	35
7 000 ... 8 000	0,61	0,53	40
8 000 ... 9 000	0,60	0,52	44
9 000 ... 10 000	0,60	0,51	48
10 000 ... 15 000	0,59	0,49	61
15 000 ... 20 000	0,60	0,49	83
20 000 ... 25 000	0,61	0,49	103
25 000 oder mehr	0,59	0,47	134
Zusammen	0,59	0,53	19

Quelle: Berechnungen des DIW unter Verwendung amtlicher Statistiken.

Die verfügbaren Haushaltseinkommen von Angestellten, Beamten und Arbeitern werden von einer Mehrwertsteuererhöhung in gleichem Ausmaß berührt. Die absolute Steuermehrbelastung der Haushaltsgruppen zeigt eine stärkere Differenzierung: Im Durchschnitt entfällt auf Haushalte von Selbständigen außerhalb der Land- und Forstwirtschaft - die

Belastung der privaten Haushalte mit Mehrwertsteuem in der
Bundesrepublik Deutschland 1983 nach der sozialen Stellung
des Haushaltsvorstandes

in Mill. DM.

HAUSHALTSVORSTAND IST:

Landwirt
sonst. Selbst.
Angestellter
Beamter
Arbeiter
Rentner
Versorgungsempf.
d. öffentl. Dienstes

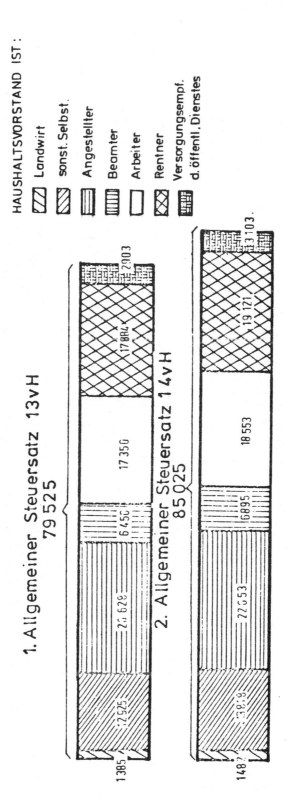

1. Allgemeiner Steuersatz 13 vH
79 525

2. Allgemeiner Steuersatz 14 vH
85 025

Haushaltsgruppe mit dem höchsten Einkommensniveau - ein Steuermehrbetrag, der doppelt so hoch ist wie die zusätzliche Mehrwertsteuer, die für Arbeitnehmer-Haushalte berechnet wurde.

Tabelle 37

Zusätzliche Mehrwertsteuer der Haushaltsgruppen bei einer Erhöhung des allgemeinen Steuersatzes von 13 vH auf 14 vH

	Zusätzliche Mehrwertsteuer		
	in vH der Verbrauchs-ausgaben	in vH des verfügbaren Einkommens	in DM je Haushalt und Monat
Haushalte von			
Selbständigen in der Land- und Forstwirtschaft	0,59	0,55	20
Selbständigen außerhalb der Land- und Forstwirtschaft	0,59	0,49	51
Angestellten	0,60	0,55	21
Beamten	0,61	0,55	24
Arbeitern	0,60	0,55	17
Rentnern	0,58	0,52	12
Versorgungsempfängern des öffentlichen Dienstes	0,58	0,52	16
Zusammen	0,59	0,53	19

Quelle: Berechnungen des DIW unter Verwendung amtlicher Statistiken.

Anmerkungen
Kapitel F

[1] Etwa 1 Mill. Menschen lebten 1983 in Anstalten. Wie erwähnt, werden sie zusammen mit ihrem Einkommen in dieser Untersuchung ausgeklammert.

[2] § 13a EStG: Ermittlung des Gewinns aus Land- und Forstwirtschaft nach Durchschnittssätzen.

[3] Aus den Aggregaten der volkswirtschaftlichen Gesamtrechnung ergibt sich für 1983 eine Sparquote von reichlich 11 vH, die wegen des hohen Anteils der Ersparnis am verfügbaren Einkommen der privaten Organisationen ohne Erwerbszweck (vgl. Hartmann 1976) über der hier für die Privathaushalte berechneten Sparquote liegt.

[4] Ist t der Steuersatz in der Auf-Hundert-Rechnung, so beträgt er in der Im-Hundert-Rechnung $t* = t (1+t)^{-1}$.

G Ökonometrische Simulationen zu den gesamtwirtschaftlichen Wirkungen der Mehrwertsteuererhöhung im Jahr 1983

1. Zur Technik des Einsatzes des ökonometrischen Modells

1.1 Vorbemerkung

Im vorangegangenen Abschnitt wurden die Belastungswirkungen von Haushalten unterschiedlicher Einkommensstruktur durch die Mehrwertsteueranhebung im Jahre 1983 analysiert. Die Untersuchung folgte dabei dem Konzept der formalen Inzidenz, war komparativ-statisch und beschränkte sich daher auf das Jahr 1983. Berechnet werden konnten nur die Belastungsquoten einer Vielzahl unterschiedlich abgegrenzter Haushalte mit Mehrwertsteuer bei einer gegebenen Einkommenshöhe. Die Begriffe "regressiv" und "progressiv" wurden dabei in diesem Sinne verwendet. Mit dem Einsatz eines ökonometrischen Modells ändern sich Untersuchungsziel, -instrument und -methode. Das Untersuchungsziel bilden jetzt die durch eine Mehrwertsteuererhöhung ausgelösten Veränderungen der gesamtwirtschaftlichen Entwicklung und der verfügbaren Einkommen sozialer Gruppen. Untersuchungsmethode ist dabei die effektive Inzidenz in der weitesten Abgrenzung. Zur Ermittlung der effektiven Inzidenz ist es notwendig, dynamische Abläufe zu analysieren und die Wirkungen über mehrere Jahre hinweg zu verfolgen. Das einzige hierfür geeignete Untersuchungsinstrument stellt dabei ein ökonometrisches Modell dar. Dieses läßt die Berechnung von gesamtwirtschaftlichen Effekten von Mehrwertsteuererhöhungen zu, bietet dafür aber nicht die tiefe Untergliederung nach Haushalten unterschiedlicher Einkommensstruktur. Die Begriffe "regressiv" und "progressiv" zur Kennzeichnung von Verteilungseffekten werden jetzt in einem anderen Sinne benutzt: Mit "regressiv" (progressiv) wird nun ein Verteilungsergebnis bezeichnet, bei dem sich das nominale bzw. reale verfügbare Einkommen der Selbständigen-Haushalte relativ stärker verschlechtert (verbessert) als das verfügbare Einkommen der übrigen Haushalte.

1.2 Modellversion

Grundlage für die ökonometrische Analyse der Mehrwertsteueranhebung 1983 ist die DIW-Version des Konjunkturmodells der Wirtschaftsforschungsinstitute, das die Verflechtungen zwischen den Sektoren Private Haushalte, Unternehmen, Staat und Ausland erfaßt.

Die Gesamtwirtschaft ist im güterwirtschaftlichen Teil des Modells nach den genannten vier Sektoren gegliedert. Die privaten Haushalte treffen Dispositionen über ihren Verbrauch und die Wohnungsbauinvestitionen. Dabei orientieren sie sich an ihrem verfügbaren

Schaubild 8

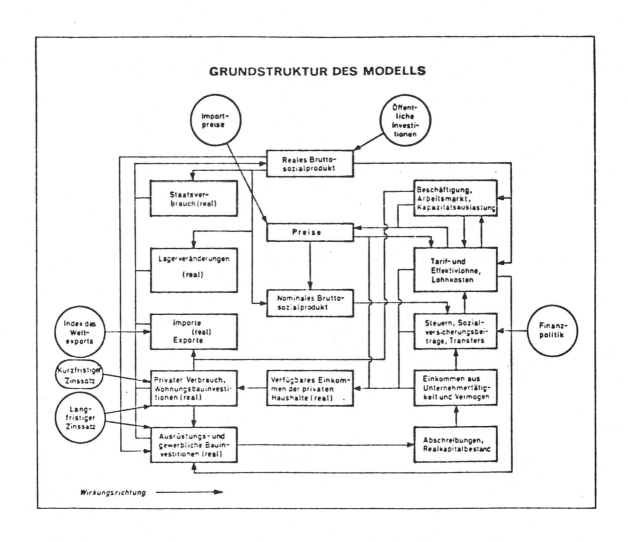

GRUNDSTRUKTUR DES MODELLS

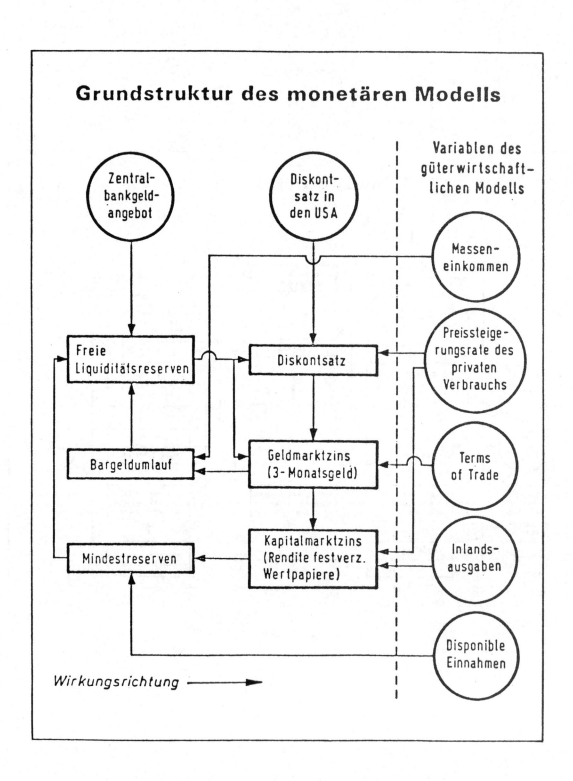

Grundstruktur des monetären Modells

Einkommen und den kurz- und langfristigen Zinssätzen. Die Unternehmen treffen Entscheidungen über Ausrüstungs- und gewerbliche Bauinvestitionen, wobei die gesamtwirtschaftliche reale Nachfrage (privater Verbrauch, Anlageinvestitionen und Exporte), die Zinskosten und eine Gewinn/Lohnrelation die Einflußgrößen sind. Im Abstimmungsprozeß zwischen privaten Haushalten und Unternehmen werden unter Berücksichtigung von Preis- und Arbeitsmarktdaten die Tariflohnsteigerungen festgelegt, welche wiederum zusammen mit dem gesamtwirtschaftlichen Wachstum die Effektivlohnsteigerungen bestimmen. Dem Staat kommt im Modell eine doppelte Funktion zu. Erstens steuert er den Umverteilungsprozeß dadurch, daß er auf der einen Seite Steuern und Beiträge erhebt und auf der anderen Seite Transferzahlungen leistet. Zweitens richtet der Staat durch seinen Verbrauch und seine Investitionstätigkeit eigene Ansprüche an das Sozialprodukt. Das Ausland tritt bei den Exporten und Importen von Waren und Dienstleistungen als Sektor in Erscheinung. Wichtige Einflußgrößen wie Weltexport und Preisindex für die Importe stellen für das Modell exogene Variable dar.

Die Änderungen der Preise werden durch das Verhältnis Lohn- und Produktivitätsentwicklung und die Änderung der Kapazitätsauslastung erklärt: Sowohl bei einem Anstieg des Verhältnisses von Lohn- zu Produktivitätsentwicklung (cost-push-These) als auch bei einem Anstieg der Kapazitätsauslastung (demand-pull-These) kommt es zu Preissteigerungen.

Beschäftigten- und Arbeitslosenzahlen werden im Modell durch das gesamtwirtschaftliche Wachstum, die Arbeitszeit und die realen Lohnstückkosten bestimmt (vgl. Zwiener 1980, S. 281-296).

Der monetäre Bereich umfaßt drei Sektoren: Die Zentralbank, die Kreditinstitute ohne Zentralbank und die inländischen Nichtbanken. Zu den letzten gehören die privaten Haushalte, Unternehmen, Staat und sonstige Finanzierungsinstitute. Durch das monetäre Teilmodell erklärt werden kurz- und langfristige Zinssätze, Bargeldumlauf, Mindestreserven und die freien Liquiditätsreserven der Banken. Als exogene Variable gehen ein ausländischer Zinssatz und das Zentralbankgeldangebot ein (vgl. Pohl, Zwiener 1982, S. 277-293).

Bisher wurden die Einkommensströme durch einen relativ einfachen Erklärungsansatz erfaßt. Um die Auswirkungen der Mehrwertsteuererhöhung auf die sozialen Gruppen analysieren zu können, mußte das Konjunkturmodell um ein Einkommensverteilungsmodell erweitert werden. Kennzeichen der Abgrenzung der sozialen Gruppen nach Haushalten ist, daß jeder Haushaltstyp sowohl Arbeits-, Gewinn-, Vermögens- als auch Transfer-

einkommen in unterschiedlichem Maße bezieht. Bestandteil des Einkommensverteilungs-
modells ist damit die sogenannte Querverteilung der Einkommen. Die Disaggregation der
Einkommensverteilung bereitet allerdings erhebliche statistische Probleme. Daher mußte
einmal die Zahl der sozialen Gruppen eingeschränkt und zum anderen die Frage, ob im
Modell Brutto- oder Nettoeinkommensströme betrachtet werden sollen, aufgrund des
Datenmaterials entschieden werden.

Die Berechnungen basieren im wesentlichen auf Daten des DIW über das verfügbare
Einkommen und seine Verwendung nach sozialen Gruppen. Dabei wird getrennt nach
Selbständigen-, Arbeitnehmer- und Nichterwerbstätigen-Haushalten. Um eine Einbettung
in das ökonometrische Konjunkturmodell zu erreichen, mußten für das verfügbare Einkommen und den privaten Verbrauch nach sozialen Gruppen, für die nur Jahreswerte
vorhanden sind, für den Zeitraum von 1974 bis 1983 Vierteljahreswerte ermittelt werden.

Im ökonometrischen Modell wurden die Nettolöhne- und -gehälter, die verteilten Gewinne
und die Netto-Transferzahlungen an die privaten Haushalte bisher nur als Aggregate
ermittelt. Die Berücksichtigung der Querverteilung zwischen den sozialen Gruppen
verlangt aber eine Aufteilung dieser Einkommensströme auf die drei sozio-ökonomischen
Gruppen. Um den Umfang der für diese Aufteilung notwendigen Annahmen möglichst
gering zu halten, wurden die Arbeitnehmer-Haushalte mit den Nichterwerbstätigen-
Haushalten zusammengefaßt. Mit dieser Zusammenfassung reduzierten sich die Zahl der
bei der Querverteilung zu erfassenden Einkommensströme um etwa ein Drittel. Die
Zusammenfassung erscheint auch aus ökonomischen Gründen gerechtfertigt, da die
Konsum- bzw. Sparquoten der Arbeitnehmer- und Nichterwerbstätigen-Haushalte kaum
auseinanderfallen. Je nach konjunktureller Situation bewegten sich die Sparquoten dieser
beiden sozialen Gruppen seit 1970 nahezu parallel zwischen 7,5 und 12,7 vH. Dabei lag die
Sparquote der Nichterwerbstätigen-Haushalte meist leicht unter der Sparquote der
Arbeitnehmer-Haushalte. Die Sparquote der Selbständigen-Haushalte war dagegen mit
etwa 24 vH des verfügbaren Einkommens mehr als doppelt so hoch. Nach dieser Disaggregation können die unterschiedlichen Konsumgewohnheiten der sozialen Gruppen u. a.
in Abhängigkeit von der jeweiligen Haupteinkommensart und der Querverteilung modell-
endogen analysiert werden (vgl. Zwiener 1985, S. 282-291).

Außerdem muß es die Modellierung des monetären Sektors erlauben, der Bundesbank
unterschiedliche Strategien zu unterstellen. Bei der Analyse von Überwälzungsvorgängen
kommt diesem Aspekt eine besondere Bedeutung zu. Untersuchungen zur Crowding-Out-
Diskussion zeigten insbesondere eine große Abhängigkeit der Ergebnisse von der jeweiligen
geldpolitischen Situation und damit von der Reaktion der Bundesbank (vgl. Zwiener 1983,
S. 121-140).

Die geschlossene Modellierung des Sektors Staat erlaubt es, die mit einer Mehrwertsteueranhebung verbundene Ausgabenerhöhung, Senkung der direkten Steuern und/oder Verringerung der Nettokreditaufnahme mit ihren jeweiligen gesamtwirtschaftlichen Wirkungen zu erfassen. Sämtliche Einnahme- und Ausgabepositionen des Staates sind endogenisiert. Speziell für die Fragestellung des Gutachtens wurden bestimmte Modellanpassungen durchgeführt. So wurden eine Trennung zwischen dem Mehrwertsteueraufkommen und den anderen indirekten Steuern vorgenommen und entsprechende Schätzfunktionen in das ökonometrische Modell integriert.

Der Schuldenstand des Staates wurde endogenisiert, d. h. er wird mit Hilfe des modellmäßig ermittelten öffentlichen Finanzierungssaldos und einer exogenen Variablen, die den Unterschied zwischen den Ergebnissen der Haushalts- und denen der Finanzierungsrechnung erfaßt, fortgeschrieben. Steuermehreinnahmen als Folge einer Mehrwertsteueranhebung, die zur Haushaltskonsolidierung benutzt werden, verringern damit den Zuwachs der Staatsschuld und folglich auch die Zinsausgaben der öffentlichen Hand.

Im Unterschied zu früheren Modellversionen wurden erstmals die Kapazitätseffekte in Abhängigkeit von der tatsächlichen Investitionstätigkeit und nicht mehr in Abhängigkeit einer linear fortgeschriebenen Ausdehnung des Produktionspotentials geschätzt. Vorher führte die Simulation konjunkturanregender Maßnahmen meist zu überhöhten Preiseffekten, da die Produktivitätseffekte nicht richtig erfaßt wurden. Bei dem neuen Ansatz wird nun die Höhe der privaten Ausrüstungsinvestitionen als Indikator für Produktivitätseffekte herangezogen. Diese wirken im Modell ceteris paribus sowohl preisdämpfend als auch beschäftigungsmindernd.

Der Anhang des Gutachtens enthält eine vollständige Modelldokumentation. In dieser sind sämtliche Definitions- und Verhaltensgleichungen mit Koeffizientenschätzwerten und statistischen Prüfmaßen wiedergegeben. Die Bezeichnung der Variablen und die Verknüpfung zu anderen Modellteilen sind bei jeder Gleichung angegeben, was die "Lesbarkeit" dieser Dokumentation im Vergleich zu herkömmlichen ökonometrischen Modelldokumentationen erheblich verbessert.

1.3   Basissimulation

Um die Auswirkungen der Mehrwertsteuererhöhung von 1983 quantifizieren zu können, muß in einem ersten Schritt zunächst eine wirtschaftliche Situation ohne Mehrwertsteuererhöhung simuliert werden. Eine solche Simulation ist aus methodischen Gründen notwendig. Diese fiktive ökonomische Situation bildet die Basis für den Vergleich aller folgenden Simulationsläufe. Wie die Anhebung der Mehrwertsteuer zum 1.7.1983 tatsächlich gewirkt hat oder wie sie unter anderen Begleitumständen gewirkt hätte, läßt sich jedoch nicht direkt aus dem Vergleich mit der tatsächlich eingetretenen Entwicklung ableiten. Diese wurde durch Störfaktoren und Variable mit beeinflußt, die im Modell nicht enthalten sind. Es dürfen daher nur solche Ergebnisse miteinander verglichen werden, die sich aus Modellsimulationen ergeben.

Aufgrund von Unzulänglichkeiten in der Datensituation im Einkommensverteilungsbereich - hier konnten die notwendigen VGR-Daten lediglich bis zum 4. Quartal 1983 berechnet werden - steht nur ein geschlossener Datenbestand für das Modell bis einschließlich 1983 zur Verfügung. Dieser ist abgestimmt auf den revidierten Stand der volkswirtschaftlichen Gesamtrechnung des Statistischen Bundesamtes vom Sommer 1984. Die Preisbasis war zu diesem Zeitpunkt noch das Jahr 1976 (1976 = 100). Da bisher mit einem einheitlichen Schätzzeitraum von zehn Jahren für das ökonometrische Konjunkturmodell die besten Erfahrungen gemacht worden sind (vgl. Heilemann 1984, S. 313-337), wurden die Verhaltensgleichungen für den Zeitraum vom 1. Quartal 1974 bis einschließlich 4. Quartal 1983 geschätzt. Die Modellrechnungen wurden im Oktober 1985 durchgeführt, so daß für alle exogenen Variablen im Modell entweder die bis Sommer 1985 revidierten Werte oder aber die Prognosen der Gemeinschaftsdiagnose der Wirtschaftsforschungsinstitute vom Oktober 1985 verwendet werden konnten. Auf dieser Basis gelang eine relativ gute Anpassung der Basissimulation des Modells an die bisher realisierte bzw. von der Gemeinschaftsdiagnose bis Ende 1986 prognostizierte Entwicklung.

In den folgenden Tabellen sind die wichtigsten Eckwerte dieser Basissimulation für die Jahre 1983 bis 1986 ausgewiesen.

Wichtige Annahmen zur Erzeugung dieser Basissimulation mußten bezüglich des Grades der Überwälzung der Mehrwertsteueranhebung getroffen werden. In der Basissimulation durften diese Preisüberwälzungen nicht enthalten sein. Da der Überwälzungsgrad aber innerhalb des Modells nicht zuverlässig geschätzt werden konnte, wurde er per Annahme gesetzt. Beim Preisindex des privaten Verbrauchs wurde - wie schon weiter oben ausgeführt - angenommen, daß die Vollüberwälzung drei Jahre benötigte und sich kontinuierlich vollzog. Bei den Wohnungsbau- und öffentlichen Bauinvestitionen und bei den Sachausgaben des Staatsverbrauchs wurde annahmegemäß die Vollüberwälzung innerhalb von zwei Jahren erreicht, wobei der größere Teil der Überwälzung schon im ersten Jahr nach der Mehrwertsteueranhebung lag. Die realisierten bzw. bis 1986 prognostizierten Preisniveaus der betreffenden Verwendungskomponenten wurden um diese unterschiedlichen und zeitlich gestaffelten Überwälzungsbeträge zur Ermittlung der Basissimulation reduziert.

Neben diesen aufgrund des Untersuchungsziels notwendigen Eingriffen bestand in zwei Bereichen die Notwendigkeit zu "fine-tune-Maßnahmen", um die Modellsimulationen an die tatsächliche bzw. für die Zukunft prognostizierte Entwicklung anzupassen. Einmal mußten die endogen ermittelten Transferzahlungen an die privaten Haushalte mit Hilfe von add-Faktoren reduziert werden, um damit den politischen Eingriffen der letzten Jahre in das Transfersystem Rechnung zu tragen. Der zweite Eingriff betraf den Geldmarktzins, der für die Jahre 1985 und 1986 in der Basisversion sonst zu hoch prognostiziert worden wäre.

Tabelle 38

Basissimulation der gesamtwirtschaftlichen Entwicklung
(ohne MWSt-Anhebung zum 1.7.1983)
- Mrd. DM -

	1983	1984	1985	1986
Anlageinvestitionen des Staates	43,89	42,46	41,30	44,40
Beitragssatz Sozialvers. (vH)	17,43	17,30	17,52	17,60
Volumen d. Weltexp. (1976=100)	30,00	141,50	147,25	152,75
Preisindex d. Importe (1976=100	136,47	142,19	146,72	146,90
Kapitalmarktzins (%)	7,84	6,65	5,98	6,15
Geldmarktzins (%)	5,67	6,02	5,59	4,95
Erwerbstätige (Mill.)	25,32	25,33	25,52	25,79
Produktivität je Erwerbstätigen	50,10	51,53	52,04	53,06
Bruttoinlandsprodukt, real	1 268,64	1 305,55	1 328,00	1 368,59
Privater Verbrauch, real	700,80	712,45	723,35	749,13
Staatsverbrauch, real	249,95	252,23	256,04	259,64
Anlageinvestitionen, real	262,61	268,82	262,44	279,50
Ausrüstungsinv., real	112,66	116,77	120,90	132,20
Bauinvestitionen, real	149,95	152,05	141,53	147,30
Lagerinvestitionen, real	2,97	10,11	10,75	13,75
Exporte, real	421,53	456,32	492,08	507,72
Importe, real	366,42	391,74	414,03	438,52
Bruttosozialprodukt, nominal	1 678,77	1 745,83	1 811,16	1 918,75
Preisindex des Privaten Verbrauchs (1976 = 100)	134,39	137,63	140,81	143,52
Preisindex des BSP (1976=100)	131,97	133,39	136,00	139,85
Bruttoeink. der Arbeitnehmer	931,34	968,83	1 016,45	1 072,57
Bruttoeink. der Unternehmer	358,66	369,52	371,27	400,37
Volkseinkommen	1 289,99	1 338,34	1 387,70	1 472,95
Nettoeink. der Unternehmer	287,07	293,43	298,92	324,01
Nettolöhne und -gehälter	521,33	541,61	562,84	598,41
Tariflöhne (1976=100)	143,69	147,76	152,95	158,51
Lohnstückkosten	0,73	0,74	0,76	0,78
Finanzierungssaldo/Staat	-41,89	-34,41	-29,54	-20,80

Tabelle 39

Basissimulation der gesamtwirtschaftlichen Entwicklung
(ohne MWSt-Anhebung zum 1.7.1983)
Veränderungen gegenüber Vorjahr in vH

	1983	1984	1985	1986
Anlageinvestitionen des Staates	-7,3	-3,3	-2,7	7,5
Beitragssatz Sozialvers. (vH)	-	-	-	-
Volumen d. Weltexp. (1976=100)	0,2	8,8	4,1	3,7
Preisindex d. Importe (1976=100	-0,5	4,2	3,2	0,1
Kapitalmarktzins (%)	-	-	-	-
Geldmarktzins (%)	-	-	-	-
Erwerbstätige (Mill.)	-1,0	0,1	0,7	1,1
Produktivität je Erwerbstätigen	2,5	2,8	1,0	2,0
Bruttoinlandsprodukt, real	1,5	2,9	1,7	3,1
Privater Verbrauch, real	0,4	1,7	1,5	3,6
Staatsverbrauch, real	0,5	0,9	1,5	1,4
Anlageinvestitionen, real	5,5	2,4	-2,4	6,5
Ausrüstungsinv., real	9,2	3,6	3,5	9,3
Bauinvestitionen, real	2,9	1,4	-6,9	4,1
Lagerinvestitionen, real	-	-	-	-
Exporte, real	-0,3	8,3	7,8	3,2
Importe, real	0,3	6;9	5,7	5,9
Bruttosozialprodukt, nominal	5,0	4,0	3,7	5,9
Preisindex des Privaten Ver- brauchs (1976 = 100)	3,1	2,4	2,3	1,9
Preisindex des BSP (1976=100)	3,1	1,1	2,0	2,8
Bruttoeink. der Arbeitnehmer	3,4	4,0	4,9	5,5
Bruttoeink. der Unternehmer	10,1	3,0	0,5	7,8
Volkseinkommen	5,2	3,7	3,7	6,1
Nettoeink. der Unternehmer	9,8	2,2	1,9	8,4
Nettolöhne und -gehälter	2,6	3,9	3,9	6,3
Tariflöhne (1976=100)	3,3	2,8	3,5	3,6
Lohnstückkosten	1,9	1,1	3,1	2,4
Finanzierungssaldo/Staat	-	-	-	-

1.4 Simulationsdurchführung

In diesem und dem folgenden Kapitel werden die Auswirkungen der Mehrwertsteueranhebung von 1983 unter verschiedenen Annahmen simuliert und analysiert. Dabei werden nur noch die absoluten Abweichungen der jeweiligen simulierten Entwicklung von der Basissimulation betrachtet. Die beiden fine-tune-Maßnahmen im Transferbereich und beim Geldmarktsatz bleiben in allen Simulationen erhalten. Soweit Änderungen in den exogenen Setzungen notwendig sind, werden sie detailliert bei den einzelnen Simulationen genannt.

2. Die Mehrwertsteueranhebung im Jahr 1983

2.1 Die Situation im Jahre 1983

Die konjunkturelle Situation im Jahr 1983 wurde im Kapitel C erörtert. An dieser Stelle folgt die Umsetzung in entsprechende Modellannahmen. Setzungen müssen in den Bereichen Finanz-, Geld- und Lohnpolitik vorgenommen werden. Von besonderer Bedeutung ist dabei die Frage der Mittelverwendung der durch die Mehrwertsteueranhebung erzielten Mehreinnahmen. Die Finanzpolitik im Jahre 1983 und in den folgenden Jahren war und ist primär auf das Ziel der Haushaltskonsolidierung ausgerichtet. Die Einnahmen aus der Mehrwertsteueranhebung werden daher annahmegemäß voll zur Reduzierung der öffentlichen Kreditaufnahme eingesetzt. Im Zusammenhang damit und mit der konjunkturellen Situation 1983 wurde unterstellt, daß die Vorwälzung nicht sofort, sondern nur über mehrere Jahre verteilt, gelang. Die Geldpolitik war also aufgrund der geringen Preiseffekte nicht zu einem restriktiveren Kurs gezwungen. Auf der anderen Seite hat die Geldpolitik die Überwälzung der Mehrwertsteuererhöhung sicherlich nicht durch eine zusätzliche Ausdehnung des Zentralbankgeldangebots unterstützt. Für die Geldpolitik wird daher ein von der Mehrwertsteuererhöhung unbeeinflußtes Verhalten unterstellt.

Die Importpreise werden durch die Mehrwertsteuererhöhung nicht verändert. Preiswirksam wird die Steuererhöhung im Modell erst auf der Ebene der letzten Verwendung. Damit wird der Tatsache Rechnung getragen, daß eine Mehrwertsteuererhöhung nicht zu einer Wettbewerbsverzerrung zwischen inländischen und ausländischen Gütern führt, d.h. die Terms of Trade werden nicht direkt von der Anhebung der Steuersätze berührt.

Schwieriger ist die Beantwortung der Frage nach den Einflüssen der Mehrwertsteuererhöhung auf die Lohnabschlüsse. Früher wurde im Modell eine Lohnfunktion verwendet, die neben der Verbraucherpreisentwicklung und der Zahl der Arbeitslosen eine Variable für das Tarifklima enthielt. In den letzten Jahren nahm aber die Qualität dieser Schätzfunktion ab; sie wurde daher für die vorliegende Untersuchung nicht verwendet. Unterstellt man, daß von einer Mehrwertsteueranhebung, die zur Haushaltskonsolidierung eingesetzt wird, sowohl leicht preiserhöhende Effekte als auch eine leichte Nachfragedämpfung ausgehen, dann dürften sich diese beiden Effekte in ihrem Einfluß auf die Lohnabschlüsse neutralisieren. Und zwar dürften auf der einen Seite die Preissteigerungen tendenziell die Lohnforderungen der Gewerkschaften erhöhen, auf der anderen Seite dürfte aber die Realisierungschance dieser Lohnforderungen aufgrund der ungünstigeren konjunkturellen Situation und der damit einhergehenden schlechteren Verhandlungsposition der Gewerkschaften eher sinken. Auf der Arbeitgeberseite dürfte sich die Entschlossenheit, den Lohnforderungen der Gewerkschaften Widerstand zu leisten, aufgrund der nur verzögert möglichen Vorwälzung der Mehrwertsteuer in den Preisen und der dadurch bedingten Gewinnkompression erhöhen. Möglicherweise wurde versucht, die Mehrwertsteueranhebung auf den Produktionsfaktor Arbeit zumindest teilweise rückzuwälzen. Inwieweit dies Erfolg hatte, läßt sich empirisch nicht überprüfen. Für die folgenden Simulationen wurde angenommen, daß die Tariflohnabschlüsse in den Jahren 1983 bis 1986 von der Mehrwertsteueranhebung 1983 nicht berührt wurden. Diese Annahme, die für die Ergebnisse von großer Bedeutung ist, wird weiter unten bei anderen wirtschaftspolitischen Rahmenbedingungen aufgegeben.

2.2 Die Modellergebnisse

Für die Darstellung der Ergebnisse gibt es aufgrund der Interdependenzen des Modells keine eindeutige Richtschnur. Von einer Mehrwertsteueranhebung gehen mehrere Impulse zugleich aus. Im folgenden soll zuerst eine Wirkungskette vorgeführt werden, die die gesamtwirtschaftlichen Effekte erklärt, die durch die Preiseffekte der Mehrwertsteuererhöhung ausgelöst werden. Dabei muß zuerst die Verwendungsseite des Sozialprodukts betrachtet werden, erst danach die Entstehungs- und die Verteilungsseite. Am Schluß werden die Wirkungen auf den Staatshaushalt und den monetären Bereich dargestellt. Man muß sich dabei aber immer bewußt sein, daß die Modellergebnisse das Produkt aller sich interdependent überlagernden Effekte sind.

In der Tabelle 40 werden die Preiseffekte der Mehrwertsteuererhöhung vom 1.7.1983 ausgewiesen. Neben den Vorgaben zur Überwälzung werden die Preisindizes aber auch durch die nachfragedämpfenden Effekte dieser Maßnahme beeinflußt. In der Regel gehen hiervon preisdämpfende Einflüsse aus. Dies strahlt auch auf Bereiche aus, die selbst nicht der Mehrwertsteuer unterliegen. Die Preiswirkungen einer Nachfragedämpfung sind allerdings nicht einheitlich, da sinkende Kapazitätsauslastung und sinkende Produktivitäten in ihren Preis- und Kostenwirkungen einander entgegengerichtet sind und letztlich die

Koeffizientenschätzung über die Dominanz des einen oder anderen Effekts entscheidet. Entscheidend für die weiteren Modellergebnisse ist aber die Entwicklung des Preisindex des privaten Verbrauchs. Die Steuerüberwälzung vollzieht sich in diesem Bereich annahmegemäß zwar langsam, schmälert aber letztlich das reale verfügbare Einkommen der privaten Haushalte. Es geht neben anderen Variablen in die Erklärung des realen privaten Verbrauchs und der realen Wohnungsbauinvestitionen ein. In der Tabelle 41 werden die Effekte der Mehrwertsteuererhöhung auf die Verwendungsseite des Sozialprodukts (zu Preisen von 1976) ausgewiesen. Mit Ausnahme der Exporte sind in allen Bereichen Einbußen zu verzeichnen, wobei der Rückgang im privaten Verbrauch mit Abstand am größten ausfällt. Über die Reduzierung der Importe und den leichten Anstieg der Exporte wird der negative Einfluß auf das Bruttosozialprodukt allerdings erheblich gedämpft.

Tabelle 40

Gesamtwirtschaftliche Wirkungen der Mehrwertsteuererhöhung im Jahr 1983
Verwendung des Sozialprodukts
- Preise (1976 = 100) -
- Abweichungen gegenüber Basissimulation in vH-Punkten -

	1983	1984	1985	1986
Privater Verbrauch	0,16	0,49	0,87	1,07
Staatsverbrauch	0,18	0,44	0,53	0,53
Anlageinvestitionen	0,19	0,47	0,44	0,23
Ausrüstungen	0,00	0,05	0,09	0,11
Bauten	0,34	0,80	0,75	0,33
Gewerbliche Bauten	-0,01	-0,18	-0,55	-1,09
Wohnbauten	0,49	1,28	1,46	1,18
Bauten des Staates	0,47	1,22	1,38	1,03
Vorratsveränderungen	0,00	0,00	0,00	0,00
Exporte	0,00	0,03	0,05	0,06
Importe	0,00	0,00	0,00	0,00
Bruttosozialprodukt	0,17	0,47	0,69	0,76

Tabelle 41

Gesamtwirtschaftliche Wirkungen der Mehrwertsteuererhöhung im Jahr 1983
Verwendung des Sozialprodukts
- zu Preisen von 1976 -
- Abweichungen gegenüber Basissimulation in Mrd. DM -

	1983	1984	1985	1986
Privater Verbrauch	-0,73	-3,73	-7,00	-9,19
Staatsverbrauch	0,00	-0,06	-0,26	-0,55
Anlageinvestitionen	-0,25	-0,59	-1,12	-2,09
Ausrüstungen	-0,11	-0,17	-0,46	-1,03
Bauten	-0,14	-0,42	-0,67	-1,07
Gewerbliche Bauten	-0,03	-0,16	-0,22	-0,33
Wohnbauten	0,00	-0,02	-0,20	-0,55
Bauten des Staates	-0,11	-0,24	-0,25	-0,19
Vorratsveränderungen	-0,17	-0,71	-0,77	-0,76
Außenbeitrag	0,36	1,82	3,36	4,66
Exporte	0,06	0,23	0,44	0,59
Importe	-0,30	-1,59	-2,91	-4,06
Bruttosozialprodukt	-0,79	-3,27	-5,80	-7,93

Dominierten bei der Erklärung des Rückgangs des privaten Verbrauchs und der Wohnungsbauinvestitionen die Nachfragekomponenten, so gerieten die Ausrüstungs- und gewerblichen Bauinvestitionen zusätzlich von der Gewinn- bzw. Kostenseite unter Druck: In dem Umfang, wie die Überwälzung in den ersten beiden Jahren nach der Mehrwertsteuererhöhung nicht gelang, wurden die Bruttogewinne der Unternehmen geschmälert. Die rückläufige gesamtwirtschaftliche Entwicklung hat diesen Effekt noch verstärkt.

Als wichtiges Ergebnis muß festgehalten werden, daß die Mehrwertsteueranhebung Mitte 1983 ihre negativen gesamtwirtschaftlichen Wirkungen erst in den Folgejahren voll entfaltete.

Steigende Preise und eine ungünstige reale Entwicklung kompensierten sich beim nominalen Bruttosozialprodukt nahezu vollständig, so daß sich dieses kaum veränderte. Es wurde in den Jahren 1983 bis 1985 leicht erhöht und im Jahr 1986 um 0,8 Mrd. DM gesenkt.

Gestiegene indirekte Steuern senken bei einem nahezu unveränderten nominalen Bruttosozialprodukt definitorisch das Volkseinkommen. In den Jahren 1983 und 1984 ging dies in erster Linie zu Lasten der Bruttoeinkommen aus Unternehmertätigkeit und Vermögen. Danach waren die inzwischen eingetretenen Beschäftigungsverluste so hoch, daß von 1985 an der größere Teil des Rückgangs beim Volkseinkommen auf die Bruttoeinkommen aus unselbständiger Arbeit entfiel. Für das Jahr 1986 wird ein Beschäftigungsverlust von 100 000 Personen ermittelt, im Durchschnitt der Jahre 1983 bis 1986 beträgt er 50 000 Personen.

Tabelle 42

Gesamtwirtschaftliche Wirkungen der Mehrwertsteuererhöhung im Jahr 1983
Verwendung des nominalen Sozialprodukts
- Abweichungen gegenüber Basissimulation in Mrd. DM -

	1983	1984	1985	1986
Privater Verbrauch	0,15	-1,61	-3,56	-5,29
Staatsverbrauch	0,45	1,04	0,98	0,57
Anlageinvestitionen	0,21	0,46	-0,41	-2,36
Ausrüstungen	-0,13	-0,16	-0,49	-1,22
Bauten	0,34	0,63	0,08	-1,14
Gewerbliche Bauten	-0,04	-0,30	-0,58	-1,06
Wohnbauten	0,38	0,93	0,66	-0,09
Bauten des Staates	0,00	0,00	0,00	0,00
Vorratsveränderungen	-0,18	-0,74	-0,80	-0,79
Außenbeitrag	0,51	2,71	5,10	7,07
Exporte	0,09	0,44	0,83	1,10
Importe	-0,42	-2,27	-4,27	-5,97
Bruttosozialprodukt	1,14	1,86	1,31	-0,80

Das verfügbare Einkommen der privaten Haushalte geht weniger zurück als das Volkseinkommen. Dies hat verschiedene Gründe. Erstens sinken die Nettoeinkommen weniger stark als die Bruttoeinkommen, weil weniger direkte Steuern gezahlt wurden. Zweitens werden die Transfereinkommen der privaten Haushalte durch die Mehrwertsteuererhöhung endogen nicht beeinflußt. Und drittens passen sich die verteilten Gewinne nur teilweise und verzögert an den Rückgang der Nettoeinkommen aus Unternehmertätigkeit und Vermögen an.

Tabelle 43

Gesamtwirtschaftliche Wirkungen der Mehrwertsteuererhöhung im Jahr 1983
Einkommensentstehung und funktionale -verteilung
- Abweichungen gegenüber Basissimulation in Mrd. DM -

	1983	1984	1985	1986
Bruttoeinkommen aus Arbeitnehmertätigkeit	-0,26	-1,88	-4,07	-6,58
Bruttolohn- u. -gehaltsumme	-0,21	-1,53	-3,30	-5,33
Nettolohn- u. -gehaltsumme	-0,14	-1,02	-2,20	-3,56
Tariflöhne (1976=100)	0,00	0,00	0,00	0,00
Bruttoeinkommen aus Unternehmertätigkeit und Vermögen	-2,49	-3,26	-1,21	-0,66
Nettoeinkommen aus Unternehmertätigk. u. Vermögen	-2,49	-2,70	-0,76	-0,46
Volkseinkommen	-2,75	-5,14	-5,28	-7,24
Abschreibungen	0,23	0,58	0,57	0,23
Ind. Steuern ./. Subventionen	3,66	6,42	6,02	6,21
Bruttosozialprodukt	1,14	1,86	1,31	-0,80

Tabelle 44

Gesamtwirtschaftliche Wirkungen der Mehrwertsteuererhöhung im Jahr 1983
Einkommensverteilung nach Haushaltstypen
und Querverteilung der Einkommen
- Abweichungen gegenüber Basissimulation in Mrd. DM -

	1983	1984	1985	1986
Verfügbares Einkommen, insg.	-0,42	-2,55	-4,24	-5,78
Nettolohn- u. -gehaltsumme	-0,14	-1,02	-2,20	-3,56
Verteilte Gewinne	-0,28	-1,51	-1,95	-1,94
Transfereinkommen	-0,00	-0,03	-0,16	-0,49
Zinsen auf Kons.-schulden	0,01	-0,01	-0,08	-0,20
Verfügbares Einkommen der Selbständigen-Haushalte	-0,18	-0,98	-1,27	-1,29
Nettolöhne und -gehälter	-0,00	-0,02	-0,05	-0,08
Verteilte Gewinne	-0,18	-0,97	-1,25	-1,24
Transfereinkommen	-0,00	0,00	0,00	0,00
Zinsen auf Kons.-schulden	0,00	-0,01	-0,03	-0,04
Verfügbares Einkommen der übrigen Haushalte	-0,24	-1,56	-2,97	-4,50
Nettolöhne und -gehälter	-0,13	-0,99	-2,15	-3,47
Verteilte Gewinne	-0,10	-0,54	-0,70	-0,70
Transfereinkommen	-0,00	-0,03	-0,16	-0,49
Zinsen auf Kons.-schulden	0,01	0,00	-0,05	-0,16
Nachrichtlich:				
Privater Verbrauch (in Preisen von 1976)				
Selbständigen-Haushalte	-0,16	-0,83	-1,35	-1,51
Übrige Haushalte	-0,57	-2,90	-5,65	-7,69

Als nächstes soll die Querverteilung der Einkommen auf die Selbständigen-Haushalte und die übrigen Haushalte betrachtet werden. Das verfügbare Einkommen der übrigen Haushalte wird von Anfang an - absolut betrachtet - stärker reduziert als das der Selbständigen-Haushalte. Die Verteilungsrelation zwischen diesen beiden Gruppen wird aber nur marginal, d. h. um weniger als 1 vH-Punkt, beeinflußt. Während die Entwicklung des verfügbaren Einkommens der Selbständigen-Haushalte dabei fast ausschließlich durch den Rückgang der verteilten Gewinne an die Selbständigen-Haushalte bestimmt wird, resultiert die Abnahme des verfügbaren Einkommens der übrigen Haushalte aus geringeren Nettolöhnen und -gehältern und geringeren verteilten Gewinnen dieser Gruppe. Gegen Ende der Untersuchungsperiode dominiert dabei der starke Rückgang der Nettolöhne und -gehälter, der aus dem Beschäftigungsrückgang resultiert.

Aufgrund der niedrigeren Konsumquote der Selbständigen-Haushalte geht deren privater Verbrauch unterproportional zu dem verfügbaren Einkommen zurück. Wegen der höheren Konsumquote und ein durch den Beschäftigungsrückgang ausgelöstes Angstsparen kam es bei den übrigen Haushalten zu einem - bezogen auf deren verfügbares Einkommen - überproportionalen Sinken ihres Konsums.

In der Tabelle 45 werden die absoluten Änderungen der Einnahmen und Ausgaben des Staates ausgewiesen. Auf der Einnahmenseite kommt es mittelfristig per Saldo, d. h. im vierten Jahr nach der Mehrwertsteueranhebung, nur zu einer Verbesserung um 3,5 Mrd. DM, obwohl die Mehreinnahmen bei den indirekten Steuern knapp 7 Mrd. DM betragen. Diesen Mehreinnahmen stehen aber Mindereinnahmen bei den direkten Steuern und den Sozialversicherungsbeiträgen gegenüber. Die Staatsausgaben bleiben in ihrer Höhe nahezu unverändert. Einem aufgrund der Mehrwertsteueranhebung leicht gestiegenen nominalen Staatsverbrauch stehen etwas geringere Zinsausgaben der öffentlichen Hand gegenüber, weil der Schuldenstand des Staates nur noch abgeschwächt steigt. Als Ergebnis der Mehrwertsteuererhöhung von 1983 kann festgehalten werden, daß von den erhofften Mehreinnahmen tatsächlich nur etwa die Hälfte defizitwirksam wird.

Teilweise überraschend sind die Wirkungen der Mehrwertsteuererhöhung auf den monetären Sektor der Volkswirtschaft. Für die Modellanalyse wurde eine zielgerichtete und damit vorgegebene Geldmengenpolitik der Deutschen Bundesbank unterstellt. Dies erfordert eine endogene Ermittlung der Zinspolitik der Bundesbank, damit sich die Zinspolitik an das vorgesehene Geldmengenziel anpassen kann. Im ökonometrischen Modell wird dies so abgebildet, daß der Diskontsatz über eine Reaktionsfunktion erklärt wird, in der neben einem Geldanspannungsindikator auch die Preissteigerungsrate des privaten Verbrauchs enthalten ist. Die durch eine Mehrwertsteuererhöhung ausgelösten Preiseffekte bewirken

Tabelle 45

Gesamtwirtschaftliche Wirkungen der Mehrwertsteuererhöhung im Jahr 1983
Einnahmen und Ausgaben des Staates
- Abweichungen gegenüber Basissimulation in Mrd. DM -

	1983	1984	1985	1986
Einnahmen	3,77	5,73	4,39	3,50
Steuern	3,81	6,22	5,56	5,61
Direkte Steuern	-0,04	-0,85	-1,06	-1,19
der Arbeitnehmer	-0,04	-0,29	-0,61	-0,99
der Arbeitgeber	0,00	-0,56	-0,45	-0,20
Indirekte Steuern	3,86	7,09	6,66	6,84
Mehrwertsteuer	3,91	7,46	7,17	7,22
Sonst. ind. Steuern	-0,05	-0,37	-0,51	-0,38
Sozialversicherungsbeiträge	-0,08	-0,60	-1,31	-2,13
der Arbeitnehmer	-0,03	-0,22	-0,49	-0,79
der Arbeitgeber	-0,05	-0,35	-0,77	-1,25
Bruttoeinkommen aus Unternehmertätigkeit und Vermögen	0,03	0,07	0,12	0,03
Empf. lfd.sonst. Übertragung.	0,02	0,03	0,02	-0,01
Empf. Vermögensübertragungen	0,00	0,00	0,00	0,00
Ausgaben	0,63	1,59	0,98	-0,11
Staatsverbrauch	0,45	1,04	0,98	0,57
Zinsausgaben des Staates	0,00	-0,03	-0,38	-0,65
Geleistete lfd. Übertragungen	0,20	0,63	0,42	-0,00
Geleistete Vermögensübertr.	0,01	0,02	0,02	-0,00
Nettoinvestitionen	-0,03	-0,07	-0,06	-0,02
Finanzierungssaldo	3,14	4,14	3,42	3,60

eine leichte Erhöhung des Diskontsatzes. Das bedeutet, daß in der geschätzten Reaktionsfunktion der Bundesbank die preiserhöhenden Wirkungen gegenüber den Nachfragewirkungen dominieren. Der Geldmarktzins selbst bleibt dagegen fast stabil; erst im vierten Jahr geht er leicht zurück. In der Entwicklung des Geldmarktsatzes kommt die durch die Nachfragedämpfung ausgelöste Entspannung auf dem Geldmarkt, die sich in einem Anstieg der freien Liquiditätsreserven bemerkbar macht, zum Tragen. Bei der Veränderung des Kapitalmarktzinses steht das Interesse der Kapitalanbieter, eine bestimmte Realverzinsung zu erreichen, im Vordergrund. Die Einflüsse vom Geldmarkt, von der gesamtwirtschaftlichen und insbesondere der Preisentwicklung werden in der Schätzung so gewichtet, daß nach der Mehrwertsteueranhebung der Kapitalmarktzins leicht, um nur 0,1 Prozentpunkt, steigt.

Tabelle 46

Gesamtwirtschaftliche Wirkungen der Mehrwertsteuererhöhung im Jahr 1983
Monetärer Sektor

- Abweichungen gegenüber Basissimulation -

	1983	1984	1985	1986
ZB-Geldangebot (Mrd. DM)	0,00	0,00	0,00	0,00
Bargeldumlauf (Mrd. DM)	-0,00	-0,08	-0,15	-0,16
Mindestreserven (Mrd. DM)	-0,03	-0,13	-0,18	-0,24
Freie Liquiditätsres. (Mrd. DM)	0,04	0,21	0,14	0,26
Diskontsatz in %	0,04	0,13	0,17	0,13
Geldmarktzins in %	0,02	0,03	0,06	-0,18
Kapitalmarktzins in %	0,01	0,06	0,12	0,05

2.3 Vergleich mit den Ergebnissen anderer ökonometrischer Modelle

Zur Absicherung dieser Modellergebnisse lassen sich Simulationsergebnisse von neun weiteren ökonometrischen Modellen für die Bundesrepublik Deutschland heranziehen. Mit allen zehn Modellen - also einschließlich des DIW-Vierteljahresmodells - wurde eine hypothetische Mehrwertsteueranhebung zum 1.1.1977 um 1 vH-Punkt simuliert und in ihren konjunkturellen Wirkungen über vier Jahre hinweg analysiert (vgl. Langer u.a. 1984). Die Tabelle 47 enthält eine Zusammenstellung der wichtigsten Ergebnisse. Aus Gründen der Vergleichbarkeit war es notwendig, sowohl Umbasierungen als auch Umrechnungen vorzunehmen. Die ausgewiesenen Werte stellen daher keine exakten Modellergebnisse dar, sondern sind nur als Näherungswerte zu betrachten. Außerdem handelt es sich in der Regel um Resultate technisch durchgeführter Simulationen, bei denen nicht im einzelnen geprüft wurde, ob das Modell modifiziert oder der Set der exogenen Vorgaben hätte geändert werden müssen.

Die in der Tabelle ausgewiesenen Werte sind trotz dieser Einschränkungen von großer Bedeutung für das Untersuchungsziel des Gutachtens: die Analyse einer Mehrwertsteuer- anhebung, deren Mehreinnahmen vorwiegend zur Haushaltskonsolidierung genutzt wurden. Der einzige und entscheidende Unterschied zur Analyse in diesem Gutachten ist, daß die Mehrwertsteuererhöhung nicht für das Jahr 1983, sondern für 1977 simuliert wurde. Der materielle Unterschied liegt im wesentlichen in der günstigeren Ausgangsbasis der Unternehmen für die Überwälzung der Steuer in den Preisen. Daß sich bei einer aktuelleren Datenbasis - gleiche Modellstruktur vorausgesetzt - andere Koeffizienten- werte und damit auch andere Modellergebnisse einstellen, ist selbstverständlich.

In der Tabelle 47 sind zum Vergleich unter "nachrichtlich" die im vorausgegangenen Abschnitt analysierten Ergebnisse des DIW-Vierteljahresmodells dargestellt. Im Vergleich zu der im Jahr 1983 durchgeführten Rechnung wurde für dieses Gutachten eine modifi- zierte Modellversion eingesetzt, die sowohl auf einem aktuelleren Schätzzeitraum als auch auf einer aktuelleren Datenbasis beruht. Ein weiterer Unterschied besteht darin, daß in der auf dem GMD-Forum vorgetragenen Simulation eine sofortige Überwälzung der Mehrwertsteueranhebung in die Preise unterstellt wurde. Trotz dieser Unterschiede decken sich die wesentlichen Aussagen: Die kontraktiven gesamtwirtschaftlichen Wir- kungen einer Mehrwertsteueranhebung entfalten sich erst mit Verzögerung; die Mehr- einnahmen des Staates reduzieren sich im Zeitablauf immer mehr. Zu diesem Ergebnis kamen fast alle auf der GMD-Tagung vorgestellten ökonometrischen Modelle.

Tabelle 47

Gesamtwirtschaftliche Wirkungen einer Erhöhung des Mehrwertsteuersatzes zum 1.1.1977 um 1 vH-Punkt*

	Absolute Differenz im gesamten Jahr 1977					Absolute Differenz im gesamten Jahr 1980				
	BSP real in Preisen von 1976	Verbraucherpreise 1976=100	Arbeitslose (in 1000)	Außenb./Leist.-bilanz-saldo (Mrd. DM)	Öffentl. Finanz.-saldo (Mrd. DM)	BSP real in Preisen von 1976	Verbraucherpreise 1976=100	Arbeitslose (in 1000)	Außenb./Leist.-bilanz-saldo (Mrd. DM)	Öffentl. Finanz.-saldo (Mrd. DM)
Bonner Modell 11	-2,3	0,6	30	0,1	3,0	-5,3	0,4	90	4,2	-0,5
Bonner Vierteljahresmodell 1)	-0,6	0	0	-	-	-9,2	0,0	40	-	-
Chase-Modell	-5,1	0,7	0	1,6	3,5	-2,1	1,1	100	0	4,2
DIW-Vierteljahresmodell	-1,6	0,5	10	0,9	2,6	-5,2	0,6	50	3,0	0,3
DIW-Langfristmodell 1)	-1,2	0,4	20	1,3	4,2	-2,0	1,3	20	2,6	5,8
Frankfurter Modell	-4,7	0,4	45	1,3	2,4	-4,5	0,7	60	1,8	2,2
F&T-Modell 1)	+0,3	0,7	0	-	2,7	-2,5	0,7	30	-	2,5
IBM-Modell 1)	-2,4	0,4	40	0,9	1,4	-5,8	0,7	220	2,6	0,1
RWI-Modell 1) 2)	-0,3	0	0	0,1	5,3	-3,8	-0,2	10	1,5	4,8
Sysifo-Modell 1) 3)	-3,7	0,8	30	1,5	3,1	-8,3	-0,1	20	10,7	1,2
Durchschnitt 4)	-2,2	0,45	20	1,0	3,1	-4,9	0,52	60	3,3	2,3

Nachrichtlich	Absolute Differenz im 2. Hj. 1983 und 1. Hj. 1984					Absolute Differenz im gesamten Jahr 1986				
Erhöhung des Mehrwertsteuersatzes zum 1.7.1983 um 1 vH-Punkt DIW-Vierteljahresmodell 5)	-2,0	0,3	10	1,5	5,3	-7,9	1,1	100	7,1	3,6

* Die Simulationen mit den folgenden Modellen wurden auf einem Modellforum '83 der Gesellschaft für Mathematik und Datenverarbeitung vorgestellt und sind in einem Tagungsband veröffentlicht. Vgl. H. G. Langer, J. Martiensen, H. Quinke (Hrsg.): Simulationsexperimente mit ökonometrischen Makromodellen. Bericht Nr. 146 der GMD, München, Wien 1984.

1) Die Preisbasis des Modells war 1970 = 100; die Werte für das reale Bruttosozialprodukt und die Verbraucherpreise wurden auf die Preisbasis 1976 = 100 umgerechnet. - 2) Im Prinzip wurde eine Mehrwertsteueranhebung ohne Preisüberwälzung simuliert, da die Preisgleichungen keine MWSt-Variablen enthalten und auch keine speziellen Annahmen über eine Preisüberwälzung getroffen wurden. - 3) Als Ergebnis wurden nur prozentuale Abweichungen der simulierten Lösung von der historischen Entwicklung ausgewiesen. Mit Hilfe der VGR wurden diese in absolute Differenzen umgerechnet. - 4) Das arithmetische Mittel wird nur hilfsweise angegeben, damit der Leser sich schneller ein Bild von der Struktur und der Varianz der Modellergebnisse machen kann. - 5) Bei den Werten handelt es sich um die im vorausgegangenen Abschnitt analysierten und mit einer auf aktueller Datenbasis neugeschätzten modifizierten Modellversion erzeugten Ergebnisse.

2.4 Vergleich mit den Ergebnissen des DIW-Modells zur Einkommens- und Verbrauchsschichtung

Die Berechnungen auf der Basis der Einkommens- und Verbrauchsschichtung haben unter der Annahme der formalen Inzidenz ergeben, daß Haushalte mit mittleren Einkommen von der Mehrwertsteuererhöhung im Jahre 1983 geringfügig stärker getroffen wurden als Haushalte im unteren und oberen Einkommensbereich. Faßt man die sieben sozialen Gruppen - wie im Konjunkturmodell geschehen - in die Haushalte der Selbständigen und in die übrigen Haushalte zusammen, so zeigt sich eine annähernd proportionale Belastung der verfügbaren Einkommen durch die höhere Mehrwertsteuer.

Die Ergebnisse des ökonometrischen Modells zeigen - nach dem Konzept der effektiven Inzidenz - ebenfalls nahezu proportionale Verteilungseffekte, d.h. die verfügbaren Einkommen der Selbständigen-Haushalte haben sich im Vergleich zu den übrigen Haushalten relativ gleich verringert.

Die Mehrwertsteuererhöhung im Jahre 1983 führte über die gesamtwirtschaftlichen Zusammenhänge im Endergebnis in nominaler Rechnung zu einem niedrigeren verfügbaren Einkommen aller privater Haushalte. Gleichzeitig stieg deren Belastung mit höherer Mehrwertsteuer. Real betrachtet sind die verfügbaren Einkommen wegen der steuerinduzierten Preissteigerungen noch stärker zurückgegangen. Davon waren die Selbständigen- und die übrigen Haushalte relativ gleich betroffen.

H Ökonometrische Simulationen unter abweichenden wirtschaftspolitischen Rahmenbedingungen

1. Verwendung des Mehraufkommens aus der Mehrwertsteuererhöhung 1983 zur Finanzierung zusätzlicher öffentlicher Investitionen

1.1 Annahmen

Die folgenden Rechnungen haben - wie schon bei der Basissimulation dargestellt - rein hypothetischen Charakter und sind keine Beschreibung der gesamtwirtschaftlichen Situation in den Jahren 1983 bis 1986. Mit ihnen kann gezeigt werden, daß der Staat mit einer anderen Finanzpolitik die wirtschaftliche Entwicklung hätte positiv beeinflussen können. Dazu wäre es notwendig gewesen, daß die Einnahmen aus der Mehrwertsteueranhebung nicht zur Haushaltskonsolidierung, sondern zur Konjunkturunterstützung verwendet worden wären. In dieser Simulation wurden ausschließlich die öffentlichen Bauinvestitionen als Bereich zusätzlicher Staatsausgaben ausgewählt, obwohl auch andere Ausgaben denkbar gewesen wären. Dies läßt sich mit dem in den Jahren 1981 bis 1985 stattgefundenen Einbruch in den öffentlichen Investitionen begründen. Anstatt seine Investitionsausgaben konjunkturanregend oder wenigstens konjunkturneutral zu fahren, setzte der Staat in diesem Ausgabenbereich den Rotstift zur Haushaltskonsolidierung an.

In den folgenden Simulationen werden, mit der Erhöhung der Mehrwertsteuer zum 1.7.1983, die öffentlichen Investitionen in ihrem Niveau so angehoben, daß sich gegenüber der Basissimulation das öffentliche Defizit nicht verändert. Geld- und Lohnpolitik bleiben im Vergleich zur Basissimulation zunächst unverändert; erst in einer weiteren Simulation wird auch hier modifiziert. Durch das schrittweise Vorgehen lassen sich die Einflüsse der Finanz-, Geld- und Lohnpolitik besser voneinander trennen. Auf diese Weise sind zugleich sinnvolle Größenordnungen für geld- und lohnpolitische Varianten besser abzugreifen. Dagegen wird in dieser Simulation von einer kurzfristig vollen Überwälzung der Mehrwertsteuererhöhung ausgegangen. Als Grund für diese Änderung ist der wahrscheinlich starke expansive Effekt zu nennen, der von einer Kombination aus Mehrwertsteueranhebung und gleichzeitiger Erhöhung der öffentlichen Investitionen ausgeht und der den Spielraum für die Überwälzung der Mehrwertsteueranhebung in den Preisen erheblich vergrößert.

1.2 Ergebnisse

Die Darstellung der gesamtwirtschaftlichen Wirkungen im Falle einer Mehrwertsteuererhöhung bei gleichzeitiger Ausweitung der Investitionsausgaben orientiert sich an der

Vorgehensweise im vorangegangenen Kapitel. Die Wirkungsabläufe sind - im Vergleich zur Basissimulation - allerdings noch komplexer geworden, da sich zwei wirtschaftspolitische Impulse überlagern. Zuerst sollen die Auswirkungen auf die Verwendungsseite des Sozialprodukts untersucht werden.

In der Tabelle 48 werden die gegenüber der Basissimulation absoluten Differenzen in der Verwendung des Sozialprodukts ausgewiesen. Das Bruttosozialprodukt erhöht sich schon nach einem halben Jahr um rund 20 Mrd. DM und stabilisiert sich dann in den Folgejahren auf diesem neuen Niveau. Ungefähr die Hälfte der Mehrproduktion ist direkt den öffentlichen Bauinvestitionen zuzurechnen. Diese erhöhen sich sogar stärker, als - rein rechnerisch - die Mehreinnahmen aus der Mehrwertsteuererhöhung betragen. Dies kann damit erklärt werden, daß bei dem vorgegebenen unveränderten Staatsdefizit nicht nur die Mehreinnahmen aus der Mehrwertsteuer, sondern auch induzierte konjunkturelle Mehreinnahmen des Staates für mehr öffentliche Investitionen verfügbar werden.

Tabelle 48

Verwendung des Mehraufkommens aus der Mehrwertsteuererhöhung 1983 zur Finanzierung zusätzlicher öffentlicher Investitionen

Verwendung des nominalen Sozialprodukts
- Abweichungen gegenüber Basissimulation in Mrd. DM -

	1983	1984	1985	1986
Privater Verbrauch	1,47	2,58	6,04	5,71
Staatsverbrauch	0,67	1,58	2,02	2,34
Anlageinvestitionen	5,31	12,58	12,36	10,15
Ausrüstungen	0,22	1,40	0,33	-0,02
Bauten	5,09	11,18	12,04	10,18
Gewerbliche Bauten	0,09	0,48	0,82	0,63
Wohnbauten	0,62	1,54	0,91	0,71
Bauten des Staates	4,38	9,17	10,32	8,85
Vorratsveränderungen	0,56	0,97	0,41	-0,75
Außenbeitrag	0,07	0,16	-0,15	1,57
Exporte	-0,28	-0,70	-0,73	-0,24
Importe	-0,35	-0,86	-0,58	-1,80
Bruttosozialprodukt	8,09	17,85	20,67	19,02

Der private Verbrauch steigt ausschließlich inflationsbedingt; in konstanten Preisen geht er sogar leicht zurück. Dagegen verbirgt sich hinter der nominalen Ausdehnung des Staatsverbrauchs und der Lagerinvestitionen auch eine reale Komponente. Der Außenbeitrag ändert sich in den ersten drei Jahren nach der Steuererhöhung fast nicht, da sich Exporte und Importe um nahezu den gleichen Betrag verringern. Während sich der Rückgang der Exporte durch den - bei gestiegener inländischer Kapazitätsauslastung - verringerten Exportdruck erklären läßt, wird die Importentwicklung von dem geringeren realen privaten Verbrauch bestimmt. Die Begründung für die höheren Preise beim privaten Verbrauch gilt auch für Importgüter, da diese ebenfalls der erhöhten Mehrwertsteuer unterliegen; die Mehrwertsteuererhöhung ist insofern wettbewerbsneutral.

Tabelle 49

Verwendung des Mehraufkommens aus der Mehrwertsteuererhöhung 1983 zur Finanzierung zusätzlicher öffentlicher Investitionen

Verwendung des Sozialprodukts
- Preise (1976 = 100) -
- Abweichungen gegenüber Basissimulation in vH-Punkten -

	1983	1984	1985	1986
Privater Verbrauch	0,48	1,05	1,14	1,19
Staatsverbrauch	0,27	0,53	0,53	0,53
Anlageinvestitionen	0,34	0,88	1,18	1,38
Ausrüstungen	-0,02	-0,09	-0,11	-0,01
Bauten	0,50	1,40	1,95	2,35
Gewerbliche Bauten	0,04	0,38	0,85	1,07
Wohnbauten	0,79	2,13	2,88	3,37
Bauten des Staates	0,77	2,25	3,15	3,64
Vorratsveränderungen	0,00	0,00	0,00	0,00
Exporte	-0,01	-0,05	-0,05	0,01
Importe	0,00	0,00	0,00	0,00
Bruttosozialprodukt	0,38	0,82	0,95	1,06

Die Tabelle 49 zeigt die Preisentwicklung in den Verwendungskomponenten des Sozial-produkts. Ins Auge fällt, daß die Baupreise erheblich stärker steigen, als es für eine volle Überwälzung der Mehrwertsteuer erforderlich wäre. Hier macht sich die Ausweitung der öffentlichen Bauinvestitionen bemerkbar, die auch auf die übrigen Baupreise ausstrahlt. Die Baupreise reagieren erfahrungsgemäß sehr stark auf Änderungen der Nachfrage und der Kapazitätsauslastung. Dagegen signalisiert der Preisanstieg beim privaten Verbrauch und beim Staatsverbrauch lediglich eine Vollüberwälzung der Mehrwertsteuer. Der Staats-verbrauch unterliegt dabei nur im Umfang der Sachkäufe einer Umsatzbesteuerung.

In realer Betrachung entspricht die Erhöhung des Bruttosozialprodukts nicht mehr dem doppelten Betrag der zusätzlichen staatlichen Bauten, sie ist nur noch etwa gleich hoch. Rückgänge im realen privaten Verbrauch werden weitgehend ausgeglichen durch eine Aufstockung der privaten Ausrüstungsinvestitionen und der Vorratsinvestitionen; Staats-verbrauch und Außenbeitrag steigen leicht. Die Mehrwertsteuererhöhung bewirkt damit bei gleichzeitiger Ausdehnung der öffentlichen Investitionen eine Änderung in der Verwendungsstruktur des Bruttosozialprodukts: Konsumausgaben werden bei gleichzeitig verstärktem Wirtschaftswachstum zugunsten von Investitionsausgaben zurückgedrängt. Allerdings schwächt sich dieser Wachstumsgewinn nach zweieinhalb Jahren erheblich ab.

Die Hälfte des nominalen Sozialproduktgewinns fließt in Form höherer indirekter Steuern an den Staat zurück. Von der Zunahme des Volkseinkommens profitieren in den ersten beiden Jahren aber die Unternehmereinkommen am stärksten. Die sofortige Überwälzung in den Preisen und die Erhöhung der öffentlichen Investitionen lassen die Unternehmer-gewinne zunächst kräftig steigen, während die Arbeitnehmer nur langsam über eine steigende Beschäftigung und zunehmende Lohndrift an dem höheren Sozialprodukt be-teiligt werden. Bis zum Jahr 1985 nimmt die Beschäftigung um 80 000 Personen zu und danach wieder leicht ab. Die Zunahme der nominalen Bruttoeinkommen aus unselbstän-diger Arbeit und der aus Unternehmertätigkeit und Vermögen täuscht allerdings über die dahinterstehende reale Entwicklung hinweg. Wegen der höheren Steuern und Sozialabgaben wird die entsprechende Nettoeinkommensentwicklung gebremst. Deflationiert mit dem Preisindex des privaten Verbrauchs stagnieren die "realen" Nettoeinkommen aus Unter-nehmertätigkeit und Vermögen, und die "realen" Nettoeinkommen aus unselbständiger Arbeit sinken sogar.

Auf der Ebene der privaten Haushalte zeigt sich die Diskrepanz zwischen der Erhöhung der verfügbaren Einkommen der Selbständigen und der der übrigen sozialen Gruppen noch deutlicher. Obwohl in der Simulation im vierten Jahr die übrigen Haushalte mit 4,2 Mrd. DM einen doppelt so hohen Einkommenszuwachs wie die Selbständigen haben, verbirgt sich

Tabelle 50

Verwendung des Mehraufkommens aus der Mehrwertsteuererhöhung 1983 zur Finanzierung zusätzlicher öffentlicher Investitionen

Verwendung des Sozialprodukts
- zu Preisen von 1976 -
- Abweichungen gegenüber Basissimulation in Mrd. DM -

	1983	1984	1985	1986
Privater Verbrauch	-1,49	-3,56	-1,58	-2,19
Staatsverbrauch	0,00	0,17	0,46	0,66
Anlageinvestitionen	3,23	7,43	6,60	4,37
Ausrüstungen	0,19	1,18	0,36	-0,01
Bauten	3,04	6,25	6,24	4,38
Gewerbliche Bauten	0,05	0,21	0,28	0,04
Wohnbauten	0,00	-0,04	-0,66	-0,97
Bauten des Staates	2,99	6,08	6,62	5,31
Vorratsveränderungen	0,55	0,94	0,40	-0,72
Außenbeitrag	0,08	0,26	0,03	1,01
Exporte	-0,18	-0,35	-0,36	-0,22
Importe	-0,25	-0,61	-0,40	-1,23
Bruttosozialprodukt	2,36	5,23	5,90	3,12

dahinter real ein Rückgang um 2,8 Mrd. DM. Das reale verfügbare Einkommen der Selbständigen steigt dagegen immerhin noch um 0,2 Mrd. DM. Die Ergebnisse für den realen privaten Verbrauch in den beiden Haushaltstypen spiegeln die unterschiedliche Entwicklung wider: Während es den Selbständigen gelingt, ihren realen Konsum zu halten, müssen die übrigen Haushalte einen Rückgang hinnehmen; und das, obwohl sich die Beschäftigungssituation verbessert hat.

Ursache für die nur geringe Zunahme der verfügbaren Einkommen der übrigen Haushalte sind die nahezu konstanten Nettotransfereinkommen der privaten Haushalte und das Zurückbleiben der Nettolohn- und -gehaltsumme hinter den verteilten Gewinnen.

Als nächstes sollen die Wirkungen auf die Einnahmen und Ausgaben des Staates betrachtet werden. Annahmegemäß darf sich der öffentliche Finanzierungssaldo nicht ändern; bei den Mehreinnahmen dominieren die indirekten Steuern. Wegen der Preiseffekte und der insgesamt expansiveren gesamtwirtschaftlichen Entwicklung erhöht sich die Bemessungsgrundlage der Mehrwertsteuer, so daß die Mehrwertsteuereinnahmen stärker steigen, als sich rein rechnerisch aus einer Änderung der Sätze ergibt. Die direkten Steuern und die Sozialversicherungsbeiträge nehmen - mit vergleichsweise bescheidenen Beträgen - zu. Auf der Ausgabenseite steigen nicht nur die Investitionen, sondern auch der Staatsverbrauch und die geleisteten laufenden Übertragungen. Die Zunahme des Staatsverbrauchs ist fast ausschließlich auf Preiseffekte zurückzuführen, während sich die laufenden Übertragungen an die gestiegene Lohnsumme anpassen. Die Zinsausgaben des Staates erhöhen sich in dieser Simulation, die ein unverändertes Finanzierungsdefizit des Staates unterstellt, nur wenig. Die Zunahme, 320 Mill. DM im Jahr 1986, ist ausschließlich eine Folge der leicht gestiegenen Kapitalmarktzinsen.

Tabelle 51

Verwendung des Mehraufkommens aus der Mehrwertsteuererhöhung 1983 zur Finanzierung zusätzlicher öffentlicher Investitionen

Einkommensentstehung und funktionale -verteilung
- Abweichungen gegenüber Basissimulation in Mrd. DM -

	1983	1984	1985	1986
Bruttoeinkommen aus Arbeitnehmertätigkeit	0,86	3,34	5,25	4,55
Bruttolohn- u. -gehaltsumme	0,70	2,71	4,26	3,68
Nettolohn- u. -gehaltsumme	0,45	1,81	2,86	2,48
Tariflöhne (1976=100)	0,00	0,00	0,00	0,00
Bruttoeinkommen aus Unternehmertätigkeit und Vermögen	2,59	5,07	4,58	3,06
Nettoeinkommen aus Unternehmertätigk. u. Vermögen	2,59	4,94	4,06	2,48
Volkseinkommen	3,44	8,42	9,85	7,62
Abschreibungen	0,33	1,04	1,68	2,24
Ind. Steuern ./. Subventionen	4,32	8,39	9,14	9,15
Bruttosozialprodukt	8,09	17,85	20,67	19,02

Tabelle 52

Verwendung des Mehraufkommens aus der Mehrwertsteuererhöhung 1983 zur Finanzierung
zusätzlicher öffentlicher Investitionen

Einkommensverteilung nach Haushaltstypen
und Quervertellung der Einkommen
- Abweichungen gegenüber Basissimulation in Mrd. DM -

	1983	1984	1985	1986
Verfügbares Einkommen, insg.	0,90	4,53	7,72	6,30
Nettolohn- u. -gehaltsumme	0,45	1,81	2,86	2,48
Verteilte Gewinne	0,49	2,88	4,74	3,27
Transfereinkommen	0,00	0,07	0,32	0,72
Zinsen auf Kons.-schulden	0,05	0,23	0,20	0,17
Verfügbares Einkommen der Selbständigen-Haushalte	0,32	1,84	3,03	2,09
Nettolöhne und -gehälter	0,01	0,04	0,07	0,06
Verteilte Gewinne	0,32	1,84	3,04	2,10
Transfereinkommen	0,00	-0,00	-0,00	-0,00
Zinsen auf Kons.-schulden	0,01	0,05	0,07	0,06
Verfügbares Einkommen der übrigen Haushalte	0,58	2,69	4,68	4,21
Nettolöhne und -gehälter	0,44	1,77	2,79	2,42
Verteilte Gewinne	0,18	1,04	1,71	1,18
Transfereinkommen	0,00	0,07	0,32	0,72
Zinsen auf Kons.-schulden	0,04	0,18	0,13	0,11
Nachrichtlich:				
Privater Verbrauch (in Preisen von 1976)				
Selbständigen-Haushalte	-0,18	-0,04	0,68	0,31
Übrige Haushalte	-1,31	-3,52	-2,26	-2,50

Tabelle 53

Verwendung des Mehraufkommens aus der Mehrwertsteuererhöhung 1983 zur Finanzierung zusätzlicher öffentlicher Investitionen

Einnahmen und Ausgaben des Staates
- Abweichungen gegenüber Basissimulation in Mrd. DM -

	1983	1984	1985	1986
Einnahmen	5,38	11,95	14,17	13,66
Steuern	4,75	10,04	11,64	11,64
Direkte Steuern	0,14	0,63	1,30	1,24
der Arbeitnehmer	0,14	0,50	0,77	0,66
der Arbeitgeber	0,00	0,13	0,52	0,58
Indirekte Steuern	4,60	9,39	10,31	10,37
Mehrwertsteuer	4,44	8,93	9,40	9,59
Sonst. ind. Steuern	0,16	0,46	0,91	0,78
Sozialversicherungsbeiträge	0,28	1,07	1,70	1,47
der Arbeitnehmer	0,10	0,39	0,63	0,54
der Arbeitgeber	0,16	0,63	1,00	0,87
Bruttoeinkommen aus Unternehmertätigkeit und Vermögen	0,22	0,56	0,51	0,25
Empf. lfd.sonst. Übertragung.	0,13	0,29	0,33	0,30
Empf. Vermögensübertragungen	-0,00	-0,00	-0,00	-0,00
Ausgaben	5,38	11,95	14,17	13,66
Staatsverbrauch	0,67	1,58	2,02	2,34
Zinsausgaben des Staates	0,00	0,03	0,18	0,32
Geleistete lfd. Übertragungen	0,28	1,09	1,58	2,14
Geleistete Vermögensübertr.	0,08	0,20	0,26	0,26
Nettoinvestitionen	4,34	9,04	10,12	8,59
Finanzierungssaldo	0,00	0,00	0,00	0,00

Tabelle 54

Verwendung des Mehraufkommens aus der Mehrwertsteuererhöhung 1983 zur Finanzierung zusätzlicher öffentlicher Investitionen

Monetärer Sektor
- Abweichungen gegenüber Basissimulation -

	1983	1984	1985	1986
ZB-Geldangebot (Mrd. DM)	0,00	0,00	0,00	0,00
Bargeldumlauf (Mrd. DM)	0,01	-0,16	-0,17	-0,16
Mindestreserven (Mrd. DM)	0,05	0,11	0,05	0,16
Freie Liquiditätsres. (Mrd. DM)	-0,06	0,05	0,06	0,06
Diskontsatz in %	0,12	0,33	0,10	0,03
Geldmarktzins in %	0,14	0,24	0,02	-0,05
Kapitalmarktzins in %	0,13	0,36	0,26	-0,03

Daß die Kapitalmarktzinsen in den ersten drei Jahren nach der Mehrwertsteuererhöhung steigen, wird sowohl von der Geldmarktseite als auch von der Kapitalangebots- und -nachfrageseite ausgelöst. Höhere Inflationsraten und eine höhere Kapitalnachfrage, bedingt durch ein vergrößertes volkswirtschaftliches Transaktionsvolumen, sowie höhere Geldmarktzinsen wirken auf dem Kapitalmarkt zinssteigernd.

Auf dem Geldmarkt machen sich die höheren Refinanzierungskosten bemerkbar: Die Bundesbank erhöht ihren Diskontsatz als Reaktion auf die höhere Inflationsrate, ohne ihr Zentralbankgeldangebot zu ändern. Auch die Nachfrage nach Zentralbankgeld bleibt etwa unverändert, da die Privaten bei höheren Zinsen ihren Bargeldumlauf einschränken und damit die höheren Mindestreserven ausgleichen.

1.3 Vergleich mit einer Untersuchung des Instituts für Angewandte Wirtschaftsforschung (IAW) in Tübingen

Das Institut für Angewandte Wirtschaftsforschung (IAW) in Tübingen beschäftigte sich in einem Gutachten im Auftrag des Bundesministers für Wirtschaft mit den Belastungswirkungen der Umsatzsteuer (vgl. Kitterer 1981). Unter anderem werden dort auch ökonometrische Simulationsanalysen von Umsatzsteuererhöhungen in der Bundesrepublik Deutschland beschrieben. Diese Untersuchungen wurden Bestandteil einer gesonderten Veröffentlichung des IAW (vgl. Fronia 1982).

Es wurden zwei Varianten einer Mehrwertsteueranhebung mit dem F & T-Modell (vgl. Lüdeke u.a. 1981) analysiert, bei denen die Mehreinnahmen einer unterstellten Satzanhebung um einen Prozentpunkt zum 1.7.1973 entweder vollständig für zusätzlichen Staatsverbrauch oder zur Senkung der direkten Steuern eingesetzt wurden. In der folgenden Tabelle sind die Ergebnisse der Simulation I (Verwendung der Mehreinnahmen für öffentlichen Verbrauch) enthalten, die sich für einen Vergleich mit den Ergebnissen der gerade analysierten Simulation mit der DIW-Version des Modells der Institute (Verwendung der gesamten Mehreinnahmen des Staates für öffentliche Investitionen) eignen. Dabei ist zuerst auf Besonderheiten hinzuweisen, die den direkten Vergleich der Modellergebnisse einschränken.

Erstens unterscheiden sich die Modelle sowohl in der Anzahl als auch in der Spezifikation der Verhaltensgleichungen. Zweitens setzen die Simulationen des IAW zehn Jahre früher, nämlich im dritten Quartal 1973, ein und verwenden eine andere Datenbasis und einen anderen Schätzzeitraum (1968 bis 1978) als in der hier vorgelegten Untersuchung. Dieser Schätzzeitraum ist wesentlich geprägt von den hohen Wachstumsraten, die bis Ende der siebziger Jahre erreicht wurden. Drittens werden die Preiseffekte der Mehrwertsteuererhöhung direkt in einer Preisgleichung für den privaten Verbrauch erfaßt und geschätzt. Sie weist in bezug auf eine Mehrwertsteuererhöhung um einen vH-Punkt eine durchschnittliche Elastizität von 2,8 beim Preisindex für den privaten Verbrauch aus. In der DIW-Version des Modells der Institute wurde den Koeffizienten, die mehr als Vollüberwälzung anzeigten, indes nur wenig Vertrauen geschenkt, der Grad der Preisüberwälzung wurde deswegen exogen gesetzt. Wegen der günstigeren gesamtwirtschaftlichen Situation stellten sich zudem noch induzierte Preiseffekte ein, so daß sich im DIW-Modell eine durchschnittliche Preiselastizität des privaten Verbrauchs von 1,2 ergab. Viertens werden in der IAW-Untersuchung der öffentliche Verbrauch und nicht die öffentlichen Investitionen im Umfang der Mehreinnahmen erhöht.

In der Tabelle 55 sind die Ergebnisse der beiden Modelle einander gegenübergestellt. Die Ausdehnung des öffentlichen Verbrauchs bzw. der öffentlichen Investitionen und die Wirkungen auf das Bruttosozialprodukt sind in nominaler Rechnung in beiden Modellen fast identisch; der Multiplikator beträgt jeweils 2. Der reale Multiplikator, definiert als Veränderung des realen Bruttosozialprodukts bezogen auf die Veränderung des realen öffentlichen Verbrauchs bzw. der realen öffentlichen Investitionen, liegt in beiden Modellen bei etwa 0,75. Bei etwa gleich starken Wirkungen auf das nominale Bruttosozialprodukt muß man berücksichtigen, daß der Effekt vor zehn Jahren in realer Betrachtung etwa 40 vH höher war. Die etwas stärkeren Beschäftigungseffekte in den Simulationen des F&T-Modells sind insoweit voll kompatibel mit den größeren Wirkungen auf das reale Bruttosozialprodukt. Der Unterschied in den Ergebnissen beider Modelle liegt in den Preiswirkungen einer Mehrwertsteuererhöhung. Der Preisindex des privaten Verbrauchs erhöht sich im F&T-Modell dreimal so stark wie in der DIW-Modellversion. Aus dem vorliegenden Ergebnis muß geschlossen werden, daß andere Preisindices auf der Verwendungsseite des Sozialprodukts im F&T-Modell kaum oder überhaupt nicht von Mehrwertsteuererhöhungen beeinflußt werden, denn in der DIW-Modellversion stellen sich auch in anderen Preisindices, insbesondere bei den Baupreisen, nennenswerte Preiseffekte ein.

Tabelle 55

**Gesamtwirtschaftliche Wirkungen einer Mehrwertsteuererhöhung
bei gleichzeitiger Ausdehnung des öffentlichen Verbrauchs
bzw. der öffentlichen Investitionen**

- Ausgewählte kumulierte Wirkungen von Simulationen mit dem F&T-Modell für den Zeitraum vom 3. Quartal 1973 bis zum 4. Quartal 1976 und mit der DIW-Version des Konjunkturmodells der Institute für den Zeitraum vom 3. Quartal 1983 bis zum 4. Quartal 1986 -

Variable	F&T-Modell	DIW-Modell-version
Finanzpolitische Instrumentvariable		
Öffentlicher Verbrauch, Mrd. DM	31,5	-
Öffentliche Anlageinvestitionen, Mrd. DM	-	32,7
Gesamtwirtschaftliche Wirkungen		
Preisindex privater Verbrauch[1,2] 1976 = 100, in vH	2,4	0,8
Bruttosozialprodukt, Mrd. DM[2] zu Preisen von 1976	25,6	16,6
Bruttosozialprodukt, Mrd. DM	61,4	65,6
Arbeitslose[1]	-80 000	-60 000

1) Durchschnitt von 3 1/2 Jahren.
2) Umrechnungen auf Preisbasis 1976 = 100 für das F&T-Modell.

Quelle: für die Simulation mit dem F&T-Modell:
    Fronia, J.: Auswirkungen von Umsatzsteuererhöhungen auf Preise, Produktion und Beschäftigung. In: Aktuelle Probleme der Wirtschaftspolitik, Tübingen 1982.

2. Verwendung des Mehraufkommens aus der Mehrwertsteuererhöhung 1983 zur Finanzierung zusätzlicher öffentlicher Investitionen bei tarif- und geldpolitischen Korrekturen

2.1 Annahmen

Die im letzten Abschnitt analysierte Mehrwertsteueranhebung bei gleichzeitiger Ausdehnung der öffentlichen Investitionen brachte zwar einen Wachstumsschub, doch verflachte dieser im vierten Jahr des Untersuchungszeitraumes. Aus verteilungspolitischer Sicht zeigten die Ergebnisse, daß sich die Verteilungsposition der Arbeitnehmer und Transfereinkommensbezieher nicht nur relativ, sondern auch, zu konstanten Preisen gerechnet, absolut verschlechterte. Dies trug mit bei zu dem Abflachen des Wachstumsimpulses, da die Konsumnachfrage weiter zurückging. Entscheidend war allerdings, daß die Tariflöhne als unverändert angenommen wurden. Diese Annahme soll in dieser Simulation nun aufgegeben werden. Es ist indes schwer abzuschätzen, wie sich in der Realität die Tariflöhne an die geänderte gesamtwirtschaftliche Situation angepaßt hätten. Im folgenden wird angenommen, daß die Tariflöhne im Umfang der gestiegenen Inflationsrate zusätzlich erhöht werden, wobei die Anpassung der Tariflöhne an die höhere Inflationsrate sich um ein Quartal verzögert vollzieht. Diese Annahme unterstellt, daß es den Tarifvertragsparteien relativ gut gelingt, die Inflationsrate zu prognostizieren, denn nur dann ist eine Antizipation in den Lohnabschlüssen möglich. Der Einfluß, der von der Lohnhöhe selbst auf die Inflationsrate ausgeht, muß ebenfalls berücksichtigt werden. Bei dieser Annahme können die Arbeitnehmer ihre relative Verteilungsposition gegenüber den Selbständigen allerdings dann nicht halten, wenn zusätzliche Produktivitätsgewinne erzielt werden, da diese dann annahmegemäß nur den Unternehmen zugute kommen.

Die Änderung der tarifpolitischen Vorgabe zieht auch eine Änderung der geldpolitischen Vorgabe nach sich. In den beiden bisher durchgeführten Simulationen ergab sich keine Verknappung der freien Liquiditätsreserven der Geschäftsbanken. Insoweit bestand keine Notwendigkeit zu einer Ausdehnung der Geldversorgung der Wirtschaft. Dies ist aber jetzt anders. Höhere Nominallöhne bewirken weitere Preissteigerungen und eine Ausdehnung der privaten Verbrauchsausgaben. Eine Zunahme des Bargeldumlaufs ist damit angelegt; das induzierte höhere Wachstum wird auch die Mindestreserven erhöhen. Sollen dadurch keine zinssteigernden Effekte ausgelöst werden, ist eine entsprechende Aufstockung des Zentralbankgeldangebots notwendig. Die freien Liquiditätsreserven der Geschäftsbanken blieben dann unverändert; Zinseffekte würden sich nur aufgrund der Zinspolitik der Bundesbank und der veränderten gesamtwirtschaftlichen Entwicklung einstellen. Als weitere Annahme wird daher die Konstanz der freien Liquiditätsreserven bzw. die dafür notwendige Ausdehnung des Zentralbankgeldangebotes in die Rechnung eingeführt.

Diese verschiedenen Änderungen der wirtschaftspolitischen Rahmenbedingungen lassen sich nur in einer hypothetischen Modellrechnung in exakten Annahmen ausdrücken. In der Realität ist eine derartige Feinsteuerung durch die Vielzahl wirtschaftspolitischer Entscheidungsträger auf dieser globalen Ebene absolut unmöglich. Der Vorteil dieser rein hypothetischen Modellrechnungen liegt darin, daß aufgezeigt werden kann, wo wirtschaftspolitischer Handlungsbedarf liegen könnte und wie mögliche Maßnahmen dimensioniert sein müßten. Die hier angenommenen wirtschaftspolitischen Rahmenbedingungen wurden bewußt so gesetzt, daß sich möglichst ein Maximum an expansiven gesamtwirtschaftlichen Effekten als Folge einer Mehrwertsteuererhöhung einstellen sollten. Dabei wurde auf einen Beitrag der Mehrwertsteueranhebung zur Haushaltskonsolidierung verzichtet.

2.2   Ergebnisse

Die Analyse folgt der Vorgehensweise wie sie in den bisher diskutierten Simulationen vorgenommen wurde. Zuerst wird die Verwendungsseite des Sozialprodukts betrachtet. Ins Auge fällt, daß der reale private Verbrauch nicht mehr von Jahr zu Jahr weiter zurückgeht, sondern nach einem anfänglichen Nachgeben sogar expandiert. Die Anpassung der Tariflöhne an die induzierten Preiseffekte zeigt damit die erwartete Wirkung. Mit Abstand am stärksten ist die Zunahme in den Verwendungskomponenten bei den öffentlichen Bauinvestitionen, die entsprechend der Annahme um den gesamten Differenzbetrag zwischen induzierten Einnahme- und Ausgabeänderungen des Staates angehoben werden. Diese Annahme läßt sich bei Bedarf so modifizieren, daß ein Teil der induzierten Mehreinnahmen nicht für öffentliche Investitionen, sondern für Transferzahlungen an die privaten Haushalte verwendet wird, da die Transferempfänger bisher keinen Inflationsausgleich zugebilligt erhielten. Mit einer solchen Modifikation würden die Ergebnisse nur insoweit verändert, als die gesamtwirtschaftlichen Wirkungen etwas geringer ausfallen würden und eine Strukturverschiebung von den Investitionen zum Konsum stattfände.

Der reale Außenbeitrag geht in dieser Simulation zurück. Dies ist sowohl auf eine durch den höheren Konsum ausgelöste Importsteigerung als auch auf niedrigere Exporte zurückzuführen. Das reale Bruttosozialprodukt steigt um maximal 13,4 Mrd. DM im Jahr 1985 - dies entspricht etwa einer Steigerung um 1 vH - und verharrt dann auf diesem Niveau. Das in der vorhergehenden Simulation beobachtete Abflachen des Wachstumsimpulses kann durch die Erhöhung der Tariflöhne und der damit verbundenen Konsumanregung verhindert werden.

Tabelle 56

**Verwendung des Mehraufkommens aus der Mehrwertsteuererhöhung 1983 zur Finanzierung
zusätzlicher öffentlicher Investitionen
bei tarif- und geldpolitischen Korrekturen**

Verwendung des Sozialprodukts
- zu Preisen von 1976 -
- Abweichungen gegenüber Basissimulation in Mrd. DM -

	1983	1984	1985	1986
Privater Verbrauch	-1,18	-0,63	3,36	4,59
Staatsverbrauch	0,00	0,21	0,82	1,38
Anlageinvestitionen	3,55	10,19	11,34	9,68
Ausrüstungen	0,25	1,80	1,47	1,34
Bauten	3,29	8,40	9,88	8,35
Gewerbliche Bauten	0,07	0,36	0,55	0,39
Wohnbauten	0,00	-0,03	-0,71	-1,19
Bauten des Staates	3,23	8,06	10,03	9,15
Vorratsveränderungen	0,65	2,07	1,35	-0,13
Außenbeitrag	-0,11	-1,88	-3,45	-3,35
Exporte	-0,24	-1,06	-1,61	-1,83
Importe	-0,13	0,82	1,85	1,52
Bruttosozialprodukt	2,90	9,95	13,41	12,16

Mit der erheblich stärkeren gesamtwirtschaftlichen Expansion werden zwangsläufig Preiseffekte hervorgerufen, die über die reine Überwälzung der Mehrwertsteuer hinausgehen.
Die höheren Tariflöhne wirken in dem Umfang preistreibend, wie sie die Produktivitätsgewinne übersteigen. Auch Bereiche, die nicht der Mehrwertsteuer unterliegen, wie die
privaten Ausrüstungsinvestitionen, weisen jetzt merkliche Preissteigerungen auf. Das
Preisniveau des Bruttosozialprodukts erhöht sich um bis zu einem Prozentpunkt.

In nominaler Rechnung beträgt die Zunahme des Bruttosozialprodukts im vierten Jahr der
Analyse über 40 Mrd. DM, die sich, bei einem geringfügigen Rückgang des Außenbeitrages

und einer Steigerung des Staatsverbrauchs, vor allem auf den privaten Verbrauch und die Anlageinvestitionen verteilen.

Im Unterschied zur vorausgegangenen Simulation fällt der weitaus größere Teil der Zunahme des Volkseinkommens den Arbeitnehmern zu. Dahinter steht neben der Anhebung des Tariflohnniveaus auch eine Beschäftigungssteigerung um bis zu 220 000 Personen; die durchschnittliche Zunahme im Untersuchungszeitraum beträgt 125 000 Personen. Trotz der Berücksichtigung von Produktivitätseffekten steigt die Kapazitätsauslastung um knapp einen Prozentpunkt.

Bei der Einkommensverteilung nach Haushaltstypen fällt auf, daß die verteilten Gewinne im dritten und vierten Jahr des Untersuchungszeitraums stärker steigen als die Netto-einkommen aus Unternehmertätigkeit und Vermögen. Im Modell wird hier für das Verhalten der Selbständigen unterstellt, daß diese Gruppe sich bei der Gewinnausschüttung auch an der Entwicklung der Nettolöhne und -gehälter orientiert, um in der relativen Verteilungsposition auf Haushaltsebene einen relativen Vorteil in der Verteilungsrelation zu halten. In dieser Simulation verbessern die beiden Gruppen auch in realer Betrachtung ihre Einkommenssituation geringfügig.

Als nächstes wird das Staatskonto analysiert, in dem als Folge der Mehrwertsteuer-erhöhung die hohen Einnahmenzuwächse von jährlich bis zu 25 Mrd. DM auffallen. Etwa die Hälfte hiervon resultiert aus Mehreinnahmen bei den indirekten Steuern. Die Aus-dehnung der Bemessungsgrundlage der Mehrwertsteuer aufgrund von Mengen- und Preis-steigerungen führt zu einem Steuermehraufkommen, das weit über dem - rein rechne-rischen - Effekt einer Erhöhung des Mehrwertsteuersatzes liegt.

Für den monetären Sektor wurde, im Unterschied zu den früheren Simulationsrechnungen, das Zentralbankgeldangebot nicht konstant gehalten, sondern soweit ausgedehnt, daß es aufgrund der expansiven Effekte der Finanzpolitik zu keiner Verknappung der freien Liquiditätsreserven der Geschäftsbanken kommt. Der Geldmarktzins wird dabei fast nur noch durch die Zinspolitik, in diesem Fall durch Veränderungen des Diskontsatzes, beeinflußt. Bei einer solchen, eigentlich in sich widersprüchlichen Geldpolitik (Ausdehnung des Zentralbankgeldangebots und Erhöhung des Diskontsatzes) gelingt es, den Anstieg der Kapitalmarktzinsen in Grenzen zu halten. Die Kapitalmarktzinsen steigen um höchstens einen halben Prozentpunkt und reagieren damit nur unwesentlich stärker als in der vorangegangenen Simulation mit geringeren gesamtwirtschaftlichen und Preiseffekten. Eine auch nur leicht korrigierte Geldmengenpolitik kann durchaus zu einer Abschwächung der Zinseffekte führen.

**Verwendung des Mehraufkommens aus der Mehrwertsteuererhöhung 1983 zur Finanzierung
zusätzlicher öffentlicher Investitionen
bei tarif- und geldpolitischen Korrekturen**

Verwendung des Sozialprodukts
- Preise (1976 = 100) -
- Abweichungen gegenüber Basissimulation in vH-Punkten -

	1983	1984	1985	1986
Privater Verbrauch	0,48	1,11	1,43	1,70
Staatsverbrauch	0,49	1,42	1,68	1,95
Anlageinvestitionen	0,32	1,02	1,73	2,51
Ausrüstungen	-0,00	0,17	0,47	0,87
Bauten	0,46	1,43	2,51	3,79
Gewerbliche Bauten	0,04	0,62	1,84	2,94
Wohnbauten	0,80	2,41	3,98	5,46
Bauten des Staates	0,77	2,54	4,32	5,82
Vorratsveränderungen	0,00	0,00	0,00	0,00
Exporte	-0,00	0,12	0,27	0,48
Importe	0,00	0,00	0,00	0,00
Bruttosozialprodukt	0,42	1,09	1,51	1,98

Tabelle 58

Verwendung des Mehraufkommens aus der Mehrwertsteuererhöhung zur Finanzierung zusätzlicher öffentlicher Investitionen bei tarif- und geldpolitischen Korrekturen

Verwendung des Sozialprodukts

- Abweichungen gegenüber Basissimulation in Mrd. DM -

	1983	1984	1985	1986
Privater Verbrauch	1,89	6,98	14,89	19,01
Staatsverbrauch	1,25	3,89	5,45	7,04
Anlageinvestitionen	5,64	16,45	19,81	19,92
Ausrüstungen	0,32	2,51	2,49	2,89
Bauten	5,33	13,94	17,34	17,03
Gewerbliche Bauten	0,11	0,80	1,65	2,06
Wohnbauten	0,61	1,76	1,60	1,82
Bauten des Staates	4,61	11,39	14,10	13,16
Vorratsveränderungen	0,67	2,14	1,40	-0,13
Außenbeitrag	-0,14	-2,04	-3,54	-2,32
Exporte	-0,32	-0,86	-0,83	-0,09
Importe	-0,18	1,18	2,71	2,23
Bruttosozialprodukt	9,30	27,40	37,99	43,49

Tabelle 59

**Verwendung des Mehraufkommens aus der Mehrwertsteuererhöhung 1983 zur Finanzierung
zusätzlicher öffentlicher Investitionen
bei tarif- und geldpolitischen Korrekturen**

Einkommensentstehung und funktionale -verteilung
- Abweichungen gegenüber Basissimulation in Mrd. DM -

	1983	1984	1985	1986
Bruttoeinkommen aus Arbeitnehmertätigkeit	2,34	11,12	17,77	21,42
Bruttolohn- u. -gehaltsumme	1,89	9,03	14,40	17,34
Nettolohn- u. -gehaltsumme	1,19	5,91	9,46	11,38
Tariflöhne (1976-100)	0,25	1,14	1,47	1,82
Bruttoeinkommen aus Unternehmertätigkeit und Vermögen	2,30	6,03	7,13	6,71
Nettoeinkommen aus Unternehmertätigk. u. Vermögen	2,30	5,87	6,45	5,91
Volkseinkommen	4,65	17,16	24,93	28,15
Abschreibungen	0,32	1,33	2,75	4,42
Ind. Steuern ./. Subventionen	4,34	8,92	10,32	10,93
Bruttosozialprodukt	9,30	27,40	37,99	43,49

Tabelle 60

Verwendung des Mehraufkommens aus der Mehrwertsteuererhöhung 1983 zur Finanzierung
zusätzlicher öffentlicher Investitionen
bei tarif- und geldpolitischen Korrekturen

Einkommensverteilung nach Haushaltstypen
und Querverteilung der Einkommen
- Abweichungen gegenüber Basissimulation in Mrd. DM -

	1983	1984	1985	1986
Verfügbares Einkommen, insg.	1,68	10,34	18,00	21,64
Nettolohn- u. -gehaltsumme	1,19	5,91	9,46	11,38
Verteilte Gewinne	0,54	4,34	8,11	8,66
Transfereinkommen	-0,00	0,20	0,90	2,23
Zinsen auf Kons.-schulden	0,05	0,30	0,46	0,62
Verfügbares Einkommen der Selbständigen-Haushalte	0,37	2,86	5,30	5,66
Nettolöhne und -gehälter	0,03	0,14	0,22	0,27
Verteilte Gewinne	0,35	2,78	5,19	5,54
Transfereinkommen	0,00	-0,00	-0,00	-0,01
Zinsen auf Kons.-schulden	0,01	0,06	0,11	0,15
Verfügbares Einkommen der übrigen Haushalte	1,32	7,29	12,70	15,98
Nettolöhne und -gehälter	1,16	5,77	9,24	11,11
Verteilte Gewinne	0,20	1,56	2,92	3,12
Transfereinkommen	-0,00	0,20	0,90	2,23
Zinsen auf Kons.-schulden	0,04	0,24	0,35	0,47
Nachrichtlich:				
Privater Verbrauch (in Preisen von 1976)				
Selbständigen-Haushalte	-0,16	0,39	1,62	1,75
Übrige Haushalte	-1,02	-1,02	1,73	2,84

Tabelle 61

**Verwendung des Mehraufkommens aus der Mehrwertsteuererhöhung 1983 zur Finanzierung
zusätzlicher öffentlicher Investitionen
bei tarif- und geldpolitischen Korrekturen**

Einnahmen und Ausgaben des Staates
- Abweichungen gegenüber Basissimulation in Mrd. DM -

	1983	1984	1985	1986
Einnahmen	6,20	16,93	22,73	25,50
Steuern	5,06	12,17	15,52	17,12
Direkte Steuern	0,42	1,97	3,50	4,20
der Arbeitnehmer	0,42	1,81	2,82	3,40
der Arbeitgeber	0,00	0,16	0,68	0,80
Indirekte Steuern	4,62	10,11	11,89	12,76
Mehrwertsteuer	4,48	9,46	10,63	11,09
Sonst. ind. Steuern	0,14	0,65	1,26	1,67
Sozialversicherungsbeiträge	0,75	3,55	5,73	6,93
der Arbeitnehmer	0,28	1,31	2,12	2,56
der Arbeitgeber	0,44	2,09	3,37	4,08
Bruttoeinkommen aus Unter-nehmertätigkeit und Vermögen	0,24	0,78	0,88	0,77
Empf. lfd.sonst. Übertragung.	0,15	0,44	0,61	0,70
Empf. Vermögensübertragungen	-0,00	-0,00	-0,00	-0,01
Ausgaben 6,20	16,93	22,73	25,50	
Staatsverbrauch	1,25	3,89	5,45	7,04
Zinsausgaben des Staates	0,00	0,03	0,22	0,41
Geleistete lfd. Übertragungen	0,28	1,46	2,75	4,73
Geleistete Vermögensübertr.	0,09	0,30	0,47	0,57
Nettoinvestitionen	4,57	11,25	13,84	12,76
Finanzierungssaldo	0,00	0,00	0,00	0,00

Tabelle 62

**Verwendung des Mehraufkommens aus der Mehrwertsteuererhöhung 1983 zur Finanzierung
zusätzlicher öffentlicher Investitionen
bei tarif- und geldpolitischen Korrekturen**

Monetärer Sektor
- Abweichungen gegenüber Basissimulation -

	1983	1984	1985	1986
ZB-Geldangebot (Mrd. DM)	0,08	0,26	0,42	0,77
Bargeldumlauf (Mrd. DM)	0,03	0,05	0,13	0,19
Mindestreserven (Mrd. DM)	0,05	0,21	0,29	0,58
Freie Liquiditätsres. (Mrd. DM)	0,00	0,00	0,00	0,00
Diskontsatz in %	0,12	0,35	0,19	0,15
Geldmarktzins in %	0,11	0,26	0,13	0,10
Kapitalmarktzins in %	0,13	0,46	0,40	0,17

3. Verwendung des Mehraufkommens aus der Mehrwertsteuererhöhung 1983 zur Senkung der direkten Steuern der Unternehmen

3.1 Annahmen

Neben dem Ziel der Haushaltskonsolidierung verfolgte die Finanzpolitik der letzten Jahre auch das Ziel, die Steuerbelastung der Unternehmen zu senken bzw. im oberen Bereich des Einkommensteuertarifs deutliche Korrekturen vorzunehmen; in Ansätzen wurde dieses Ziel erreicht. Welche gesamtwirtschaftlichen Wirkungen zu erwarten sind, wenn die Mehrwertsteuererhöhung vom 1.7.1983 nicht zur Senkung der öffentlichen Nettokreditaufnahme, sondern zu einer Senkung der direkten Steuern der Unternehmen eingesetzt worden wäre, soll im folgenden untersucht werden. Um die Differentialinzidenz zweier Steuerarten in ihrer Reinform analysieren zu können, wurde die Annahme getroffen, daß die öffentliche Nettokreditaufnahme durch diese Steueränderung nicht verändert wird.

Im Unterschied zur vorangegangenen Simulationsrechnung (vgl. Abschnitt 2) wird bei der Analyse der Differentialinzidenz unterstellt, daß die tarif- und geldpolitischen Parameter hiervon nicht berührt werden. Die Annahme einer unveränderten Geldpolitik dürfte in diesem Fall unstrittig sein. Es ist indes schwer abzuschätzen, ob es den Gewerkschaften gelungen wäre, die steuerliche Umverteilung zugunsten der Unternehmen über höhere Löhne zumindest teilweise wieder auszugleichen. In dieser Simulation der Differentialinzidenz wird davon ausgegangen, daß sich die Lohnpolitik aufgrund der steuerlichen Maßnahmen nicht verändert hätte. Zum einen sprechen die Erfahrungen in den letzten Jahren - permanenter Anstieg der Gewinnquote - für diese Annahme; zum anderen lassen sich die gesamtwirtschaftlichen Effekte einer steuerlichen Umverteilungspolitik auf diese Weise eindeutig darstellen.

Wie schon im theoretischen Teil ausgeführt (vgl. Kap. B), lassen sich die auf "psychologischer" Ebene wirkenden angebotsbestimmenden Faktoren in einem ökonometrischen Modell nicht erfassen. Ökonometrische Modelle können indes die Investitionsneigung der Unternehmen in bezug auf Einflußfaktoren wie Nettogewinne, Zinsen, Lohnkosten u.a. empirisch bestimmen. Das hier verwendete ökonometrische Konjunkturmodell enthält Investitionsfunktionen und eine Beschäftigungsfunktion, in denen eine cash-flow-Variable (Abschreibungen plus Nettoeinkommen aus Unternehmertätigkeit und Vermögen) als Einflußgröße enthalten ist. Eine Senkung der direkten Steuern der Unternehmen wirkt von daher investitions- und beschäftigungserhöhend. Darüber hinaus spielen in den Investitionsfunktionen die gesamtwirtschaftliche Nachfrage sowie die Zins- und Lohnkosten eine

Rolle. Erst aus dem Zusammenwirken all dieser Einflußgrößen bestimmt sich die private Investitionstätigkeit. Erwartungsgrößen im Sinne der Theorie rationaler Erwartungen sind im Modell nicht enthalten.

3.2   Ergebnisse

Vergleicht man die gesamtwirtschaftlichen Auswirkungen dieser steuerlichen Umverteilungsvariante mit den Effekten der Konsolidierungsvariante, in der die Mehreinnahmen aus der Mehrwertsteuererhöhung ausschließlich zur Verminderung der öffentlichen Kreditaufnahme verwendet werden, so zeigen sich hier ebenfalls negative gesamtwirtschaftliche Wirkungen, die kaum geringer ausfallen.

Die negativen gesamtwirtschaftlichen Effekte einer solchen Umverteilungspolitik werden vor allem in der Veränderung des realen Bruttosozialprodukts sichtbar, das innerhalb von vier Jahren kumuliert um etwa 13 Mrd. DM geringer ausfällt; in der Konsolidierungsvariante waren es knapp 18 Mrd. DM. Den stärksten Einbruch verzeichnet - wie in der Konsolidierungsvariante - der private Verbrauch. Dieses Ergebnis ist nicht überraschend, da sich nach der Mehrwertsteueranhebung der Preisindex des privaten Verbrauchs als Folge der Überwälzungsvorgänge erhöht. Die privaten Investitionen gehen dagegen vergleichsweise wenig zurück. Die aus der Senkung der Unternehmensteuern resultierende Erhöhung der Nettogewinne reicht also nicht aus, den Rückgang der gesamtwirtschaftlichen Nachfrage, insbesondere den der Verbrauchsnachfrage, in ihrer Wirkung auf die Investitionstätigkeit auszugleichen.

Die Preiseffekte, die sich als Folge dieser steuerpolitischen Maßnahmen einstellen, unterscheiden sich nicht von denen, die in der Konsolidierungsvariante aufgetreten sind. Da die Entzugseffekte der Mehrwertsteuererhöhung erheblich stärker ausfallen als die von den gestiegenen Nettogewinnen ausgehenden positiven Effekte, sind auch keine über die Mehrwertsteuererhöhung hinausgehenden Preisauftriebstendenzen zu erwarten.

Im Vergleich zur Basissimulation ergibt sich ein höheres nominales Bruttosozialprodukt, weil die steigenden Preise die ungünstigere reale Entwicklung überkompensieren; in den Jahren 1983 bis 1986 liegt es jeweils um 1 bis 4 Mrd. DM höher als in der Basissimulation.

Tabelle 63

Verwendung des Mehraufkommens aus der Mehrwertsteuererhöhung 1983 zur Senkung der direkten Steuern der Unternehmen

Verwendung des Sozialprodukts

- zu Preisen von 1976 -

- Abweichungen gegenüber Basissimulation in Mrd. DM -

	1983	1984	1985	1986
Privater Verbrauch	0,62	-2,71	-4,82	-6,86
Staatsverbrauch	0,00	-0,05	-0,18	-0,38
Anlageinvestitionen	-0,23	-0,17	-0,65	-1,61
Ausrüstungen	-0,09	0,15	-0,13	-0,66
Bauten	-0,13	-0,31	-0,52	-0,95
Gewerbliche Bauten	-0,02	-0,05	-0,05	-0,17
Wohnbauten	0,00	-0,01	-0,18	-0,53
Bauten des Staates	-0,11	-0,25	-0,29	-0,25
Vorratsveränderungen	-0,15	-0,45	-0,51	-0,71
Außenbeitrag	0,31	1,20	2,22	3,50
Exporte	0,05	0,15	0,33	0,51
Importe	-0,26	-1,04	-1,88	-2,99
Bruttosozialprodukt	-0,69	-2,18	-3,94	-6,06

Tabelle 64

Verwendung des Mehraufkommens aus der Mehrwertsteuererhöhung 1983 zur
Senkung der direkten Steuern der Unternehmen

Verwendung des Sozialprodukts
- Preise (1976 = 100) -
- Abweichungen gegenüber Basissimulation in vH-Punkten -

	1983	1984	1985	1986
Privater Verbrauch	0,16	0,50	0,88	1,07
Staatsverbrauch	0,18	0,44	0,53	0,53
Anlageinvestitionen	0,19	0,47	0,50	0,34
Ausrüstungen	0,00	0,03	0,05	0,07
Bauten	0,34	0,84	0,90	0,60
Gewerbliche Bauten	-0,01	-0,13	-0,39	-0,81
Wohnbauten	0,49	1,31	1,61	1,45
Bauten des Staates	0,47	1,27	1,57	1,36
Vorratsveränderungen	0,00	0,00	0,00	0,00
Exporte	0,00	0,02	0,03	0,03
Importe	0,00	0,00	0,00	0,00
Bruttosozialprodukt	0,17	0,47	0,69	0,77

Tabelle 65

**Verwendung des Mehraufkommens aus der Mehrwertsteuererhöhung 1983 zur
Senkung der direkten Steuern der Unternehmen**

Verwendung des nominalen Sozialprodukts
- Abweichungen gegenüber Basissimulation in Mrd. DM -

	1983	1984	1985	1986
Privater Verbrauch	0,31	-0,18	-0,45	-1,92
Staatsverbrauch	0,45	1,05	1,10	0,82
Anlageinvestitionen	0,23	1,05	0,41	-1,34
Ausrüstungen	-0,11	0,23	-0,10	-0,79
Bauten	0,34	0,83	0,51	-0,55
Gewerbliche Bauten	-0,04	-0,13	-0,27	-0,68
Wohnbauten	0,38	0,96	0,78	0,13
Bauten des Staates	0,00	0,00	0,00	0,00
Vorratsveränderungen	-0,16	-0,47	-0,53	-0,74
Außenbeitrag	0,44	1,78	-3,34	5,26
Exporte	0,08	0,30	0,58	0,86
Importe	-0,36	-1,48	-2,76	-4,39
Bruttosozialprodukt	1,26	3,23	3,88	2,09

Bei der Entwicklung der Unternehmensgewinne ist zu beachten, daß mit dem Inkrafttreten der Mehrwertsteuererhöhung die Bruttogewinne aufgrund der verzögerten Überwälzungs- vorgänge erst einmal absinken. In der Anfangsphase reicht die Entlastung bei den Unternehmensteuern gerade aus, die Nettogewinne knapp über denen der Basissimulation zu halten. Erst im Zuge der vollen Überwälzung steigen die Nettogewinne bis zu 4 Mrd. DM jährlich. Bei rückläufiger gesamtwirtschaftlicher Entwicklung und damit einhergehenden Beschäftigungsverlusten - von durchschnittlich 40 000 Personen - sinken die Bruttoeinkommen aus Arbeitnehmertätigkeit von Jahr zu Jahr stärker; im Jahre 1986, also drei Jahre nach der Mehrwertsteueränderung, fließen den Arbeitnehmern 5,5 Mrd. DM weniger an Einkommen zu; in realer Betrachtung fallen die Einkommensverluste noch höher aus.

Erwartungsgemäß verändert die steuerliche Umverteilungspolitik die Verteilungs- relationen; während die verfügbaren Einkommen der Selbständigen-Haushalte bis zu 1 Mrd. DM jährlich zunehmen, sinken die Einkommen der übrigen Haushalte bis zu 2,5 Mrd. DM jährlich. Dabei gelingt es den Selbständigen-Haushalten, ihren realen privaten Konsum knapp zu halten, während der reale private Verbrauch der übrigen Haushalte - bis zu 6,5 Mrd. DM jährlich - geringer ausfällt als in der Basissimulation. Von den hier durchgerechneten Varianten kommt es nur in dieser Variante zu einer nennens- werten Veränderung der Verteilungsrelationen.

Von den Mehreinnahmen aus der Anhebung der Mehrwertsteuersätze stehen nur 50 bis 85 vH zur steuerlichen Entlastung der Unternehmen zur Verfügung. Auf der Einnahmen- seite kommt es infolge des Beschäftigtenrückgangs zu Mindereinnahmen bei den direkten Steuern der Arbeitnehmer und bei den Sozialversicherungsbeiträgen; auf der Ausgaben- seite fallen als Folge der steuerlichen Maßnahmen Mehrausgaben an, insbesondere beim Staatsverbrauch, da auch der Staat von den mehrwertsteuerbedingt gestiegenen Preisen getroffen wird.

Trotz der restriktiven gesamtwirtschaftlichen Effekte sinken die Zinssätze nicht. Ursäch- lich hierfür sind - wie schon in der Konsolidierungsvariante - die höheren Preise der Verwendungsbereiche des Bruttosozialprodukts, die der Mehrwertsteuer unterliegen.

Tabelle 66

Verwendung des Mehraufkommens aus der Mehrwertsteuererhöhung 1983 zur
Senkung der direkten Steuern der Unternehmen

Einkommensentstehung und funktionale -verteilung
- Abweichungen gegenüber Basissimulation in Mrd. DM -

	1983	1984	1985	1986
Bruttoeinkommen aus Arbeitnehmertätigkeit	-0,24	-1,31	-2,91	-5,34
Bruttolohn- u. -gehaltsumme	-0,24	-1,07	-2,36	-4,32
Nettolohn- u. -gehaltsumme	-0,13	-0,71	-1,57	-2,89
Tariflöhne (1976=100)	0,00	0,00	0,00	0,00
Bruttoeinkommen aus Unternehmertätigkeit und Vermögen	-2,54	-3,10	-0,76	-0,09
Nettoeinkommen aus Unternehmertätigk. u. Vermögen	0,77	2,52	3,91	3,90
Volkseinkommen	-2,78	-4,46	-3,67	-5,43
Abschreibungen	0,23	0,60	0,68	0,45
Ind. Steuern ./. Subventionen	3,81	7,09	6,87	7,07
Bruttosozialprodukt	1,26	3,23	3,88	2,09

Tabelle 67

Verwendung des Mehraufkommens aus der Mehrwertsteuererhöhung 1983 zur
Senkung der direkten Steuern der Unternehmen

Einkommensverteilung nach Haushaltstypen
und Querverteilung der Einkommen
- Abweichungen gegenüber Basissimulation in Mrd. DM -

	1983	1984	1985	1986
Verfügbares Einkommen, insg.	-0,05	-0,21	-0,25	-1,65
Nettolohn- u. -gehaltsumme	-0,12	-0,71	-1,57	-2,89
Verteilte Gewinne	-0,09	0,56	1,40	1,39
Transfereinkommen	0,00	0,01	-0,04	-0,20
Zinsen auf Kons.-schulden	0,01	0,05	0,04	-0,05
Verfügbares Einkommen der Selbständigen-Haushalte	0,05	0,32	0,84	0,80
Nettolöhne und -gehälter	-0,00	-0,02	-0,04	-0,07
Verteilte Gewinne	0,06	0,36	0,90	0,89
Transfereinkommen	0,00	-0,00	0,00	0,00
Zinsen auf Kons.-schulden	0,00	0,01	0,02	0,02
Verfügbares Einkommen der übrigen Haushalte	-0,10	-0,53	-1,09	-2,45
Nettolöhne und -gehälter	-0,12	-0,69	-1,53	-2,82
Verteilte Gewinne	0,03	0,20	0,50	0,50
Transfereinkommen	0,00	0,01	-0,04	-0,20
Zinsen auf Kons.-schulden	0,01	0,04	0,02	-0,07
Nachrichtlich:				
Privater Verbrauch (in Preisen von 1976)				
Selbständigen-Haushalte	-0,08	-0,23	-0,24	-0,37
Übrige Haushalte	-0,54	-2,47	-4,57	-6,49

Tabelle 68

Verwendung des Mehraufkommens aus der Mehrwertsteuererhöhung 1983 zur
Senkung der direkten Steuern der Unternehmen

Einnahmen und Ausgaben des Staates
- Abweichungen gegenüber Basissimulation in Mrd. DM -

	1983	1984	1985	1986
Einnahmen	0,49	1,24	1,37	1,03
Steuern	0,51	1,48	2,05	2,63
Direkte Steuern	-3,35	-5,82	-5,11	-4,79
der Arbeitnehmer	-0,04	-0,20	-0,44	-0,80
der Arbeitgeber	-3,31	-5,62	-4,67	-3,99
Indirekte Steuern	3,87	7,31	7,19	7,45
Mehrwertsteuer	3,92	7,62	7,55	7,64
Sonst. ind. Steuern	-0,05	-0,31	-0,36	-0,19
Sozialversicherungsbeiträge	-0,08	-0,42	-0,94	-1,73
der Arbeitnehmer	-0,03	-0,15	-0,35	-0,64
der Arbeitgeber	-0,05	-0,25	-0,55	-1,02
Bruttoeinkommen aus Unternehmertätigkeit und Vermögen	0,04	0,13	0,19	0,10
Empf. lfd.sonst. Übertragung.	0,02	0,05	0,06	0,03
Empf. Vermögensübertragungen	0,00	0,00	0,00	0,00
Ausgaben	0,49	1,24	1,37	1,03
Staatsverbrauch	0,45	1,05	1,10	0,82
Zinsausgaben des Staates	0,00	0,01	0,04	0,11
Geleistete lfd. Übertragungen	0,06	0,22	0,25	0,11
Geleistete Vermögensübertr.	0,01	0,04	0,05	0,03
Nettoinvestitionen	-0,03	-0,07	-0,08	-0,05
Finanzierungssaldo	0,00	0,00	0,00	0,00

Tabelle 69

**Verwendung des Mehraufkommens aus der Mehrwertsteuererhöhung 1983 zur
Senkung der direkten Steuern der Unternehmen**

Monetärer Sektor
- Abweichungen gegenüber Basissimulation -

	1983	1984	1985	1986
ZB-Geldangebot (Mrd. DM)	0,00	0,00	0,00	0,00
Bargeldumlauf (Mrd. DM)	-0,00	-0,10	-0,21	-0,29
Mindestreserven (Mrd. DM)	-0,01	0,04	0,02	-0,02
Freie Liquiditätsres. (Mrd. DM)	-0,01	0,06	0,08	0,19
Diskontsatz in %	0,04	0,14	0,17	0,13
Geldmarktzins in %	0,04	0,09	0,09	-0,08
Kapitalmarktzins in %	0,02	0,10	0,16	0,08

I Bewertung der Ergebnisse im Hinblick auf Spielräume für Mehrwertsteuererhöhungen

1. Vergleich der ökonometrischen Modellergebnisse

In den Kapiteln G und H wurden die gesamtwirtschaftlichen Wirkungen der Mehrwertsteuererhöhung zum 1.7.1983 mit dem ökonometrischen Modell unter verschiedenen Rahmenbedingungen simuliert und analysiert. Zunächst standen im Kapitel G die tatsächlichen Auswirkungen der Steueranhebung im Vordergrund: Hierbei ging es darum, die Effekte unter den damals herrschenden wirtschaftspolitischen Bedingungen zu ermitteln. Um die Bedeutung der Wirtschaftspolitik auf Produktion, Beschäftigung und Einkommensverteilung aufzuzeigen, wurden im Kapital H Wirkungsabläufe simuliert, die sich bei anderer - von der Realität abweichender - Ausrichtung der Wirtschaftspolitik ergeben hätten. Die Annahmen über die Geld-, Finanz- und Lohnpolitik sind so gesetzt worden, daß möglichst hohe gesamtwirtschaftliche Impulse ausgelöst werden. Eine solche Setzung der Rahmenbedingungen vernachlässigt zwangsläufig die Frage nach der politischen Durchsetzbarkeit in den vergangenen Jahren. In Kapitel H wurde in allen drei Varianten auf eine Verwendung der zusätzlichen Mehrwertsteuereinnahmen zur Konsolidierung der öffentlichen Haushalte verzichtet.

Eine Bewertung der Ergebnisse und entsprechende Schlußfolgerungen über die Frage, ob überhaupt Spielräume für weitere Mehrwertsteueranhebungen gegeben sind und unter welchen Voraussetzungen Mehrwertsteuererhöhungen durchgeführt werden sollten, läßt sich aus einem Vergleich der tatsächlichen Situation mit den Ergebnissen der wirtschaftspolitischen Varianten gewinnen.

Wie im Kapitel G ausführlich dargestellt, führte die Basissimulation der Mehrwertsteueranhebung, bei der das Ziel der Haushaltskonsolidierung im Vordergrund stand, zu einer Vielzahl von negativen gesamtwirtschaftlichen Effekten. Bei einem abgestimmten Verhalten der Finanz-, Geld- und Lohnpolitik hätten die tatsächlich eingetretenen negativen Effekte vermieden bzw. sogar positive gesamtwirtschaftliche Wirkungen erzielt werden können. Um die Größenordnungen zu verdeutlichen, werden die unterschiedlichen wirtschaftspolitischen Varianten in der folgenden Tabelle miteinander verglichen. Ausgangsbasis für den Vergleich bildet die tatsächliche bzw. bis 1986 prognostizierte gesamtwirtschaftliche Entwicklung. In der Tabelle 70 werden entweder die kumulierten Abweichungen in Mrd. DM oder die durchschnittlichen absoluten Abweichungen gegenüber der tatsächlichen Entwicklung in den Jahren 1983 bis 1986 ausgewiesen.

In Variante I wird die hypothetische Annahme getroffen, es hätte 1983 keine Mehrwert-steuererhöhung stattgefunden. Gleichzeitig wird auf kompensierende Maßnahmen zur Reduzierung des öffentlichen Defizits verzichtet. In dieser Variante ergeben sich - im Vergleich mit der tatsächlichen Entwicklung - spürbare positive gesamtwirtschaftliche Effekte. Einer Erhöhung der Staatsverschuldung um 14,3 Mrd. DM in den Jahren 1983 bis 1986 steht eine kumulierte Zunahme des realen Bruttosozialprodukts von knapp 18 Mrd. DM gegenüber. Die Zahl der Beschäftigten hätte in diesem 4-Jahreszeitraum um durchschnittlich 50 000 höher und der Preisindex des privaten Verbrauchs um durch-schnittlich 0,65 Prozentpunkte niedriger gelegen.

In Variante II wird unterstellt, daß die Mehreinnahmen des Staates aus der Anhebung der Mehrwertsteuersätze voll zur Ausweitung der öffentlichen Investitionen verwendet wer-den. Diese Annahme hat zur Folge, daß die Staatsverschuldung - wie in Variante I - um 14,3 Mrd. DM höher liegt, als sie sich tatsächlich ergeben hat. Die Ausdehnung der Anlageinvestitionen des Staates, um kumuliert 32,7 Mrd. DM, muß vor dem Hintergrund der tatsächlichen Entwicklung gesehen werden; die öffentlichen Investitionen liegen in den Jahren 1983 bis 1986 - jeweils im Vergleich zu 1982 - um kumuliert 10 Mrd. DM unter dem Niveau von 1982.

Das reale Bruttosozialprodukt nimmt in Variante II insgesamt um 34,4 Mrd. DM zu, das nominale um 62,1 Mrd. DM. Damit errechnet sich ein Multiplikator der öffentlichen Investitionen in bezug auf das Bruttosozialprodukt von genau 2. Die Beschäftigung im Simulationszeitraum liegt um durchschnittlich 110 000 Personen über dem tatsächlichen Niveau.

Die Variante III zeigt die mit Abstand günstigsten gesamtwirtschaftlichen Effekte. Sie deckt sich in der finanzpolitischen Linie mit den Annahmen der Variante II. Im Unter-schied dazu werden die geld- und lohnpolitischen Bedingungen modifiziert. Für die Geldpolitik wird eine - die expansive Finanzpolitik - akkommodierende Geldmengenaus-weitung unterstellt; die Tariflöhne erhöhen sich in dieser Variante um die durch die Finanzpolitik ausgelösten direkten und indirekten Preiswirkungen. Die Staatsverschuldung steigt wie in Variante I und II um 14,3 Mrd. DM; dem steht eine kumulierte Zunahme des nominalen Bruttosozialprodukts um 114,7 Mrd. DM gegenüber. Die Schuldenquote des Staates, d. h. der Schuldenstand im Verhältnis zum nominalen Bruttosozialprodukt, war schon in Variante II leicht rückläufig und sinkt in dieser Variante noch stärker. Dies wird durch eine günstige Kombination der finanz-, geld- und lohnpolitischen Maßnahmen erreicht. Begünstigt durch diese Bedingungen steigt der Multiplikator der öffentlichen Investitionen - von zwei in Variante II - auf 2,7. Neben der starken Ausweitung der

Verwendung des Mehraufkommens aus der Mehrwertsteuererhöhung 1983
- kumulierte Abweichungen in Mrd. DM oder durchschnittliche
Abweichungen gegenüber der simulierten bzw. prognostizierten
Entwicklung in den Jahren 1983 bis 1986 -

	Variante I	Variante II	Variante III	Variante IV
	Verzicht auf die MWSt-Erhöhung 1)	MWSt-Erhöhung mit Ausgabenerhöhung 2)	MWSt-Erhöhung mit Ausgabenerhöhung und modifizierter Geld- und Lohnpolitik 3)	MWSt-Erhöhung zur Senkung der direkten Steuern der Unternehmen
Anlageinvestitionen des Staates a) 4)	0,00	32,72	43,26	0,00
Kapitalmarktzins (%) b)	-0,06	0,12	0,23	-0,03
Geldmarktzins (%) b)	0,02	0,11	0,17	0,05
Erwerbstätige (Tausend) b)	50	110	175	10
Produktivität (je Erwerbstätigen) b)	0,07	0,11	0,19	0,03
Bruttoinlandsprodukt, real a)	17,79	34,40	56,21	5,00
Privater Verbrauch, real a)	20,65	11,83	26,79	5,64
Staatsverbrauch, real a)	0,87	2,16	3,28	0,26
Anlageinvestitionen, real a)	4,05	25,68	38,81	1,39
Ausrüstungsinvestitionen, real a)	1,77	3,49	6,63	1,04
Bauinvestitionen, real a)	2,30	22,21	32,22	0,39
Lagerinvestitionen, real a)	2,41	3,58	6,35	0,59
Exporte, real a)	-1,32	-2,43	-6,06	-0,28
Importe, real a)	8,86	6,37	12,92	2,69
Bruttosozialprodukt, nominal a)	-3,51	62,12	114,67	6,95
Preisindex des privaten Verbrauchs (1976=100) b)	-0,65	0,32	0,53	0,00
Preisindex des Bruttosozialprodukts (1976=100) b)	-0,52	0,28	0,73	0,00
Bruttoeinkommen aus Arbeitnehmertätigkeit a)	12,79	26,79	65,44	2,93
Bruttoeinkommen aus Unternehmertätigkeit u. Vermögen a)	7,62	22,92	29,79	1,12
Volkseinkommen a)	20,41	49,74	95,30	4,05
Nettoeinkommen aus Unternehmertätigkeit u. Vermögen a)	6,41	20,48	26,94	17,51
Nettolöhne und -gehälter a)	6,92	14,52	34,86	1,71
Tariflöhne (1976=100) b)	0,00	0,00	1,17	0,00
Lohnstückkosten b)	0,00	0,00	0,00	0,00
Finanzierungssaldo/Staat a) c)	-14,30	-14,30	-14,30	-14,30

a) Kumulierte Abweichungen in Mrd. DM.
b) Durchschnittliche absolute Abweichungen.
c) -: Defizitzunahme
1) Im Vergleich zur simulierten Entwicklung mit der Mehrwertsteuererhöhung zum 1.7.1983 wird auf die Mehrwertsteueranhebung verzichtet und dadurch im Ergebnis die Staatsverschuldung um 14,3 Mrd. DM erhöht. - 2) Im Vergleich zur simulierten Entwicklung mit der Mehrwertsteuererhöhung zum 1.7.1983 wird die Mehrwertsteueranhebung durch eine Ausdehnung der öffentlichen Investitionen soweit flankiert, daß sich die Staatsverschuldung um 14,3 Mrd. DM erhöht. - 3) Im Vergleich zur simulierten Entwicklung mit der Mehrwertsteuererhöhung zum 1.7.1983 wird die Mehrwertsteueranhebung durch eine Ausdehnung der öffentlichen Investitionen, höhere Tariflöhne und ein größeres Zentralbankgeldangebot flankiert. Die Staatsverschuldung wächst auch hier um 14,3 Mrd. DM. - 4) Gegenüber dem Niveau von 1982 (47,35 Mrd. DM) liegen die Anlageinvestitionen des Staates in den Folgejahren um kumuliert 17,3 Mrd. DM niedriger.

Quelle: Eigene Berechnungen mit der DIW-Version des ökonometrischen Konjunkturmodells der Forschungsinstitute.

öffentlichen Investitionen sind dafür eine relativ geringe Zunahme des Zentralbankgeld-angebots um kumuliert 1,5 Mrd. DM und höhere Tariflöhne entscheidend. Das tarifliche Lohnniveau liegt in dieser Variante um durchschnittlich 1,2 Prozentpunkte über dem tatsächlichen Niveau. Der Preisindex des privaten Verbrauchs erhöht sich aufgrund der Mehrwertsteuererhöhung, des Lohnanstiegs, bei höherer Kapazitätsauslastung, um durch-schnittlich 0,5 Prozentpunkte. Der Anstieg fällt deshalb so gering aus, da in der tatsächlichen Entwicklung, die hier die Vergleichsbasis bildet, die Mehrwertsteuererhöhung von 1983 mit ihrer, wenn auch verzögerten Preisüberwälzung enthalten ist. Im Vergleich mit den anderen Varianten steigt in der Variante III die Beschäftigung am stärksten; die Beschäftigtenzahl liegt um durchschnittlich 175 000 über dem Niveau der Basissimulation.

In Variante IV wird die Annahme gesetzt, daß die Mehreinnahmen des Staates aus der Anhebung der Mehrwertsteuersätze für eine Senkung der direkten Unternehmensteuern eingesetzt werden, wobei sich die öffentliche Nettokreditaufnahme durch diese Maßnahme nicht verändern soll. Die Staatsverschuldung liegt damit - wie in allen anderen Varianten - um 14,3 Mrd. DM höher, als sie sich tatsächlich ergeben hat.

Im Vergleich zu den in Tabelle 70 ausgewiesenen Varianten ergeben sich bei der Umverteilungsvariante die geringsten gesamtwirtschaftlichen Effekte. Obwohl auch in dieser Variante auf eine Rückführung der öffentlichen Defizite - um 14,3 Mrd. DM - verzichtet wurde, ergibt sich schließlich nur eine Erhöhung des realen Bruttosozial-produkts um kumuliert 5 Mrd. DM. Gleichzeitig liegen die Zinszahlungen des Staates um kumuliert 1,2 Mrd. DM höher als im Falle der Defizitreduzierung. Sowohl hinsichtlich der Variante I (Verzicht auf Mehrwertsteuererhöhung) als auch hinsichtlich der Varianten II und III (Mehrwertsteuererhöhung mit Ausgabenerhöhung) schneidet die Umverteilungs-variante mit Abstand am schlechtesten ab.

Einen Schwerpunkt bildete in dieser Untersuchung die Analyse der Verteilungseffekte. Betrachtet man die Ergebnisse für die funktionale Einkommensverteilung (vgl. Tabelle 70), dann fallen die deutlichen Unterschiede zwischen den vier Varianten ins Auge. Einmal nehmen die Einkommen in den Varianten I bis III deutlich zu, und zwar sowohl die Einkommen aus Unternehmertätigkeit und Vermögen als auch die Einkommen aus Arbeit-nehmertätigkeit. Vergleicht man die Relation der Zunahme der Nettoeinkommen aus Unternehmertätigkeit und Vermögen mit der der Nettolöhne und -gehälter, dann werden Verschiebungen sichtbar. In Variante I liegt diese Relation noch bei etwa Eins, d. h. beide Einkommensströme erhöhen sich etwa gleich stark. In Variante II steigen die Nettoein-kommen aus Unternehmertätigkeit und Vermögen leicht überproportional, während sie in Variante III nur schwach unterproportional zu den Arbeitnehmereinkommen zunehmen. In dieser Variante macht sich damit die unterstellte Anhebung der Tariflöhne bemerkbar. Die Variante IV ist dagegen die einzige Simulation, in der sich die Verteilungsrelation eindeutig zugunsten der Selbständigen-Haushalte verschiebt. Die Zunahme der Nettoeinkommen entfällt fast ausschließlich auf die Haushalte der Selbständigen an.

2. Zur Überwälzbarkeit der Mehrwertsteueranhebung

Die Frage der Überwälzung der Mehrwertsteuererhöhung ist von zentraler Bedeutung für die gesamtwirtschaftlichen Wirkungen. Dabei hängt die Überwälzbarkeit, hier verstanden als Vorwälzung in den Preisen, entscheidend von dem gesamtwirtschaftlichen Umfeld ab. Die theoretischen und empirischen Analysen haben gezeigt, daß eine sofortige vollständige Überwälzung der Mehrwertsteuer in die Verbraucherpreise nur unter rigiden Bedingungen möglich ist, und dann auch nur bei einer expansiv ausgericheteten Finanz- und Geldpolitik. Gelingt die Überwälzung nicht, dann werden die Unternehmen wenigstens versuchen, eine Rückwälzung auf die eingesetzten Produktionsfaktoren und die Vorleistungsbezüge zu erreichen. In Kapitel D wurde eingehend dargestellt, wie schwierig es ist, den Grad der Überwälzung einer Mehrwertsteueranhebung empirisch abzugreifen. Die Bestimmung einer eventuellen Rückwälzung entzieht sich einer empirischen Überprüfung.

Generell läßt sich dennoch die Aussage machen, daß in einer Hochkonjunktur die Voraussetzungen zur Überwälzung in den Preisen günstig und in einer rezessiven Phase ungünstig sind. Hinter dieser Aussage stehen Annahmen über konjunkturbedingt unterschiedliche Preis-Nachfrageelastizitäten und einen unterschiedlich starken Konkurrenzdruck der Anbieter. Gelingt die Überwälzung, dann sind in erster Linie der private Verbrauch und die privaten Wohnungsbauinvestitionen betroffen. In einem konjunkturellen Aufschwung können im Extremfall sogar "perverse" Preis-Nachfrageelastizitäten auftreten: In Erwartung weiter steigender Preise könnte die Nachfrage dann sogar noch anziehen. Im Bereich des Wohnungsbaus finden sich in der Vergangenheit empirische Belege für diesen Zusammenhang. Auch der Konsum der privaten Haushalte wird neben anderen Einflußgrößen, wie der Einkommensentwicklung, in hohem Maße durch Erwartungen über die zukünftige konjunkturelle Entwicklung geprägt. Die Konsumneigung ist konjunkturell abhängig, wie auch die ökonometrischen Modellergebnisse zeigen. Die Sozialversicherungen, auf die ein großer Teil aller öffentlichen Sachkäufe entfallen, profitieren nicht von den Mehreinnahmen einer Mehrwertsteueranhebung; im Gegenteil, sie werden für die Käufe, die der Mehrwertsteuer unterliegen, über die höheren Preise sogar stärker belastet. Zudem sind die Einnahmen und Ausgaben in hohem Maße von der konjunkturellen Situation abhängig. Von daher werden die gesamtwirtschaftlichen Rückwirkungen einer Mehrwertsteuererhöhung auch Einfluß auf die Haushalte der Sozialversicherungen haben. Je nach konjunktureller Situation wird die Einnahmen- und Ausgaben-gestaltung der Sozialversicherung unterschiedlich ausfallen.

Die gesamtwirtschaftlichen Auswirkungen von Steuerüberwälzungen wurden anhand der Modellergebnisse erörtert. Ausgehend von der konjunkturellen Situation im Jahre 1983 zeigten sich unterschiedliche Wirkungen, je nach finanzpolitischer, lohn- und geldpolitischer Unterstützung. Schwieriger ist es, die gesamtwirtschaftlichen Effekte abzu-schätzen, wenn bei einer Mehrwertsteuererhöhung die Überwälzung nicht gelingt. Nicht-überwälzung ist mit Gewinnkontraktion und Versuchen der Rückwälzung verbunden. Ein Rückgang der Gewinne wirkt sich ceteris paribus investitionshemmend aus und beein-trächtigt den privaten Verbrauch, insbesondere den der Selbständigen-Haushalte. In welchem Umfang es den Unternehmen gelingt, die Kosten der Mehrwertsteuererhöhung rückzuwälzen, läßt sich nicht ermitteln. Hier sind nur theoretische Überlegungen möglich. Mittelfristig gibt es aber auch für die Überwälzung verbesserte Chancen; was zunächst, kurzfristig, aus konjunkturellen Gründen nicht möglich ist, läßt sich auf mittlere Sicht mit hoher Wahrscheinlichkeit durchsetzen. Die Vorwälzung in den Preisen wird entweder über mehrere Jahre verteilt, wie es auch für die Modellsimulation der tatsächlichen Entwick-lung angenommen worden ist, oder sie wird in einer besseren konjunkturellen Situation nachgeholt.

3.   Rahmenbedingungen für Mehrwertsteuererhöhungen

Wirtschaftspolitisch lassen sich folgende Schlußfolgerungen aus den theoretischen Über-legungen und den Modellergebnissen ziehen: In der Hochkonjunktur sind die Voraus-setzungen für die Überwälzung von Mehrwertsteuererhöhungen günstig. Allerdings könnten die Unternehmen in dieser Situation auf die Überwälzung "verzichten", da ihre Gewinnlage in der Regel gut und ohnehin bestehende Preisauftriebstendenzen nur noch verstärkt werden dürften. Dies gilt indes nicht mehr für die Spätphase der Hochkonjunktur, in der - nach gängigem Muster - Lohnanhebungen so hoch ausfallen, daß die Unternehmensgewinne von der Kostenseite unter Druck geraten. In der Rezession ist es umgekehrt. Die Chancen einer Überwälzung sind in einer konjunkturellen Schwäche generell als schlecht einzu-schätzen. Betrachtet man aber die Mehrwertsteuerhöhung für die Unternehmen unter dem Kostenapsekt, dann wäre eine Überwälzung in die Preise erwünscht, damit sich die Gewinnsituation nicht verschlechtert. Wie kann sich die Wirtschaftspolitik aus diesem Dilemma befreien?

Erstens sollten Mehrwertsteuererhöhungen nicht isoliert, ohne begleitende finanz-, geld- und lohnpolitische Maßnahmen, durchgeführt werden. Denkbar ist zwar eine Mehrwertsteueranhebung in der Hochkonjunktur, deren Mehreinnahmen zur Rückführung der öffentlichen Defizite verwendet werden, doch wäre die damit verbundene Inflationsbeschleunigung kaum zu akzeptieren. In einer solchen konjunkturellen Situation wird die Bundesbank bemüht sein, den Preisauftrieb zu bekämpfen. Die Gefahr des Umkippens in eine Rezession würde deshalb durch eine Mehrwertsteueranhebung verstärkt werden. Die Mehrwertsteuer ist aufgrund der mit ihr verbundenen Preiseffekte nicht dazu geeignet, um im Sinne des Stabilitätsgesetzes, ähnlich wie der schon einmal in der Vergangenheit eingeführte Konjunkturzuschlag, zur Abschöpfung von Kaufkraft eingesetzt zu werden.

In einer Rezession mit geringen Inflationstendenzen ließe sich eine Mehrwertsteuererhöhung wirtschaftspolitisch eher begründen. Allerdings müßte sie von der Ausgabenseite der Finanzpolitik und der Geld- und Lohnpolitik unterstützt werden. Die Bedeutung einer Kombination und das aufeinander abgestimmte Zusammenwirken dieser Maßnahmen wurde in der Wertung der Simulationsergebnisse deutlich. Die gesamtwirtschaftlichen Effekte von Mehrwertsteuererhöhungen bekommen eine andere Qualität, wenn es gelingt, die negativen Effekte zu vermeiden und die positiven Effekte zu verstärken. Auch das Ausmaß der gesamtwirtschaftlichen Wirkungen ist beträchtlich. So zeigten die Modellrechnungen, daß bei einer besseren Unterstützung der Mehrwertsteuererhöhung vom 1.7.1983 durch die Wirtschaftspolitik das nominale Bruttosozialprodukt kumuliert um gut 100 Mrd. DM bis Ende 1986 über der tatsächlichen Entwicklung gelegen hätte; das Beschäftigungsniveau wäre gleichzeitig um durchschnittlich 175 000 Personen höher gewesen.

Sicherlich ist eine, mit welchen Instrumenten der Wirtschafts- und Finanzpolitik auch immer abgesicherte Mehrwertsteuererhöhung keine ideale Wirtschaftspolitik für eine Rezession, denn in einer solchen Wirtschaftslage sollte der Staat die hiermit verbundenen Einnahmeverluste und den Ausgabenpfad an einem mittelfristigen Wachstum ausrichten. Mehrwertsteuererhöhungen sollten vorzugsweise in konjunkturell ruhigeren Zeiten, die vergleichsweise niedrige Preissteigerungsraten aufweisen, vorgenommen werden. In einer solchen Situation sind die Voraussetzungen für die Finanzpolitik günstig. Hier kann sie am ehesten mit einer Unterstützung der Geld- und Lohnpolitik rechnen und die wirtschaftlichen Auftriebskräfte trotz Mehrwertsteueranhebung sogar noch unterstützen. Das Ziel eines Abbaus der öffentlichen Kreditaufnahme ließe sich dann zumindest ohne negative gesamtwirtschaftliche Wirkungen erreichen. Positive gesamtwirtschaftliche Effekte können allerdings nicht erwartet werden.

Fazit: Für die Wirtschaftspolitik ist es äußerst schwierig, sowohl den richtigen Zeitpunkt für eine Mehrwertsteuererhöhung zu bestimmen als auch die richtige Abstimmung der wirtschaftspolitischen Maßnahmen zu treffen, die erforderlich ist, um die mit einer Steuersatzanhebung verbundenen negativen Effekte zu vermeiden. Für die Wahl des richtigen Zeitpunktes ist eine verläßliche Prognose der konjunkturellen Entwicklung Voraussetzung. Der Preisprognose kommt dabei eine besondere Bedeutung zu, und gerade die Preisentwicklung kann durch unvorhersehbare externe Einflüsse entscheidend verändert werden. Durch den drastischen Rückgang der Ölpreise sind in diesem Jahr Bedingungen geschaffen worden, die für eine Mehrwertsteuererhöhung geeignet wären. Es ist aber fraglich, ob die dafür notwendigen politischen Entscheidungen sowie das sich anschließende Gesetzgebungsverfahren zügig genug durchgeführt werden könnten, um die günstigen Rahmenbedingungen zu nutzen.

Von einer Umsatzsteuererhöhung gehen Wirkungen auf Produktion und Beschäftigung aus, die auch die Einkommensverteilung beeinflussen. Hinzu kommen Verteilungseffekte, die abhängig sind von der Art der Verwendung der zusätzlichen Mittel durch den Staat. Als Ergebnis der ökonometrischen Simulationsrechnungen läßt sich festhalten, daß die Einflüsse einer Mehrwertsteuererhöhung auf die Einkommensverteilung weder eindeutig progressiv noch eindeutig regressiv sind. Die Verteilungseffekte sind an ganz bestimmte Bedingungen geknüpft. Zu nennen sind hier vor allem die konjunkturelle Situation, sowie Maßnahmen zur Finanz-, Geld-und Lohnpolitik. Zudem sind sie im Zeitablauf unterschiedlich. Mehrwertsteuererhöhungen wirken mittelfristig verteilungsneutral bis leicht regressiv, solange sie nicht von entsprechenden Tariflohnänderungen begleitet werden. Durch geringe Tariflohnänderungen kann die Verteilungsneutralität gewahrt werden. Kurzfristig können in rezessiven Phasen dennoch progressive Verteilungseffekte auftreten, da bei geringen Überwälzungsmöglichkeiten die Unternehmer stärker getroffen werden als die Arbeitnehmer. Nimmt man die Transfereinkommensbezieher in diese Überlegungen mit hinein, dann verlangt das Ziel der Verteilungsneutralität vom Staat Leistungsanpassungen entsprechend der jeweils induzierten Preissteigerungen.

Literaturverzeichnis

Braun, Hans-Ulrich (1985):
Grundvermögen privater Haushalte Ende 1983, in: Wirtschaft und Statistik, Heft 12/1985, S. 967-974 und 506*-513*.

Dennerlein, Rudolf K.-H. (1982):
Die Belastungs- und Verteilungswirkungen der indirekten Steuern in der Bundesrepublik Deutschland. Berlin.

Deutscher Bundestag: Drucksache 9/2074.

Deutscher Bundestag: Drucksache 9/2140.

Deutscher Bundestag: Drucksache 9/2283.

Deutsches Institut für Wirtschaftsforschung (1982):
Methodische Aspekte und empirische Ergebnisse einer makro-ökonomisch orientierten Verteilungsrechnung. Schriften zum Bericht der Transfer-Enquete-Kommission "Das Transfersystem in der Bundesrepublik Deutschland", Band 1. Stuttgart, Berlin, Köln, Mainz.

Euler, Manfred (1982a):
Einkommens- und Verbrauchsstichprobe 1983, in: Wirtschaft und Statistik, Heft 6/1982, S. 433-437.

Euler, Manfred (1982b):
Einkommenserzielung und -verwendung 1978 nach Haushaltsgruppen, in: Wirtschaft und Statistik, Heft 11/1982, S. 858-870 und 782*-783*.

Euler, Manfred (1983):
Die Einkommensverteilung und -entwicklung in der Bundesrepublik Deutschland 1962-1978 nach Ergebnissen der Einkommens- und Verbrauchsstichproben, in: Konjunkturpolitik, 29. Jahrgang, viertes Heft 1983, S. 199-228.

Euler, Manfred (1984a):
Struktur privater Haushalte im Januar 1983 nach dem Grundinterview der Einkommens- und Verbrauchsstichprobe, in: Wirtschaft und Statistik, Heft 4/1984, S 361-365.

Euler, Manfred (1984b):
Ausstattung privater Haushalte mit ausgewählten langlebigen Gebrauchsgütern im Januar 1983, in: Wirtschaft und Statistik, Heft 4/1984, S. 366-376.

Euler, Manfred (1984c):
Wohnungsmieter und Wohnungsmieten im Januar 1983, in: Wirtschaft und Statistik, Heft 5/1984, S. 460-467.

Euler, Manfred (1984d):
Beteiligung der 55- bis unter 65jährigen am Erwerbsleben im Januar 1983, in: Wirtschaft und Statistik, Heft 10/1984, S 900-904.

Euler, Manfred (1985a):
Geldvermögen privater Haushalte Ende 1983, in: Wirtschaft und Statistik, Heft 5/1985, S. 408-418.

Euler, Manfred (1985b):
  Wertpapiervermögen privater Haushalte am Jahresende 1983, in: Wirtschaft und Statistik, Heft 8/1985, S. 672-680.

Fronia, Joachim (1982):
  Auswirkungen von Umsatzsteuererhöhungen auf Preise, Produktion und Beschäftigung, in: Aktuelle Probleme der Wirtschaftspolitik. Schriftenreihe des Instituts für Angewandte Wirtschaftsforschung, Band 39. Tübingen 1982.

Galler, Heinz Peter (1977):
  Die Ermittlung eines konsistenten Hochrechnungsrahmens für das IMDAF 69. SPES-Arbeitspapier Nr. 77, Frankfurt, Mannheim (unveröffentlichtes Manuskript).

Göseke, Gerhard; Bedau, Klaus-Dietrich; EDV-Programmierung Klatt, Helmut (1974):
  Verteilung und Schichtung der Einkommen der privaten Haushalte in der Bundesrepublik Deutschland 1950 bis 1975. Beiträge zur Strukturforschung des DIW, Heft 31/1974, Berlin.

Göseke, Gerhard; Bedau, Klaus-Dietrich; EDV-Programmierung Klatt, Helmut (1978):
  Einkommens- und Verbrauchsschichtung für die größeren Verwendungsbereiche des privaten Verbrauchs und die privaten Ersparnisse in der Bundesrepublik Deutschland 1955 bis 1974, Beiträge zur Strukturforschung des DIW, Heft 49/1978, Berlin.

Hartmann, Norbert (1976):
  Private Organisationen ohne Erwerbscharakter als Teil des Haushaltssektors in den Volkswirtschaftlichen Gesamtrechnungen, in: Wirtschaft und Statistik, Heft 10/1976, S. 638-643.

Heilemann, Ulrich (1984):
  Zur Stabilität des RWI-Konjunkturmodells, in: Mitteilungen des Rheinisch-Westfälischen Instituts für Wirtschaftsforschung, Heft 35/1984, S. 313-337.

Hertel, Jürgen (1985):
  Ausgewählte Vermögensbestände und Schulden privater Haushalte Ende 1983, in: Wirtschaft und Statistik, Heft 11/1985, S. 899-907 und 466*-469*.

Kitterer, Wolfgang, unter Mitarbeit von Fronia, Joachim (1981):
  Belastungswirkungen der Umsatzsteuer, Tübingen.

Knoche, Peter (1980):
  Die Belastung der privaten Haushalte mit indirekten Steuern, eine vergleichende Literaturanalyse, Transfer-Enquete-Kommission (unveröffentlichtes Manuskript).

Kortmann, Klaus (1981):
  Integrierte Mikrodatenfiles - theoretische Konzepte und ihre empirische Ausgestaltung, Frankfurt.

Kunz, Dietrich; Euler, Manfred (1972):
  Möglichkeiten und Grenzen der laufenden Wirtschaftsrechnungen, in: Wirtschaft und Statistik, Heft 6/1972, S. 321-326.

Langer, Horst Günter; Martiensen, Jörn; Quinke, Hermann (Herausgeber) (1984):
  Simulationsexperimente mit ökonometrischen Makromodellen, München, Wien.

Lindner, Helmut, Hrsg. (1986):
Aussagefähigkeit von Einkommensverteilungsrechnungen für die Bundesrepublik Deutschland, Tübingen.

Lüdeke, Dietrich, u.a. (1981):
F&T-Modell, in: Schriftenreihe des Instituts für Angewandte Wirtschaftsforschung, Band 36, Tübingen.

Lützel, Heinrich, und Mitarbeiter (1985):
Revision der Volkswirtschaftlichen Gesamtrechnungen 1960 bis 1984, in: Wirtschaft und Statistik, Heft 8/1985, S. 603-617 und 333*-341*.

Müller-Krumholz, Karin; Pohl, Reinhard, Bearb. (1984):
Gedrückte Realeinkommen dämpfen private Sparneigung, in: Wochenbericht des DIW, Nr. 31/1984, S.384-390.

Musgrave, Richard A. (1974):
Finanztheorie, Tübingen.

Piesch, Walter (1975):
Statistische Konzentrationsmaße, Tübingen.

Pohl, Reinhard und Zwiener, Rudolf (1982):
Ein monetäres Teilmodell - ein Beitrag zur Weiterentwicklung des ökonometrischen Konjunkturmodells der Wirtschaftsforschungsinstitute, in: Vierteljahrshefte zur Wirtschaftsforschung, Heft 3/1982, S. 277-293.

Pohmer, Dieter (1977):
Wirkungen finanzpolitischer Instrumente, in: Handbuch der Finanzwissenschaft, Band I, Tübingen.

Rasch, Hans-Georg (1984):
Zur Neuberechnung des Preisindex für die Lebenshaltung auf Basis 1980, in: Wirtschaft und Statistik, Heft 7/1984, S. 640-647 und 268*-269*.

Reddies, Hannelore (1965):
Das Verfahren der laufenden Wirtschaftsrechnungen von 1950 bis 1964 und ab 1965. In: Wirtschaft und Statistik, Heft 8/1965, S. 496-500.

Schmölders, Günter (1972:
Steuer und Wirtschaft, in: Handwörterbuch des Steuerrechts, Band II, München, S. 1 053-1 059.

Statistisches Bundesamt, Hrsg. (1963):
Güterverzeichnis für den Privaten Verbrauch, Ausgabe 1963, Wiesbaden (unveröffentlichtes Manuskript).

Statistisches Bundesamt, Hrsg. (1983):
Systematik der Einnahmen und Ausgaben der privaten Haushalte, Ausgabe 1983, Stuttgart und Mainz.

Statistisches Bundesamt, Hrsg. (1985):
Fachserie 18, Volkswirtschaftliche Gesamtrechnungen, Reihe S.8, Revidierte Ergebnisse 1960 bis 1984, Stuttgart und Mainz.

Steuerreformkommission (1971):
Gutachten der Steuerreformkommission 1971, Bonn.

Streissler, Erich und Monika, Hrsg. (1966):
Konsum und Nachfrage, Köln, Berlin.

Transfer-Enquete-Kommission (1981):
Das Transfersystem in der Bundesrepublik Deutschland, Stuttgart, Berlin, Köln, Mainz.

Zwiener, Rudolf (1980):
Weiterentwicklung des kurzfristigen ökonometrischen Modells der Wirtschafts-forschungsinstitute, in: Vierteljahrshefte zur Wirtschaftsforschung, Heft 3-4/1980, S. 281-296.

Zwiener, Rudolf (1983):
"Crowding-out" durch öffentliche Investitionen? Eine Diskussion der Modell-ergebnisse der Deutschen Bundesbank und eine Gegenüberstellung mit den Er-gebnissen der DIW-Version des ökonometrischen Konjunkturmodells der Wirt-schaftsforschungsinstitute, in: Konjunkturpolitik, 29. Jahrgang, drittes Heft 1983, S. 121-140.

Zwiener, Rudolf (1985):
Die disaggregierte Behandlung der Einkommensverteilung als Submodell der DIW-Version des ökonometrischen Konjunkturmodells der Wirtschaftsforschungs-institute, in: Vierteljahrshefte zur Wirtschaftsforschung, Heft 3/1985, S. 282-291.

J   Tabellen zur Einkommens- und Verbrauchsschichtung

Tabelle 1   Verfügbares Einkommen und Einkommensverwendung der Haushalte von Selbständigen

in der Land- und Forstwirtschaft 1983

Monatlich verfügbares Haushaltseinkommen von ... bis unter ... DM	Zahl der Haushalte in 1 000	Verfügbares Einkommen	Verbrauch	Ersparnis	Konsumquote	Sparquote
		in Mill.DM			in vH des verfügbaren Einkommens	
1 000 unter 1 000	5	52	49	3	93,8	6,2
1 000 ... 2 000	25	461	428	33	92,7	7,3
2 000 ... 2 250	21	539	500	39	92,8	7,2
2 250 ... 2 500	25	716	665	51	92,8	7,2
2 500 ... 2 750	28	883	819	64	92,8	7,2
2 750 ... 3 000	31	1 067	907	80	92,5	7,5
3 000 ... 3 250	31	1 162	1 072	90	92,2	7,8
3 250 ... 3 500	30	1 219	1 126	93	92,3	7,7
3 500 ... 3 750	33	1 438	1 334	104	92,8	7,2
3 750 ... 4 000	32	1 498	1 389	109	92,7	7,3
4 000 ... 5 000	95	5 108	4 708	400	92,2	7,8
5 000 ... 6 000	39	2 543	2 318	225	91,1	8,9
6 000 ... 7 000	11	843	763	80	90,5	9,5
7 000 ... 8 000	2	185	166	19	89,8	10,2
8 000 ... 9 000						
9 000 ... 10 000						
10 000 ... 15 000						
15 000 ... 20 000						
20 000 ... 25 000						
25 000 oder mehr						
Zusammen	408	17 714	16 322	1 392	92,1	7,9

Quelle: Berechnungen des DIW unter Verwendung amtlicher Statistiken.

Tabelle 2   Verfügbares Einkommen und Einkommensverwendung der Haushalte von Selbständigen

außerhalb der Land- und Forstwirtschaft 1983

Monatlich verfügbares Haushaltseinkommen von ... bis unter ... DM	Zahl der Haushalte in 1 000	Verfügbares Einkommen	Verbrauch	Ersparnis	Konsumquote	Sparquote
			in Mill.DM		in vH des verfügbaren Einkommens	
unter 1 000						
1 000 ... 2 000						
2 000 ... 2 250						
2 250 ... 2 500						
2 500 ... 2 750						
2 750 ... 3 000	1	35	31	4	89,3	10,7
3 000 ... 3 250	3	114	101	13	88,7	11,3
3 250 ... 3 500	6	245	216	29	88,4	11,6
3 500 ... 3 750	10	439	386	53	87,9	12,1
3 750 ... 4 000	17	797	699	98	87,6	12,4
4 000 ... 5 000	102	5 591	4 854	737	86,8	13,2
5 000 ... 6 000	151	10 082	8 673	1 409	86,0	14,0
6 000 ... 7 000	171	13 409	11 454	1 955	85,4	14,6
7 000 ... 8 000	166	14 972	12 717	2 255	84,9	15,1
8 000 ... 9 000	157	16 012	13 537	2 475	84,5	15,5
9 000 ... 10 000	127	14 454	12 149	2 305	84,1	15,9
10 000 ... 15 000	304	44 490	36 824	7 666	82,8	17,2
15 000 ... 20 000	148	30 146	24 526	5 620	81,4	18,6
20 000 ... 25 000	65	16 965	13 637	3 328	80,4	19,6
25 000 oder mehr	38	13 176	10 470	2 706	79,5	20,5
Zusammen	1 466	180 927	150 274	30 653	83,1	16,9

Quelle: Berechnungen des DIW unter Verwendung amtlicher Statistiken.

Tabelle 3

Verfügbares Einkommen und Einkommensverwendung

der Angestellten-Haushalte 1983

Monatlich verfügbares Haushaltseinkommen von ... bis unter ... DM	Zahl der Haushalte in 1 000	Verfügbares Einkommen in Mill.DM	Verbrauch in Mill.DM	Ersparnis in Mill.DM	Konsumquote in vH des verfügbaren Einkommens	Sparquote in vH des verfügbaren Einkommens
unter 1 000	54	592	556	36	93,9	6,1
1 000 ... 2 000	419	8 311	7 716	595	92,8	7,2
2 000 ... 2 250	281	7 213	6 677	536	92,6	7,4
2 250 ... 2 500	373	10 674	9 886	788	92,6	7,4
2 500 ... 2 750	411	12 973	12 007	966	92,6	7,4
2 750 ... 3 000	416	14 365	13 282	1 083	92,5	7,5
3 000 ... 3 250	414	15 538	14 354	1 184	92,4	7,6
3 250 ... 3 500	400	16 204	14 952	1 252	92,3	7,7
3 500 ... 3 750	366	15 919	14 660	1 259	92,1	7,9
3 750 ... 4 000	322	14 961	13 742	1 219	91,9	8,1
4 000 ... 5 000	918	49 166	44 844	4 322	91,2	8,8
5 000 ... 6 000	515	33 643	30 349	3 294	90,2	9,8
6 000 ... 7 000	310	23 893	21 344	2 549	89,3	10,7
7 000 ... 8 000	188	16 701	14 806	1 895	88,7	11,3
8 000 ... 9 000	95	9 566	8 447	1 119	88,3	11,7
9 000 ... 10 000	52	5 910	5 191	719	87,8	12,2
10 000 ... 15 000	22	3 289	2 871	418	87,3	12,7
15 000 ... 20 000	5	1 134	979	155	86,3	13,7
20 000 ... 25 000						
25 000 oder mehr						
Zusammen	5 561	260 052	236 664	23 388	91,0	9,0

Quelle: Berechnungen des DIW unter Verwendung amtlicher Statistiken.

Tabelle 4   Verfügbares Einkommen und Einkommensverwendung der Beamten-Haushalte 1983

Monatlich verfügbares Haushaltseinkommen von ... bis unter ... DM	Zahl der Haushalte in 1 000	Verfügbares Einkommen	Verbrauch	Ersparnis	Konsumquote	Sparquote
		in Mill. DM			in vH des verfügbaren Einkommens	
unter 1 000	1	11	10	1	93,9	6,1
1 000 ... 2 000	26	516	479	37	92,7	7,3
2 000 ... 2 250	40	1 033	956	77	92,5	7,5
2 250 ... 2 500	67	1 924	1 781	143	92,6	7,4
2 500 ... 2 750	88	2 785	2 577	208	92,5	7,5
2 750 ... 3 000	104	3 597	3 326	271	92,5	7,5
3 000 ... 3 250	110	4 131	3 816	315	92,4	7,6
3 250 ... 3 500	115	4 663	4 305	358	92,3	7,7
3 500 ... 3 750	116	5 047	4 652	395	92,2	7,8
3 750 ... 4 000	112	5 206	4 794	412	92,1	7,9
4 000 ... 5 000	334	17 866	16 362	1 504	91,6	8,4
5 000 ... 6 000	206	13 428	12 176	1 252	90,7	9,3
6 000 ... 7 000	122	9 376	8 424	952	89,8	10,2
7 000 ... 8 000	65	5 783	5 166	617	89,3	10,7
8 000 ... 9 000	29	2 947	2 631	316	89,3	10,7
9 000 ... 10 000	11	1 249	1 116	133	89,4	10,6
10 000 ... 15 000	5	758	671	87	88,5	11,5
15 000 ... 20 000	1	226	197	29	87,2	12,8
20 000 ... 25 000						
25 000 oder mehr						
Zusammen	1 552	80 546	73 440	7 106	91,2	8,8

Quelle: Berechnungen des DIW unter Verwendung amtlicher Statistiken.

Tabelle 5   Verfügbares Einkommen und Einkommensverwendung

der Arbeiter-Haushalte 1983

Monatlich verfügbares Haushaltseinkommen von ... bis unter ... DM	Zahl der Haushalte in 1 000	Verfügbares Einkommen	Verbrauch	Ersparnis	Konsumquote	Sparquote
		in Mill.DM			in vH des verfügbaren Einkommens	
unter 1 000	121	1 288	1 211	77	94,0	6,0
1 000 ... 2 000	1 117	21 436	19 970	1 466	93,2	6,8
2 000 ... 2 250	455	11 713	10 897	816	93,0	7,0
2 250 ... 2 500	520	14 880	13 853	1 027	93,1	6,9
2 500 ... 2 750	558	17 603	16 393	1 210	93,1	6,9
2 750 ... 3 000	522	18 011	16 755	1 256	93,0	7,0
3 000 ... 3 250	475	17 802	16 536	1 266	92,9	7,1
3 250 ... 3 500	415	16 781	15 556	1 225	92,7	7,3
3 500 ... 3 750	344	14 934	13 804	1 130	92,4	7,6
3 750 ... 4 000	278	12 897	11 884	1 013	92,1	7,9
4 000 ... 5 000	659	35 057	32 079	2 978	91,5	8,5
5 000 ... 6 000	300	19 453	17 612	1 841	90,5	9,5
6 000 ... 7 000	138	10 556	9 475	1 081	89,8	10,2
7 000 ... 8 000	38	3 435	3 062	373	89,1	10,9
8 000 ... 9 000	8	805	723	82	89,8	10,2
9 000 ... 10 000	1	116	103	13	89,2	10,8
10 000 ... 15 000						
15 000 ... 20 000						
20 000 ... 25 000						
25 000 oder mehr						
Zusammen	5 949	216 767	199 912	16 855	92,2	7,8

Quelle: Berechnungen des DIW unter Verwendung amtlicher Statistiken.

Tabelle 6   Verfügbares Einkommen und Einkommensverwendung

der Rentner-Haushalte 1983

Monatlich verfügbares Haushaltseinkommen von ... bis unter ... DM	Zahl der Haushalte in 1 000	Verfügbares Einkommen (in Mill. DM)	Verbrauch (in Mill. DM)	Ersparnis (in Mill. DM)	Konsumquote (in vH des verfügbaren Einkommens)	Sparquote (in vH des verfügbaren Einkommens)
unter 1 000	765	7 641	7 143	498	93,5	6,5
1 000 ... 2 000	3 972	71 598	65 620	5 978	91,7	8,3
2 000 ... 2 250	585	14 957	13 639	1 318	91,2	8,8
2 250 ... 2 500	538	15 364	13 998	1 366	91,1	8,9
2 500 ... 2 750	505	15 920	14 488	1 432	91,0	9,0
2 750 ... 3 000	473	16 298	14 805	1 493	90,8	9,2
3 000 ... 3 250	430	16 098	14 586	1 512	90,6	9,4
3 250 ... 3 500	370	14 949	13 506	1 443	90,3	9,7
3 500 ... 3 750	290	12 580	11 330	1 250	90,1	9,9
3 750 ... 4 000	212	9 829	8 832	997	89,9	10,1
4 000 ... 5 000	353	18 809	16 846	1 963	89,6	10,4
5 000 ... 6 000	192	12 466	11 055	1 411	88,7	11,3
6 000 ... 7 000	82	6 262	5 514	748	88,1	11,9
7 000 ... 8 000	28	2 548	2 227	321	87,4	12,6
8 000 ... 9 000	4	418	368	50	88,1	11,9
9 000 ... 10 000						
10 000 ... 15 000						
15 000 ... 20 000						
20 000 ... 25 000						
25 000 oder mehr						
Zusammen	8 799	235 737	213 957	21 780	90,8	9,2

Quelle: Berechnungen des DIW unter Verwendung amtlicher Statistiken.

Tabelle 7   Verfügbares Einkommen und Einkommensverwendung der Haushalte von

Versorgungsempfängern des öffentlichen Dienstes 1983

Monatlich verfügbares Haushaltseinkommen von ... bis unter ... DM	Zahl der Haushalte in 1 000	Verfügbares Einkommen	Verbrauch	Ersparnis	Konsumquote	Sparquote
			in Mill.DM		in vH des verfügbaren Einkommens	
unter 1 000	4	43	40	3	93,4	6,6
1 000 ... 2 000	214	4 238	3 886	352	91,7	8,3
2 000 ... 2 250	80	2 049	1 869	180	91,2	8,8
2 250 ... 2 500	81	2 312	2 103	209	91,0	9,0
2 500 ... 2 750	85	2 675	2 429	246	90,8	9,2
2 750 ... 3 000	84	2 898	2 625	273	90,6	9,4
3 000 ... 3 250	79	2 959	2 673	286	90,3	9,7
3 250 ... 3 500	74	2 989	2 694	295	90,1	9,9
3 500 ... 3 750	65	2 817	2 531	286	89,9	10,1
3 750 ... 4 000	52	2 409	2 157	252	89,6	10,4
4 000 ... 5 000	112	5 976	5 330	646	89,2	10,8
5 000 ... 6 000	63	4 067	3 598	469	88,5	11,5
6 000 ... 7 000	23	1 809	1 588	221	87,8	12,2
7 000 ... 8 000	7	624	552	72	88,5	11,5
8 000 ... 9 000	2	214	188	26	87,7	12,3
9 000 ... 10 000						
10 000 ... 15 000						
15 000 ... 20 000						
20 000 ... 25 000						
25 000 oder mehr						
Zusammen	1 025	38 079	34 264	3 815	90,0	10,0

Quelle: Berechnungen des DIW unter Verwendung amtlicher Statistiken.

Tabelle 8

Verfügbares Einkommen und Einkommensverwendung
der Privathaushalte 1983

Monatlich verfügbares Haushaltseinkommen von ... bis unter ... DM	Zahl der Haushalte in 1 000	Verfügbares Einkommen	Verbrauch	Ersparnis	Konsumquote	Sparquote
		in Mill.DM			in vH des verfügbaren Einkommens	
unter 1 000	950	9 627	9 008	619	93,6	6,4
1 000 ... 2 000	5 773	106 560	98 098	8 462	92,1	7,9
2 000 ... 2 250	1 462	37 504	34 539	2 965	92,1	7,9
2 250 ... 2 500	1 604	45 870	42 285	3 585	92,2	7,8
2 500 ... 2 750	1 675	52 839	48 714	4 125	92,2	7,8
2 750 ... 3 000	1 631	56 271	51 810	4 461	92,1	7,9
3 000 ... 3 250	1 542	57 804	53 139	4 665	91,9	8,1
3 250 ... 3 500	1 410	57 050	52 355	4 695	91,8	8,2
3 500 ... 3 750	1 224	53 174	48 698	4 476	91,6	8,4
3 750 ... 4 000	1 025	47 597	43 496	4 101	91,4	8,6
4 000 ... 5 000	2 573	137 573	125 023	12 550	90,9	9,1
5 000 ... 6 000	1 466	95 682	85 782	9 900	89,7	10,3
6 000 ... 7 000	857	66 148	58 562	7 586	88,5	11,5
7 000 ... 8 000	494	44 248	38 697	5 551	87,5	12,5
8 000 ... 9 000	295	29 962	25 893	4 069	86,4	13,6
9 000 ... 10 000	191	21 729	18 560	3 169	85,4	14,6
10 000 ... 15 000	331	48 537	40 366	8 171	83,2	16,8
15 000 ... 20 000	154	31 506	25 701	5 805	81,6	18,4
20 000 ... 25 000	65	16 965	13 637	3 328	80,4	19,6
25 000 oder mehr	38	13 176	10 470	2 706	79,5	20,5
Zusammen	24 760	1 029 822	924 832	104 990	89,8	10,2

Quelle: Berechnungen des DIW unter Verwendung amtlicher Statistiken.

Tabelle 9   Verbrauchsausgaben der Haushalte von Selbständigen in der Land- und Forstwirtschaft 1983

in Mill. DM

Monatlich verfügbares Haushaltseinkommen von ... bis unter ... DM	Nahrungsmittel	Genußmittel	Bekleidung	Wohnungsmiete	Energie	Übrige Haushaltsführung	Verkehr, Nachrichten	Körper- u. Gesundh.pfl., Bildung, Unterhaltung	Persönliche Ausstattung	Zusammen
unter 1 000	12	4	4	11	5	4	4	3	3	49
1 000 ... 2 000	97	33	32	93	36	37	46	31	24	428
2 000 ... 2 250	114	35	39	100	41	43	59	41	27	500
2 250 ... 2 500	155	46	54	129	53	57	78	55	36	665
2 500 ... 2 750	193	57	68	155	64	69	99	70	45	819
2 750 ... 3 000	228	69	82	181	72	85	128	85	57	987
3 000 ... 3 250	246	75	89	191	75	93	146	94	64	1 072
3 250 ... 3 500	266	77	97	189	74	95	159	100	68	1 126
3 500 ... 3 750	332	89	120	212	86	108	188	120	80	1 334
3 750 ... 4 000	347	90	126	214	89	112	199	129	83	1 389
4 000 ... 5 000	1 149	290	424	695	291	389	714	469	289	4 708
5 000 ... 6 000	533	134	202	326	134	203	384	251	150	2 318
6 000 ... 7 000	169	42	65	104	42	69	133	88	51	763
7 000 ... 8 000	36	9	14	22	9	15	30	20	11	166
8 000 ... 9 000										
9 000 ... 10 000										
10 000 ... 15 000										
15 000 ... 20 000										
20 000 ... 25 000										
25 000 oder mehr										
Zusammen	3 876	1 049	1 416	2 622	1 071	1 378	2 368	1 555	987	16 322

Quelle: Berechnungen des DIW unter Verwendung amtlicher Statistiken.

Tabelle 10   Verbrauchsausgaben der Haushalte von Selbständigen außerhalb der Land- und Forstwirtschaft 1983

in Mill. DM

Monatlich verfügbares Haushaltseinkommen von ... bis unter ... DM	Nahrungsmittel	Genußmittel	Bekleidung	Wohnungsmiete	Energie	Übrige Haushaltsführung	Verkehr, Nachrichten	Körper- u. Gesundh.pfl., Bildung, Unterhaltung	Persönliche Ausstattung	Zusammen
unter 1 000										
1 000 ... 2 000										
2 000 ... 2 250										
2 250 ... 2 500										
2 500 ... 2 750										
2 750 ... 3 000	6	3	2	6	2	3	4	3	2	31
3 000 ... 3 250	18	9	7	20	5	11	13	10	8	101
3 250 ... 3 500	39	19	16	42	11	23	28	21	17	216
3 500 ... 3 750	69	33	28	73	20	41	52	39	31	386
3 750 ... 4 000	126	59	51	127	33	74	98	72	58	699
4 000 ... 5 000	859	388	354	827	216	527	734	534	414	4 854
5 000 ... 6 000	1 525	641	641	1 344	348	958	1 420	1 028	767	8 673
6 000 ... 7 000	1 984	799	848	1 649	419	1 286	1 989	1 432	1 048	11 454
7 000 ... 8 000	2 177	840	944	1 721	434	1 448	2 298	1 663	1 192	12 717
8 000 ... 9 000	2 287	851	1 007	1 735	433	1 559	2 529	1 837	1 298	13 537
9 000 ... 10 000	1 991	738	890	1 495	364	1 426	2 349	1 699	1 197	12 149
10 000 ... 15 000	5 437	2 064	2 522	4 197	938	4 566	7 722	5 494	3 884	36 824
15 000 ... 20 000	3 177	1 238	1 551	2 554	511	3 225	5 575	3 917	2 777	24 526
20 000 ... 25 000	1 593	639	811	1 337	245	1 866	3 261	2 267	1 618	13 637
25 000 oder mehr	1 091	451	584	961	159	1 486	2 630	1 808	1 302	10 470
Zusammen	22 379	8 772	10 256	18 089	4 137	18 499	30 703	21 825	15 613	150 274

Quelle: Berechnungen des DIW unter Verwendung amtlicher Statistiken.

Tabelle 11

Verbrauchsausgaben der Angestellten-Haushalte 1983

in Mill. DM

Monatlich verfügbares Haushaltseinkommen von ... bis unter ... DM	Nahrungsmittel	Genußmittel	Bekleidung	Wohnungsmiete	Energie	Übrige Haushaltsführung	Verkehr, Nachrichten	Körper- u. Gesundh.pfl., Bildung, Unterhaltung	Persönliche Ausstattung	Zusammen
1 000 unter 1 000	132	49	50	102	46	54	47	37	38	556
1 000 ... 2 000	1 578	657	675	1 365	534	807	879	648	572	7 716
2 000 ... 2 250	1 321	544	592	1 128	437	708	837	612	500	6 677
2 250 ... 2 500	1 958	783	899	1 601	624	1 042	1 297	942	741	9 886
2 500 ... 2 750	2 357	934	1 107	1 875	726	1 271	1 645	1 182	912	12 007
2 750 ... 3 000	2 577	1 014	1 238	2 002	771	1 416	1 890	1 350	1 025	13 282
3 000 ... 3 250	2 768	1 073	1 358	2 075	801	1 536	2 110	1 506	1 126	14 354
3 250 ... 3 500	2 861	1 094	1 429	2 079	804	1 609	2 265	1 618	1 193	14 952
3 500 ... 3 750	2 766	1 054	1 405	1 973	759	1 594	2 208	1 631	1 191	14 660
3 750 ... 4 000	2 545	970	1 314	1 796	686	1 513	2 208	1 571	1 138	13 742
4 000 ... 5 000	7 881	3 038	4 212	5 556	2 076	5 108	7 665	5 441	3 866	44 844
5 000 ... 6 000	4 895	1 949	2 747	3 511	1 257	3 633	5 627	3 960	2 770	30 349
6 000 ... 7 000	3 187	1 311	1 862	2 338	806	2 659	4 204	2 940	2 036	21 344
7 000 ... 8 000	2 080	868	1 256	1 542	519	1 896	3 058	2 132	1 456	14 806
8 000 ... 9 000	1 147	469	715	831	277	1 093	1 806	1 263	846	8 447
9 000 ... 10 000	675	274	433	485	159	681	1 150	802	531	5 191
10 000 ... 15 000	352	133	242	239	77	380	670	475	301	2 871
15 000 ... 20 000	107	40	81	71	21	133	244	174	109	979
20 000 ... 25 000										
25 000 oder mehr										
Zusammen	41 188	16 255	21 614	30 570	11 381	27 132	39 890	28 284	20 350	236 664

Quelle: Berechnungen des DIW unter Verwendung amtlicher Statistiken.

Tabelle 12

Verbrauchsausgaben der Beamten-Haushalte 1983

in Mill. DM

Monatlich verfügbares Haushaltseinkommen von ... bis unter ... DM	Nahrungs- mittel	Genuß- mittel	Bekleidung	Wohnungs- miete	Energie	Übrige Haushalts- führung	Verkehr, Nach- richten	Körper- u. Gesundh.pfl., Bildung, Unterhaltung	Persönliche Aus- stattung	Zusammen
unter 1 000	2	1	1	2	1	1	1	1	1	10
1 000 ... 2 000	95	39	41	84	30	50	58	44	36	479
2 000 ... 2 250	184	74	82	160	58	101	128	98	71	956
2 250 ... 2 500	343	133	155	285	108	187	248	192	130	1 781
2 500 ... 2 750	494	186	229	395	150	270	374	289	189	2 577
2 750 ... 3 000	631	233	300	490	187	350	501	389	245	3 326
3 000 ... 3 250	715	263	348	538	205	404	596	461	286	3 816
3 250 ... 3 500	801	289	399	580	223	457	692	538	327	4 305
3 500 ... 3 750	853	305	433	603	232	498	769	601	359	4 652
3 750 ... 4 000	874	307	451	596	229	515	810	638	375	4 794
4 000 ... 5 000	2 848	997	1 527	1 902	720	1 806	2 920	2 312	1 330	16 362
5 000 ... 6 000	1 938	691	1 101	1 304	475	1 408	2 352	1 860	1 047	12 176
6 000 ... 7 000	1 231	451	735	847	296	1 013	1 730	1 364	758	8 424
7 000 ... 8 000	713	261	443	485	165	634	1 109	876	479	5 166
8 000 ... 9 000	358	126	229	227	77	322	582	461	249	2 631
9 000 ... 10 000	153	50	100	90	30	135	250	202	106	1 116
10 000 ... 15 000	83	27	58	49	15	84	158	128	67	671
15 000 ... 20 000	21	6	16	13	4	26	49	41	21	197
20 000 ... 25 000										
25 000 oder mehr										
Zusammen	12 336	4 440	6 648	8 650	3 206	8261	13 328	10 495	6 076	73 440

Quelle: Berechnungen des DIW unter Verwendung amtlicher Statistiken.

Tabelle 13

Verbrauchsausgaben der Arbeiter-Haushalte 1983

in Mill. DM

Monatlich verfügbares Haushaltseinkommen von ... bis unter ... DM	Nahrungs-mittel	Genuß-mittel	Bekleidung	Wohnungs-miete	Energie	übrige Haushalts-führung	Verkehr, Nach-richten	Körper- u. Gesundh.pfl., Bildung, Unterhaltung	Persönliche Aus-stattung	Zusammen
unter 1 000	295	120	103	220	112	112	100	77	71	1 211
1 000 ... 2 000	4 449	1 836	1 743	3 323	1 572	1 922	2 244	1 641	1 239	19 970
2 000 ... 2 250	2 381	962	988	1 689	783	1 057	1 369	976	693	10 897
2 250 ... 2 500	3 048	1 190	1 292	2 040	962	1 335	1 807	1 286	885	13 853
2 500 ... 2 750	3 628	1 376	1 566	2 307	1 102	1 574	2 209	1 575	1 056	16 393
2 750 ... 3 000	3 689	1 378	1 618	2 275	1 101	1 618	2 320	1 667	1 090	16 755
3 000 ... 3 250	3 612	1 336	1 608	2 168	1 059	1 609	2 353	1 700	1 090	16 536
3 250 ... 3 500	3 356	1 237	1 516	1 980	971	1 529	2 277	1 647	1 042	15 556
3 500 ... 3 750	2 922	1 083	1 338	1 714	838	1 378	2 084	1 503	944	13 804
3 750 ... 4 000	2 465	920	1 143	1 443	701	1 205	1 849	1 328	830	11 884
4 000 ... 5 000	6 359	2 413	3 032	3 700	1 771	3 359	5 320	3 781	2 344	32 079
5 000 ... 6 000	3 264	1 256	1 619	1 891	894	1 929	3 163	2 238	1 358	17 612
6 000 ... 7 000	1 660	644	850	961	449	1 073	1 805	1 273	760	9 475
7 000 ... 8 000	517	196	273	294	139	355	606	434	251	3 062
8 000 ... 9 000	128	43	69	65	33	81	142	105	58	723
9 000 ... 10 000	18	6	10	9	5	12	21	16	8	103
10 000 ... 15 000										
15 000 ... 20 000										
20 000 ... 25 000										
25 000 oder mehr										
Zusammen	41 791	15 996	18 767	26 086	12 492	20 148	29 668	21 247	13 718	199 912

Quelle: Berechnungen des DIW unter Verwendung amtlicher Statistiken.

Tabelle 14

Verbrauchsausgaben der Rentner-Haushalte 1983

in Mill. DM

Monatlich verfügbares Haushaltseinkommen von ... bis unter ... DM	Nahrungsmittel	Genußmittel	Bekleidung	Wohnungsmiete	Energie	Übrige Haushaltsführung	Verkehr, Nachrichten	Körper- u. Gesundh.pfl., Bildung, Unterhaltung	Persönliche Ausstattung	Zusammen
unter 1 000	1 694	610	594	1 365	646	666	491	547	530	7 143
1 000 ... 2 000	13 023	5 097	5 306	12 415	5 137	6 594	6 065	6 437	5 548	65 620
2 000 ... 2 250	2 578	1 016	1 144	2 431	953	1 383	1 439	1 470	1 225	13 639
2 250 ... 2 500	2 621	1 036	1 198	2 418	926	1 420	1 540	1 548	1 290	13 998
2 500 ... 2 750	2 685	1 063	1 263	2 421	907	1 474	1 657	1 647	1 372	14 488
2 750 ... 3 000	2 703	1 072	1 303	2 397	882	1 515	1 758	1 735	1 440	14 805
3 000 ... 3 250	2 610	1 035	1 288	2 292	833	1 507	1 796	1 770	1 454	14 586
3 250 ... 3 500	2 364	939	1 192	2 062	742	1 411	1 721	1 695	1 380	13 506
3 500 ... 3 750	1 941	765	998	1 682	604	1 196	1 487	1 475	1 182	11 330
3 750 ... 4 000	1 493	578	781	1 268	458	937	1 190	1 190	936	8 832
4 000 ... 5 000	2 787	1 049	1 508	2 237	805	1 797	2 398	2 408	1 856	16 846
5 000 ... 6 000	1 694	632	968	1 354	478	1 217	1 703	1 718	1 290	11 055
6 000 ... 7 000	799	291	476	635	224	620	888	914	667	5 514
7 000 ... 8 000	304	106	190	240	86	255	374	395	277	2 227
8 000 ... 9 000	53	15	34	37	15	41	59	70	44	368
9 000 ... 10 000										
10 000 ... 15 000										
15 000 ... 20 000										
20 000 ... 25 000										
25 000 oder mehr										
Zusammen	39 349	15 304	18 244	35 255	13 695	22 034	24 566	25 018	20 492	213 957

Quelle: Berechnungen des DIW unter Verwendung amtlicher Statistiken.

Tabelle 15 Verbrauchsausgaben der Haushalte von Versorgungsempfängern des öffentlichen Dienstes 1983

in Mill. DM

Monatlich verfügbares Haushaltseinkommen von ... bis unter ... DM	Nahrungs-mittel	Genuß-mittel	Bekleidung	Wohnungs-miete	Energie	Übrige Haushalts-führung	Verkehr, Nach-richten	Körper- u. Gesundh.pfl., Bildung, Unterhaltung	Persönliche Aus-stattung	Zusammen
unter 1 000	10	4	3	8	4	4	3	3	3	40
1 000 ... 2 000	761	315	305	729	288	388	375	403	321	3 886
2 000 ... 2 250	347	145	146	341	131	190	198	213	157	1 869
2 250 ... 2 500	380	160	164	378	143	216	232	250	180	2 103
2 500 ... 2 750	432	182	191	423	157	250	279	302	212	2 429
2 750 ... 3 000	460	195	210	441	158	271	315	339	236	2 625
3 000 ... 3 250	460	196	215	434	152	277	333	359	246	2 673
3 250 ... 3 500	456	194	218	422	145	280	349	375	254	2 694
3 500 ... 3 750	420	179	205	384	131	265	338	365	244	2 531
3 750 ... 4 000	349	148	174	318	108.	228	297	323	211	2 157
4 000 ... 5 000	842	352	435	716	237	563	786	854	545	5 330
5 000 ... 6 000	533	220	289	441	145	389	571	625	387	3 598
6 000 ... 7 000	221	87	126	178	60	176	266	299	176	1 588
7 000 ... 8 000	83	27	48	56	21	58	92	108	60	552
8 000 ... 9 000	26	9	15	18	7	20	33	38	21	188
9 000 ... 10 000										
10 000 ... 15 000										
15 000 ... 20 000										
20 000 ... 25 000										
25 000 oder mehr										
Zusammen	5 780	2 414	2 745	5 286	1 808	3 576	4 466	4 856	3 254	34 264

Quelle: Berechnungen des DIW unter Verwendung amtlicher Statistiken.

Tabelle 16

Verbrauchsausgaben der Privathaushalte 1983

in Mill. DM

Monatlich verfügbares Haushaltseinkommen von ... bis unter ... DM	Nahrungs-mittel	Genuß-mittel	Bekleidung	Wohnungs-miete	Energie	Übrige Haushalts-führung	Verkehr, Nach-richten	Körper- u. Gesundh.pfl., Bildung, Unterhaltung	Persönliche Aus-stattung	Zusammen
unter 1 000	2 145	788	755	1 708	812	841	645	668	646	9 008
1 000 ... 2 000	20 003	7 979	8 101	18 008	7 598	9 799	9 667	9 204	7 740	98 098
2 000 ... 2 250	6 924	2 776	2 991	5 848	2 402	3 482	4 031	3 409	2 674	34 539
2 250 ... 2 500	8 505	3 348	3 762	6 860	2 816	4 258	5 202	4 272	3 261	42 285
2 500 ... 2 750	9 788	3 798	4 424	7 577	3 107	4 908	6 263	5 064	3 785	48 714
2 750 ... 3 000	10 293	3 965	4 752	7 791	3 173	5 258	6 915	5 568	4 094	51 810
3 000 ... 3 250	10 431	3 987	4 915	7 719	3 131	5 436	7 348	5 899	4 275	53 139
3 250 ... 3 500	10 143	3 849	4 866	7 354	2 970	5 405	7 491	5 995	4 282	52 355
3 500 ... 3 750	9 303	3 508	4 526	6 641	2 669	5 080	7 207	5 734	4 031	48 698
3 750 ... 4 000	8 198	3 072	4 039	5 763	2 305	4 585	6 652	5 252	3 631	43 496
4 000 ... 5 000	22 725	8 527	11 491	15 633	6 118	13 550	20 536	15 799	10 645	125 023
5 000 ... 6 000	14 382	5 523	7 569	10 171	3 732	9 735	15 221	11 681	7 768	85 782
6 000 ... 7 000	9 252	3 624	4 963	6 711	2 296	6 896	11 015	8 310	5 495	58 562
7 000 ... 8 000	5 910	2 306	3 168	4 359	1 372	4 661	7 567	5 628	3 726	38 697
8 000 ... 9 000	3 999	1 513	2 069	2 914	842	3 116	5 150	3 774	2 515	25 893
9 000 ... 10 000	2 837	1 068	1 432	2 079	558	2 254	3 769	2 719	1 843	18 560
10 000 ... 15 000	5 873	2 224	2 822	4 485	1 030	5 029	8 551	6 098	4 253	40 366
15 000 ... 20 000	3 305	1 284	1 648	2 639	536	3 304	5 868	4 132	2 906	25 701
20 000 ... 25 000	1 593	639	811	1 337	245	1 866	3 261	2 267	1 618	13 637
25 000 oder mehr	1 091	451	584	961	159	1 486	2 629	1 808	1 302	10 470
Zusammen	166 699	64 229	79 689	126 559	47 870	101 029	144 989	113 279	80 490	924 832

Quelle: Berechnungen des DIW unter Verwendung amtlicher Statistiken.

Tabelle 17 Mehrwertsteuern der Haushalte von Selbständigen in der Land- und Forstwirtschaft 1983
bei einem allgemeinen Steuersatz von 13 %

in Mill. DM

Monatlich verfügbares Haushaltseinkommen von ... bis unter ... DM	Nahrungs-mittel	Genuß-mittel	Bekleidung	Wohnungs-miete	Energie	Übrige Haushalts-führung	Verkehr, Nach-richten	Körper- u. Gesundh.pfl., Bildung, Unterhaltung	Persönliche Aus-stattung	Zusammen
unter 1 000	0,9	0,4	0,5	0,4	0,6	0,4	0,3	0,3	0,2	4,0
1 000 ... 2 000	7,2	3,3	3,7	3,6	4,1	3,8	3,9	2,7	1,8	34,1
2 000 ... 2 250	8,5	3,6	4,5	3,9	4,7	4,5	5,3	3,5	1,9	40,4
2 250 ... 2 500	11,6	4,8	6,2	5,0	6,1	6,1	7,2	4,8	2,5	54,3
2 500 ... 2 750	14,5	6,0	7,8	6,1	7,4	7,4	9,3	6,1	3,2	67,8
2 750 ... 3 000	17,1	7,4	9,4	7,1	8,3	9,2	12,3	7,4	4,0	82,2
3 000 ... 3 250	18,5	8,1	10,2	7,5	8,6	10,2	14,4	8,3	4,4	90,2
3 250 ... 3 500	20,1	8,3	11,2	7,4	8,5	10,4	15,8	8,8	4,6	95,1
3 500 ... 3 750	25,2	9,6	13,8	8,3	9,9	11,9	19,0	10,5	5,4	113,6
3 750 ... 4 000	26,4	9,7	14,5	8,4	10,2	12,3	20,2	11,2	5,6	118,5
4 000 ... 5 000	87,9	31,3	48,8	27,2	33,5	42,6	73,2	40,5	19,4	404,4
5 000 ... 6 000	41,1	14,5	23,2	12,7	15,4	22,2	39,6	21,3	10,0	200,0
6 000 ... 7 000	13,2	4,5	7,5	4,1	4,8	7,5	13,8	7,3	3,4	66,1
7 000 ... 8 000	2,8	1,0	1,6	0,9	1,0	1,6	3,1	1,6	0,7	14,3
8 000 ... 9 000										
9 000 ... 10 000										
10 000 ... 15 000										
15 000 ... 20 000										
20 000 ... 25 000										
25 000 oder mehr										
Zusammen	295	113	163	103	123	150	238	134	67	1 385

Quelle: Berechnungen des DIW unter Verwendung amtlicher Statistiken.

Tabelle 18

Mehrwertsteuern der Haushalte von Selbständigen außerhalb der Land- und Forstwirtschaft 1983

bei einem allgemeinen Steuersatz von 13 %

in Mill. DM

Monatlich verfügbares Haushaltseinkommen von ... bis unter ... DM	Nahrungs-mittel	Genuß-mittel	Bekleidung	Wohnungs-miete	Energie	Übrige Haushalts-führung	Verkehr, Nach-richten	Körper- u. Gesundh.pfl., Bildung, Unterhaltung	Persönliche Aus-stattung	Zusammen
unter 1 000										
1 000 ... 2 000										
2 000 ... 2 250										
2 250 ... 2 500										
2 500 ... 2 750										
2 750 ... 3 000	0,5	0,3	0,2	0,2	0,2	0,3	0,4	0,3	0,1	2,4
3 000 ... 3 250	1,4	1,0	0,8	0,8	0,6	1,2	1,3	0,9	0,6	8,0
3 250 ... 3 500	2,9	2,0	1,8	1,6	1,3	2,5	2,8	1,9	1,2	16,8
3 500 ... 3 750	5,2	3,6	3,2	2,9	2,3	4,5	5,3	3,4	2,1	32,5
3 750 ... 4 000	9,6	6,4	5,9	5,0	3,8	8,1	10,0	6,3	3,9	59,0
4 000 ... 5 000	65,7	41,9	40,7	32,3	24,8	57,8	75,2	46,1	27,8	412,3
5 000 ... 6 000	117,6	69,3	73,7	52,6	40,0	104,7	146,5	87,2	51,2	742,8
6 000 ... 7 000	154,6	86,4	97,5	64,5	48,2	140,0	206,9	118,6	69,4	986,1
7 000 ... 8 000	170,9	90,9	108,6	67,3	49,9	157,3	240,4	133,9	78,7	1 097,9
8 000 ... 9 000	181,4	92,1	115,8	67,8	49,8	168,4	266,1	142,6	85,1	1 169,1
9 000 ... 10 000	159,3	79,9	102,4	58,5	41,9	153,4	249,0	125,6	77,9	1 047,9
10 000 ... 15 000	446,9	223,5	290,0	164,1	107,9	486,3	827,0	384,6	250,1	3 180,4
15 000 ... 20 000	270,0	134,3	178,4	99,9	58,8	337,0	603,2	257,0	173,8	2 112,4
20 000 ... 25 000	140,0	69,5	93,3	52,3	28,2	191,5	356,1	138,1	99,0	1 168,0
25 000 oder mehr	100,0	49,2	67,2	37,6	18,3	148,2	292,2	100,0	76,0	888,7
Zusammen	1 826	950	1 179	707	476	1 961	3 282	1 546	997	12 926

Quelle: Berechnungen des DIW unter Verwendung amtlicher Statistiken.

Tabelle 19

Mehrwertsteuern der Angestellten-Haushalte 1983
bei einem allgemeinen Steuersatz von 13 %
in Mill. DM

Monatlich verfügbares Haushaltseinkommen von ... bis unter ... DM	Nahrungs- mittel	Genuß- mittel	Bekleidung	Wohnungs- miete	Energie	Übrige Haushalts- führung	Verkehr, Nach- richten	Körper- u. Gesundh.pfl., Bildung, Unterhaltung	Persönliche Aus- stattung	Zusammen
unter 1 000	9,7	4,8	5,8	4,0	5,3	5,5	3,8	3,2	2,8	44,9
1 000 ... 2 000	117,1	66,3	77,6	53,4	61,4	83,6	74,5	55,5	41,9	631,3
2 000 ... 2 250	98,7	56,1	68,1	44,1	50,3	74,8	75,3	52,9	35,7	556,0
2 250 ... 2 500	146,5	82,0	103,4	62,6	71,8	111,4	118,9	81,8	52,5	830,9
2 500 ... 2 750	176,8	98,8	127,3	73,3	83,5	137,1	155,3	103,0	64,1	1 019,2
2 750 ... 3 000	193,8	108,2	142,4	78,3	80,7	153,9	182,2	118,1	71,3	1 136,9
3 000 ... 3 250	208,7	115,2	156,2	81,1	92,1	167,9	207,8	132,5	77,5	1 239,0
3 250 ... 3 500	216,3	117,8	164,3	81,3	92,5	176,5	225,6	143,0	81,4	1 298,7
3 500 ... 3 750	209,7	113,6	161,6	77,1	87,3	175,3	231,1	143,0	80,7	1 279,4
3 750 ... 4 000	193,7	104,7	151,1	70,2	78,9	166,3	224,3	137,0	76,7	1 202,9
4 000 ... 5 000	602,9	328,1	484,4	217,2	238,7	559,8	785,7	469,6	259,4	3 945,8
5 000 ... 6 000	377,4	210,7	315,9	137,3	144,6	397,1	580,7	335,8	184,8	2 604,3
6 000 ... 7 000	248,3	141,7	214,1	91,4	92,7	289,6	437,2	243,4	134,8	1 893,2
7 000 ... 8 000	163,3	93,9	144,4	60,3	59,7	205,9	319,9	171,6	96,1	1 315,1
8 000 ... 9 000	91,0	50,7	82,2	32,5	31,9	118,0	190,0	98,0	55,5	749,8
9 000 ... 10 000	54,0	29,6	49,8	19,0	18,3	73,3	121,9	59,3	34,6	459,8
10 000 ... 15 000	28,9	14,4	27,8	9,3	8,9	40,5	71,8	33,3	19,4	254,3
15 000 ... 20 000	9,1	4,3	9,3	2,8	2,4	13,9	26,4	11,4	6,8	86,4
20 000 ... 25 000										
25 000 oder mehr										
Zusammen	3 146	1 741	2 486	1 195	1 309	2 950	4 032	2 392	1 376	20 628

Quelle: Berechnungen des DIW unter Verwendung amtlicher Statistiken.

Tabelle 20

Mehrwertsteuern der Beamten-Haushalte 1983
bei einem allgemeinen Steuersatz von 13 %

in Mill. DM

Monatlich verfügbares Haushaltseinkommen von ... bis unter ... DM	Nahrungsmittel	Genußmittel	Bekleidung	Wohnungsmiete	Energie	Übrige Haushaltsführung	Verkehr, Nachrichten	Körper- u. Gesundh.pfl., Bildung, Unterhaltung	Persönliche Ausstattung	Zusammen
unter 1 000	0,1	0,1	0,1	0,1	0,1	0,1	0,1	0,1	0,1	0,9
1 000 ... 2 000	7,0	3,9	4,7	3,3	3,5	5,2	4,9	3,8	2,6	38,9
2 000 ... 2 250	13,7	7,6	9,4	6,3	6,7	10,7	11,5	8,5	5,1	79,5
2 250 ... 2 500	25,7	13,9	17,8	11,1	12,4	20,0	22,7	16,7	9,2	149,5
2 500 ... 2 750	37,1	19,7	26,3	15,4	17,3	29,1	35,3	25,2	13,3	218,7
2 750 ... 3 000	47,5	24,9	34,5	19,2	21,5	38,0	48,3	34,0	17,1	285,0
3 000 ... 3 250	53,9	28,2	40,0	21,0	23,6	44,2	58,7	40,6	19,7	329,9
3 250 ... 3 500	60,6	31,1	45,9	22,7	25,6	50,1	68,9	47,6	22,3	374,8
3 500 ... 3 750	64,7	32,9	49,8	23,6	26,7	54,8	77,7	52,7	24,3	407,2
3 750 ... 4 000	66,5	33,1	51,9	23,3	26,3	56,6	82,3	55,6	25,3	420,9
4 000 ... 5 000	217,9	107,7	175,6	74,4	82,8	197,9	299,3	199,5	89,2	1 444,3
5 000 ... 6 000	149,4	74,7	126,6	51,0	54,6	153,9	242,7	157,7	69,8	1 080,4
6 000 ... 7 000	95,9	48,8	84,5	33,1	34,0	110,3	179,9	112,9	50,2	749,6
7 000 ... 8 000	56,0	28,2	50,9	19,0	19,0	68,9	116,0	70,5	31,6	460,1
8 000 ... 9 000	28,4	13,6	26,3	8,9	8,9	34,8	61,2	35,8	16,3	234,2
9 000 ... 10 000	12,2	5,4	11,5	3,5	3,5	14,5	26,5	14,9	6,9	98,9
10 000 ... 15 000	6,8	2,9	6,7	1,9	1,7	8,9	16,9	9,0	4,3	59,1
15 000 ... 20 000	1,8	0,7	1,8	0,5	0,5	2,7	5,3	2,7	1,3	17,3
20 000 ... 25 000										
25 000 oder mehr										
Zusammen	945	477	765	338	369	901	1 358	888	409	6 449

Quelle: Berechnungen des DIW unter Verwendung amtlicher Statistiken.

Tabelle 21

Mehrwertsteuern der Arbeiter-Haushalte 1983
bei einem allgemeinen Steuersatz von 13 %

in Mill. DM

Monatlich verfügbares Haushaltseinkommen von ... bis unter ... DM	Nahrungs-mittel	Genuß-mittel	Bekleidung	Wohnungs-miete	Energie	Übrige Haushalts-führung	Verkehr, Nach-richten	Körper- u. Gesundh.pfl., Bildung, Unterhaltung	Persönliche Aus-stattung	Zusammen
unter 1 000	21,7	11,8	11,8	8,6	12,9	11,3	8,0	6,6	5,3	98,0
1 000 ... 2 000	330,1	185,3	200,4	129,9	180,8	199,1	190,1	140,6	90,8	1 647,1
2 000 ... 2 250	177,9	99,2	113,6	66,0	90,0	111,6	123,2	84,4	49,5	915,4
2 250 ... 2 500	228,0	124,6	148,6	80,1	110,6	142,7	165,7	111,6	62,7	1 174,6
2 500 ... 2 750	272,1	145,6	180,1	90,2	126,7	169,8	208,5	137,2	74,2	1 404,4
2 750 ... 3 000	277,4	147,0	186,1	89,0	126,6	175,9	223,6	145,9	75,9	1 447,4
3 000 ... 3 250	272,3	143,5	184,9	84,8	121,8	175,9	231,8	149,6	75,0	1 439,6
3 250 ... 3 500	253,7	133,2	174,3	77,4	111,7	167,7	226,8	145,6	71,1	1 361,5
3 500 ... 3 750	221,5	116,7	153,9	67,0	96,4	151,6	210,5	131,8	64,0	1 213,4
3 750 ... 4 000	187,6	99,3	131,4	56,4	80,6	132,4	187,9	115,8	55,9	1 047,3
4 000 ... 5 000	486,5	260,6	348,7	144,7	203,7	368,1	545,3	326,3	157,3	2 841,2
5 000 ... 6 000	251,7	135,8	186,2	73,9	102,8	210,8	326,4	189,8	90,6	1 568,0
6 000 ... 7 000	129,3	69,6	97,8	37,6	51,6	116,8	187,7	105,4	50,3	846,1
7 000 ... 8 000	40,6	21,2	31,4	11,5	16,0	38,6	63,4	34,9	16,6	274,2
8 000 ... 9 000	10,2	4,7	7,9	2,5	3,8	8,7	14,9	8,1	3,8	64,6
9 000 ... 10 000	1,4	0,6	1,2	0,4	0,6	1,3	2,2	1,2	0,5	9,4
10 000 ... 15 000										
15 000 ... 20 000										
20 000 ... 25 000										
25 000 oder mehr										
Zusammen	3 162	1 699	2 158	1 020	1 437	2 183	2 916	1 835	943	17 352

Quelle: Berechnungen des DIW unter Verwendung amtlicher Statistiken.

Tabelle 22

Mehrwertsteuern der Rentner-Haushalte 1983
bei einem allgemeinen Steuersatz von 13 %

in Mill. DM

Monatlich verfügbares Haushaltseinkommen von ... bis unter ... DM	Nahrungsmittel	Genußmittel	Bekleidung	Wohnungsmiete	Energie	Übrige Haushaltsführung	Verkehr, Nachrichten	Körper- u. Gesundh.pfl., Bildung, Unterhaltung	Persönliche Ausstattung	Zusammen
unter 1 000	124,8	60,0	68,3	53,4	74,3	67,5	39,4	46,7	39,4	573,8
1 000 ... 2 000	966,3	514,3	610,2	485,4	590,8	683,1	513,7	551,7	406,7	5 322,2
2 000 ... 2 250	192,6	104,7	131,6	95,1	109,6	146,0	129,5	127,2	87,5	1 123,8
2 250 ... 2 500	196,1	108,5	137,8	94,5	106,5	151,8	141,2	134,4	91,3	1 162,1
2 500 ... 2 750	201,4	112,5	145,2	94,7	104,3	159,0	156,4	143,5	96,5	1 213,5
2 750 ... 3 000	203,3	114,4	149,8	93,7	101,4	164,7	169,5	151,8	100,2	1 248,8
3 000 ... 3 250	196,8	111,2	148,1	89,6	95,8	164,7	176,9	155,8	100,0	1 238,9
3 250 ... 3 500	178,7	101,1	137,1	80,6	85,3	154,8	171,4	149,8	94,1	1 152,9
3 500 ... 3 750	147,1	82,5	114,8	65,8	69,5	131,6	150,2	129,4	80,1	971,0
3 750 ... 4 000	113,6	62,4	89,8	49,6	52,7	103,0	120,9	103,8	63,1	758,9
4 000 ... 5 000	213,2	113,3	173,4	87,5	92,6	197,0	245,8	207,8	124,5	1 455,1
5 000 ... 6 000	130,6	68,3	111,3	52,9	55,0	133,0	175,7	145,7	86,0	958,5
6 000 ... 7 000	62,2	31,5	54,7	24,8	25,8	67,5	92,4	75,7	44,2	478,8
7 000 ... 8 000	23,9	11,5	21,9	9,4	9,9	27,7	39,1	31,8	18,3	193,5
8 000 ... 9 000	4,2	1,6	3,9	1,4	1,7	4,4	6,2	5,4	2,9	31,7
9 000 ... 10 000										
10 000 ... 15 000										
15 000 ... 20 000										
20 000 ... 25 000										
25 000 oder mehr										
Zusammen	2 955	1 598	2 098	1 378	1 575	2 356	2 328	2 160	1 435	17 884

Quelle: Berechnungen des DIW unter Verwendung amtlicher Statistiken.

Tabelle 23

Mehrwertsteuern der Haushalte von Versorgungsempfängern des öffentlichen Dienstes 1983

bei einem allgemeinen Steuersatz von 13 %

in Mill. DM

Monatlich verfügbares Haushaltseinkommen von ... bis unter ... DM	Nahrungs-mittel	Genuß-mittel	Bekleidung	Wohnungs-miete	Energie	Übrige Haushalts-führung	Verkehr, Nach-richten	Körper- u. Gesundh.-pfl., Bildung, Unterhaltung	Persönliche Aus-stattung	Zusammen
1 000 unter 1 000	0,7	0,4	0,3	0,3	0,5	0,4	0,2	0,3	0,2	3,3
1 000 ... 2 000	56,5	31,8	35,1	28,5	33,1	40,2	31,8	34,5	23,5	315,0
2 000 ... 2 250	25,9	14,9	16,8	13,3	15,1	20,1	17,8	18,4	11,2	153,5
2 250 ... 2 500	28,4	16,8	18,9	14,8	16,4	23,1	21,3	21,7	12,7	174,1
2 500 ... 2 750	32,4	19,3	22,0	16,5	18,1	27,0	26,3	26,3	14,9	202,8
2 750 ... 3 000	34,6	20,8	24,2	17,2	18,2	29,5	30,4	29,7	16,4	221,0
3 000 ... 3 250	34,7	21,1	24,7	17,0	17,5	30,3	32,8	31,6	16,9	226,6
3 250 ... 3 500	34,5	20,9	25,1	16,5	16,7	30,7	34,8	33,2	17,3	229,7
3 500 ... 3 750	31,8	19,3	23,6	15,0	15,1	29,2	34,1	32,0	16,5	216,6
3 750 ... 4 000	26,6	16,0	20,0	12,4	12,4	25,1	30,2	28,2	14,2	185,1
4 000 ... 5 000	64,4	38,0	50,0	28,0	27,3	61,7	80,6	73,7	36,6	460,3
5 000 ... 6 000	41,1	23,8	33,2	17,2	16,7	42,5	58,9	53,0	25,8	312,2
6 000 ... 7 000	17,2	9,4	14,5	7,0	6,9	19,2	27,7	24,8	11,7	138,4
7 000 ... 8 000	6,5	2,9	5,5	2,2	2,4	6,3	9,6	8,7	4,0	48,1
8 000 ... 9 000	2,1	1,0	1,7	0,7	0,8	2,2	3,5	2,9	1,4	16,3
9 000 ... 10 000										
10 000 ... 15 000										
15 000 ... 20 000										
20 000 ... 25 000										
25 000 oder mehr										
Zusammen	437	256	316	207	217	387	440	419	223	2 903

Quelle: Berechnungen des DIW unter Verwendung amtlicher Statistiken.

Tabelle 24

Mehrwertsteuern der Privathaushalte 1983
bei einem allgemeinen Steuersatz von 13 %

in Mill. DM

Monatlich verfügbares Haushaltseinkommen von ... bis unter ... DM	Nahrungs- mittel	Genuß- mittel	Bekleidung	Wohnungs- miete	Energie	Übrige Haushalts- führung	Verkehr, Nach- richten	Körper- u. Gesundh.pfl., Bildung, Unterhaltung	Persönliche Aus- stattung	Zusammen
unter 1 000	158	78	87	67	93	85	52	57	48	725
1 000 ... 2 000	1 484	805	932	704	874	1 015	819	789	567	7 989
2 000 ... 2 250	517	286	344	229	276	368	363	295	191	2 869
2 250 ... 2 500	636	351	433	268	324	455	477	371	231	3 546
2 500 ... 2 750	734	402	509	296	357	530	591	441	266	4 126
2 750 ... 3 000	774	423	546	304	365	572	667	487	285	4 423
3 000 ... 3 250	786	428	565	302	360	594	724	520	294	4 573
3 250 ... 3 500	767	415	560	287	342	593	746	530	292	4 532
3 500 ... 3 750	705	378	520	260	307	559	728	503	273	4 233
3 750 ... 4 000	624	331	465	225	265	504	676	458	245	3 793
4 000 ... 5 000	1 738	921	1 321	611	704	1 485	2 106	1 363	714	10 963
5 000 ... 6 000	1 109	597	870	397	429	1 064	1 570	990	518	7 544
6 000 ... 7 000	721	392	571	262	264	751	1 145	688	364	5 158
7 000 ... 8 000	464	250	364	170	158	506	791	453	246	3 402
8 000 ... 9 000	317	164	238	114	97	337	542	293	165	2 267
9 000 ... 10 000	227	116	165	81	64	243	399	201	120	1 616
10 000 ... 15 000	483	241	325	175	118	536	916	427	274	3 495
15 000 ... 20 000	281	139	190	103	62	354	635	271	182	2 217
20 000 ... 25 000	140	69	93	52	28	191	356	138	99	1 166
25 000 oder mehr	100	49	67	38	18	148	292	100	76	888
Zusammen	12 765	6 835	9 165	4 945	5 505	10 890	14 595	9 375	5 450	79 525

Quelle: Berechnungen des DIW unter Verwendung amtlicher Statistiken.

Tabelle 25   Mehrwertsteuern der Haushalte von Selbständigen in der Land- und Forstwirtschaft 1983

bei einem allgemeinen Steuersatz von 14 %

in Mill. DM

Monatlich verfügbares Haushaltseinkommen von ... bis unter ... DM	Nahrungs-mittel	Genuß-mittel	Bekleidung	Wohnungs-miete	Energie	Übrige Haushalts-führung	Verkehr, Nach-richten	Körper- u. Gesundh.pfl., Bildung, Unterhaltung	Persönliche Aus-stattung	Zusammen
unter 1 000	0,9	0,4	0,5	0,5	0,6	0,4	0,3	0,3	0,2	4,1
1 000 ... 2 000	7,7	3,6	3,9	3,9	4,4	4,1	4,2	2,8	1,9	36,5
2 000 ... 2 250	9,1	3,9	4,8	4,2	5,0	4,9	5,7	3,8	2,1	43,5
2 250 ... 2 500	12,4	5,1	6,6	5,4	6,5	6,5	7,6	5,1	2,7	57,9
2 500 ... 2 750	15,5	6,4	8,4	6,5	7,9	7,9	10,0	6,5	3,4	72,5
2 750 ... 3 000	18,4	7,9	10,1	7,6	8,8	9,9	13,2	7,9	4,2	88,0
3 000 ... 3 250	19,9	8,6	10,9	8,0	9,2	10,9	15,4	8,8	4,7	96,4
3 250 ... 3 500	21,5	8,9	11,9	7,9	9,1	11,1	16,9	9,5	5,0	101,8
3 500 ... 3 750	26,9	10,3	14,7	8,9	10,6	12,7	20,3	11,2	5,8	121,4
3 750 ... 4 000	28,3	10,4	15,5	9,0	10,9	13,1	21,6	12,0	6,0	126,8
4 000 ... 5 000	94,1	33,5	52,1	29,2	35,7	45,5	78,3	43,2	20,8	432,4
5 000 ... 6 000	44,0	15,5	24,8	13,7	16,5	23,7	42,4	22,8	10,7	214,1
6 000 ... 7 000	14,1	4,9	8,0	4,4	5,2	8,0	14,8	7,8	3,6	70,8
7 000 ... 8 000	3,0	1,0	1,7	0,9	1,1	1,7	3,4	1,7	0,8	15,3
8 000 ... 9 000										
9 000 ... 10 000										
10 000 ... 15 000										
15 000 ... 20 000										
20 000 ... 25 000										
25 000 oder mehr										
Zusammen	316	120	174	110	132	160	254	144	72	1 482

Quelle: Berechnungen des DIW unter Verwendung amtlicher Statistiken.

204

Tabelle 26   Mehrwertsteuern der Haushalte von Selbständigen außerhalb der Land- und Forstwirtschaft 1983

bei einem allgemeinen Steuersatz von 14 %

in Mill. DM

Monatlich verfügbares Haushaltseinkommen von ... bis unter ... DM	Nahrungsmittel	Genußmittel	Bekleidung	Wohnungsmiete	Energie	Übrige Haushaltsführung	Verkehr, Nachrichten	Körper- u. Gesundh.pfl., Bildung, Unterhaltung	Persönliche Ausstattung	Zusammen
unter 1 000										
1 000 ... 2 000										
2 000 ... 2 250										
2 250 ... 2 500										
2 500 ... 2 750										
2 750 ... 3 000	0,5	0,3	0,2	0,3	0,2	0,3	0,4	0,3	0,1	2,6
3 000 ... 3 250	1,5	1,0	0,9	0,8	0,6	1,3	1,4	0,9	0,6	9,0
3 250 ... 3 500	3,2	2,2	2,0	1,8	1,4	2,7	3,0	2,0	1,2	19,5
3 500 ... 3 750	5,6	3,8	3,4	3,1	2,5	4,8	5,6	3,7	2,2	34,7
3 750 ... 4 000	10,3	6,8	6,3	5,3	4,1	8,7	10,6	6,7	4,2	63,0
4 000 ... 5 000	70,4	44,8	43,5	34,7	26,5	61,7	80,4	49,2	29,7	440,9
5 000 ... 6 000	125,8	74,0	78,7	56,4	42,7	111,8	156,6	93,2	54,7	793,9
6 000 ... 7 000	165,5	92,3	104,1	69,3	51,5	149,6	221,2	126,7	74,2	1 054,4
7 000 ... 8 000	182,9	97,1	115,9	72,3	53,3	168,0	256,9	143,0	84,2	1 173,6
8 000 ... 9 000	194,2	98,4	123,7	72,9	53,2	179,8	284,3	152,3	91,1	1 249,9
9 000 ... 10 000	170,4	85,3	109,3	62,8	44,7	163,8	266,1	134,2	83,3	1 119,9
10 000 ... 15 000	478,5	238,8	309,7	176,3	115,2	519,2	884,2	411,0	267,6	3 400,5
15 000 ... 20 000	289,1	143,5	190,5	107,3	62,8	359,9	644,5	274,6	185,8	2 258,0
20 000 ... 25 000	149,9	74,3	99,6	56,2	30,1	204,3	380,6	147,6	105,8	1 248,4
25 000 oder mehr	107,1	52,5	71,7	40,4	19,5	158,3	312,2	106,9	81,4	950,0
Zusammen	1 955	1 015	1 259	760	508	2 094	3 508	1 652	1 066	13 818

Quelle: Berechnungen des DIW unter Verwendung amtlicher Statistiken.

Tabelle 27

Mehrwertsteuern der Angestellten-Haushalte 1983
bei einem allgemeinen Steuersatz von 14 %

in Mill. DM

Monatlich verfügbares Haushaltseinkommen von ... bis unter ... DM	Nahrungs-mittel	Genuß-mittel	Bekleidung	Wohnungs-miete	Energie	Übrige Haushalts-führung	Verkehr, Nach-richten	Körper- u. Gesundh.pfl., Bildung, Unterhaltung	Persönliche Aus-stattung	Zusammen
unter 1 000	10,4	5,2	6,1	4,3	5,6	5,8	4,0	3,4	3,0	47,8
1 000 ... 2 000	125,3	71,0	82,9	57,3	65,6	89,3	79,5	59,4	44,8	675,1
2 000 ... 2 250	105,7	59,9	72,7	47,4	53,7	79,9	80,5	56,6	38,2	594,6
2 250 ... 2 500	156,8	87,6	110,4	67,2	76,6	118,9	127,1	87,4	56,1	888,1
2 500 ... 2 750	189,3	105,6	135,9	78,8	89,2	146,4	166,0	110,0	68,6	1 089,8
2 750 ... 3 000	207,4	115,6	152,0	84,1	94,7	164,4	194,7	126,2	76,3	1 215,4
3 000 ... 3 250	223,4	123,2	166,8	87,2	98,4	179,3	222,2	141,7	82,9	1 325,1
3 250 ... 3 500	231,5	125,9	175,5	87,3	98,7	188,4	241,2	152,9	87,0	1 388,4
3 500 ... 3 750	224,3	121,4	172,5	82,9	93,2	187,1	247,1	152,8	86,3	1 367,6
3 750 ... 4 000	207,4	111,8	161,4	75,4	84,2	177,5	239,8	146,4	82,0	1 285,9
4 000 ... 5 000	645,5	350,6	517,2	233,4	254,9	597,6	840,1	501,7	277,6	4 218,6
5 000 ... 6 000	403,8	225,1	337,3	147,5	154,4	424,0	620,7	359,2	197,5	2 869,5
6 000 ... 7 000	265,8	151,4	228,7	98,2	99,0	309,2	467,5	260,2	144,1	2 024,1
7 000 ... 8 000	174,7	100,3	154,2	64,8	63,7	219,9	341,9	183,4	102,8	1 405,7
8 000 ... 9 000	97,4	54,2	87,8	34,9	34,0	126,0	203,0	104,7	59,4	801,4
9 000 ... 10 000	57,8	31,7	53,2	20,4	19,5	78,2	130,3	63,4	37,0	491,5
10 000 ... 15 000	31,0	15,4	29,7	10,0	9,5	43,2	76,7	35,5	20,7	271,7
15 000 ... 20 000	9,7	4,6	9,9	3,0	2,6	14,8	28,2	12,2	7,3	92,3
20 000 ... 25 000										
25 000 oder mehr										
Zusammen	3 367	1 861	2 654	1 284	1 397	3 150	4 310	2 557	1 472	22 053

Quelle: Berechnungen des DIW unter Verwendung amtlicher Statistiken.

Tabelle 28

Mehrwertsteuern der Beamten-Haushalte 1983
bei einem allgemeinen Steuersatz von 14 %

in Mill. DM

Monatlich verfügbares Haushaltseinkommen von ... bis unter ... DM	Nahrungs-mittel	Genuß-mittel	Bekleidung	Wohnungs-miete	Energie	Übrige Haushalts-führung	Verkehr, Nach-richten	Körper- u. Gesundh.pfl., Bildung, Unterhaltung	Persönliche Aus-stattung	Zusammen
unter 1 000	0,2	0,1	0,1	0,1	0,1	0,1	0,1	0,1	0,1	1,0
1 000 ... 2 000	7,5	4,2	5,0	3,5	3,7	5,5	5,2	4,0	2,8	41,4
2 000 ... 2 250	14,7	8,2	10,1	6,7	7,1	11,4	12,3	9,1	5,4	85,0
2 250 ... 2 500	27,5	14,9	19,0	12,0	13,3	21,3	24,3	17,8	9,8	159,9
2 500 ... 2 750	39,7	21,0	28,1	16,6	18,4	31,1	37,7	26,9	14,2	233,7
2 750 ... 3 000	50,8	26,6	36,8	20,6	23,0	40,6	51,6	36,4	18,2	304,6
3 000 ... 3 250	57,7	30,2	42,7	22,6	25,2	47,1	62,8	43,4	21,0	352,7
3 250 ... 3 500	64,8	33,3	49,0	24,4	27,4	53,5	73,7	50,8	23,8	400,7
3 500 ... 3 750	69,2	35,1	53,2	25,3	28,5	58,5	83,1	56,3	26,0	435,2
3 750 ... 4 000	71,2	35,4	55,4	25,0	28,1	60,4	88,0	59,5	27,0	450,0
4 000 ... 5 000	233,3	115,1	187,5	79,9	88,4	211,3	320,0	213,2	95,5	1 544,2
5 000 ... 6 000	159,9	79,8	135,2	54,8	58,3	164,3	259,4	168,7	74,7	1 155,1
6 000 ... 7 000	102,7	52,1	90,3	35,6	36,3	117,8	192,4	120,7	53,7	801,6
7 000 ... 8 000	59,9	30,2	54,4	20,4	20,3	73,5	124,0	75,3	33,8	491,8
8 000 ... 9 000	30,4	14,6	28,1	9,5	9,5	37,1	65,4	38,2	17,5	250,3
9 000 ... 10 000	13,1	5,8	12,3	3,8	3,7	15,5	28,3	16,0	7,4	105,9
10 000 ... 15 000	7,3	3,1	7,1	2,1	1,8	9,6	18,1	9,6	4,6	63,3
15 000 ... 20 000	1,9	0,7	2,0	0,5	0,5	2,9	5,7	2,9	1,4	18,5
20 000 ... 25 000										
25 000 oder mehr										
Zusammen	1 012	510	816	363	394	362	1 452	949	437	6 895

Quelle: Berechnungen des DIW unter Verwendung amtlicher Statistiken.

Tabelle 29

Mehrwertsteuern der Arbeiter-Haushalte 1983
bei einem allgemeinen Steuersatz von 14 %

in Mill. DM

Monatlich verfügbares Haushaltseinkommen von ... bis unter ... DM	Nahrungs-mittel	Genuß-mittel	Bekleidung	Wohnungs-miete	Energie	Übrige Haushalts-führung	Verkehr, Nach-richten	Körper- u. Gesundh.pfl., Bildung, Unterhaltung	Persönliche Aus-stattung	Zusammen
unter 1 000	23,3	12,6	12,6	9,2	13,8	12,1	8,6	7,0	5,6	104,8
1 000 ... 2 000	353,3	198,3	214,0	139,6	193,0	212,6	203,1	150,3	97,1	1 761,3
2 000 ... 2 250	190,5	106,0	121,3	70,9	96,2	119,2	131,7	90,3	52,9	979,0
2 250 ... 2 500	244,1	133,2	158,7	86,0	118,1	152,3	177,1	119,3	67,0	1 255,8
2 500 ... 2 750	291,3	155,6	192,3	96,9	135,3	181,3	222,9	146,6	79,4	1 501,6
2 750 ... 3 000	297,0	157,1	198,7	95,6	135,2	187,8	239,0	155,9	81,1	1 547,4
3 000 ... 3 250	291,5	153,4	197,5	91,1	130,0	187,8	247,8	160,0	80,2	1 539,3
3 250 ... 3 500	271,5	142,4	186,2	83,2	119,2	179,0	242,5	155,6	76,0	1 455,6
3 500 ... 3 750	237,0	124,8	164,3	72,0	102,9	161,8	225,1	140,8	68,4	1 297,1
3 750 ... 4 000	200,9	106,1	140,4	60,6	86,1	141,3	200,8	123,8	59,8	1 119,8
4 000 ... 5 000	520,8	278,5	372,3	155,4	217,5	393,0	583,1	348,6	168,3	3 037,5
5 000 ... 6 000	269,3	145,1	198,8	79,4	109,8	225,1	348,9	203,0	96,8	1 676,2
6 000 ... 7 000	138,4	74,4	104,4	40,4	55,1	124,8	200,7	112,7	53,8	904,7
7 000 ... 8 000	43,4	22,7	33,5	12,3	17,1	41,2	67,8	37,3	17,7	293,0
8 000 ... 9 000	10,9	5,0	8,5	2,7	4,1	9,3	16,0	8,7	4,1	69,3
9 000 ... 10 000	1,5	0,7	1,2	0,4	0,6	1,4	2,4	1,3	0,6	10,1
10 000 ... 15 000										
15 000 ... 20 000										
20 000 ... 25 000										
25 000 oder mehr										
Zusammen	3 385	1 816	2 305	1 096	1 534	2 330	3 117	1 961	1 009	18 553

Quelle: Berechnungen des DIW unter Verwendung amtlicher Statistiken.

Tabelle 30

Mehrwertsteuern der Rentner-Haushalte 1983
bei einem allgemeinen Steuersatz von 14 %

in Mill. DM

Monatlich verfügbares Haushaltseinkommen von ... bis unter ... DM	Nahrungs-mittel	Genuß-mittel	Bekleidung	Wohnungs-miete	Energie	Übrige Haushalts-führung	Verkehr, Nach-richten	Körper- u. Gesundh.-pfl., Bildung, Unterhaltung	Persönliche Aus-stattung	Zusammen
unter 1 000	133,7	64,2	72,9	57,3	79,3	72,1	42,1	49,9	42,1	613,6
1 000 ... 2 000	1 034,0	550,5	651,6	521,4	630,8	729,3	548,9	589,6	435,0	5 691,1
2 000 ... 2 250	206,2	112,0	140,5	102,1	117,0	156,0	138,4	136,0	93,6	1 201,8
2 250 ... 2 500	209,9	115,9	147,1	101,6	113,7	162,0	150,9	143,7	97,7	1 242,5
2 500 ... 2 750	215,6	120,2	155,1	101,7	111,4	169,8	167,2	153,3	103,2	1 297,5
2 750 ... 3 000	217,6	122,2	160,0	100,7	108,3	175,9	181,1	152,2	107,1	1 335,1
3 000 ... 3 250	210,6	118,8	158,2	96,3	102,3	175,9	189,1	166,6	107,0	1 324,8
3 250 ... 3 500	191,2	108,1	146,4	86,6	91,1	165,2	183,3	160,2	100,6	1 232,7
3 500 ... 3 750	157,4	80,1	122,6	70,6	74,2	140,4	160,6	138,2	85,7	1 037,8
3 750 ... 4 000	121,7	66,6	95,9	53,3	56,2	109,9	129,2	110,9	67,5	811,2
4 000 ... 5 000	228,3	121,1	185,2	94,0	98,9	210,2	262,8	222,0	133,3	1 555,8
5 000 ... 6 000	139,8	73,0	118,9	56,9	58,7	142,0	187,8	155,8	92,0	1 024,9
6 000 ... 7 000	66,6	33,6	58,5	26,7	27,5	72,1	98,7	80,9	47,2	511,8
7 000 ... 8 000	25,5	12,3	23,3	10,1	10,6	29,6	41,8	34,0	19,6	206,8
8 000 ... 9 000	4,5	1,7	4,2	1,6	1,8	4,7	6,6	5,8	3,1	34,0
9 000 ... 10 000										
10 000 ... 15 000										
15 000 ... 20 000										
20 000 ... 25 000										
25 000 oder mehr										
Zusammen	3 163	1 708	2 240	1 481	1 692	2 515	2 489	2 309	1 535	19 121

Quelle: Berechnungen des DIW unter Verwendung amtlicher Statistiken.

Tabelle 31

Mehrwertsteuern der Haushalte von Versorgungsempfängern des öffentlichen Dienstes 1983

bei einem allgemeinen Steuersatz von 14 %

in Mill. DM

Monatlich verfügbares Haushaltseinkommen von ... bis unter ... DM	Nahrungsmittel	Genußmittel	Bekleidung	Wohnungsmiete	Energie	Übrige Haushaltsführung	Verkehr, Nachrichten	Körper- u. Gesundh.pfl., Bildung, Unterhaltung	Persönliche Ausstattung	Zusammen
unter 1 000	0,8	0,4	0,4	0,3	0,5	0,4	0,3	0,3	0,2	3,6
1 000 ... 2 000	60,4	34,0	37,5	30,6	35,4	42,9	33,9	36,9	25,2	336,8
2 000 ... 2 250	27,8	16,0	17,9	14,3	16,1	21,4	19,0	19,7	12,0	164,2
2 250 ... 2 500	30,4	17,9	20,1	15,9	17,6	24,6	22,7	23,2	13,6	186,0
2 500 ... 2 750	34,7	20,6	23,5	17,8	19,3	28,8	28,2	28,1	15,9	216,9
2 750 ... 3 000	37,0	22,2	25,8	18,5	19,4	31,5	32,4	31,7	17,6	236,1
3 000 ... 3 250	37,1	22,5	26,4	18,2	18,7	32,3	35,1	33,8	18,1	242,2
3 250 ... 3 500	36,9	22,3	26,8	17,7	17,8	32,8	37,2	35,4	18,5	245,4
3 500 ... 3 750	34,1	20,6	25,2	16,1	16,1	31,1	36,5	34,2	17,7	231,6
3 750 ... 4 000	28,4	17,1	21,4	13,4	13,3	26,7	32,3	30,1	15,2	197,9
4 000 ... 5 000	69,0	40,6	53,4	30,1	29,1	65,9	86,1	78,7	39,1	492,0
5 000 ... 6 000	44,0	25,4	35,5	18,5	17,8	45,4	63,0	56,7	27,6	333,9
6 000 ... 7 000	18,4	10,0	15,5	7,5	7,4	20,5	29,6	26,5	12,5	147,9
7 000 ... 8 000	7,0	3,1	5,9	2,4	2,6	6,7	10,3	9,3	4,2	51,5
8 000 ... 9 000	2,2	1,0	1,8	0,8	0,9	2,3	3,7	3,2	1,5	17,4
9 000 ... 10 000										
10 000 ... 15 000										
15 000 ... 20 000										
20 000 ... 25 000										
25 000 oder mehr										
Zusammen	468	274	337	222	232	413	470	448	239	3 103

Quelle: Berechnungen des DIW unter Verwendung amtlicher Statistiken.

Tabelle 32

Mehrwertsteuern der Privathaushalte 1983
bei einem allgemeinen Steuersatz von 14 %

in Mill. DM

Monatlich verfügbares Haushaltseinkommen von ... bis unter ... DM	Nahrungs-mittel	Genuß-mittel	Bekleidung	Wohnungs-miete	Energie	Übrige Haushalts-führung	Verkehr, Nach-richten	Körper- u. Gesundh.pfl., Bildung, Unterhaltung	Persönliche Aus-stattung	Zusammen
unter 1 000	169	83	93	72	100	91	55	61	51	775
1 000 ... 2 000	1 588	862	995	756	933	1 084	875	843	607	8 543
2 000 ... 2 250	554	306	367	246	295	393	388	315	204	3 068
2 250 ... 2 500	681	375	462	288	346	486	510	396	247	3 791
2 500 ... 2 750	786	430	543	318	382	565	632	471	285	4 412
2 750 ... 3 000	829	452	584	327	390	610	712	521	305	4 730
3 000 ... 3 250	842	458	604	324	384	634	774	555	315	4 890
3 250 ... 3 500	821	443	598	309	365	633	797	567	312	4 845
3 500 ... 3 750	754	404	556	279	328	596	778	537	292	4 524
3 750 ... 4 000	668	354	496	242	283	538	722	489	262	4 054
4 000 ... 5 000	1 861	984	1 411	657	751	1 585	2 250	1 457	764	11 720
5 000 ... 6 000	1 187	638	929	427	458	1 136	1 679	1 060	554	8 068
6 000 ... 7 000	772	419	609	282	282	802	1 224	735	389	5 514
7 000 ... 8 000	496	267	389	183	168	541	846	484	263	3 637
8 000 ... 9 000	340	175	254	122	103	359	579	313	177	2 422
9 000 ... 10 000	243	123	176	87	69	259	427	215	128	1 727
10 000 ... 15 000	517	257	347	188	125	572	979	456	293	3 735
15 000 ... 20 000	301	149	202	111	65	378	679	290	194	2 370
20 000 ... 25 000	150	74	100	56	33	204	381	148	106	1 249
25 000 oder mehr	107	53	72	40	20	158	312	107	81	950
Zusammen	13 665	7 305	9 785	5 315	5 880	11 625	15 600	10 020	5 830	85 025

Quelle: Berechnungen des DIW unter Verwendung amtlicher Statistiken.

Tabelle 33

Mehrwertsteuerquoten der Privathaushalte 1983
bei einem allgemeinen Steuersatz von 13 %

in vH der Verbrauchsausgaben

Monatlich verfügbares Haushaltseinkommen von ... bis unter ... DM	Nahrungs- mittel	Genuß- mittel	Bekleidung	Wohnungs- miete	Energie	Übrige Haushalts- führung	Verkehr, Nach- richten	Körper- u. Gesundh.pfl., Bildung, Unterhaltung	Persönliche Aus- stattung	Zusammen
unter 1 000	7,37	9,04	11,50	3,91	11,50	10,13	8,02	8,53	7,43	8,05
1 000 ... 2 000	7,42	10,09	11,50	3,91	11,50	10,36	8,47	8,57	7,33	8,14
2 000 ... 2 250	7,47	10,31	11,50	3,91	11,50	10,56	9,00	8,65	7,14	8,31
2 250 ... 2 500	7,48	10,47	11,50	3,91	11,50	10,69	9,17	8,68	7,08	8,39
2 500 ... 2 750	7,50	10,58	11,50	3,91	11,50	10,79	9,44	8,71	7,03	8,47
2 750 ... 3 000	7,52	10,67	11,50	3,91	11,50	10,87	9,64	8,75	6,96	8,54
3 000 ... 3 250	7,54	10,74	11,50	3,91	11,50	10,93	9,85	8,80	6,88	8,61
3 250 ... 3 500	7,56	10,77	11,50	3,91	11,50	10,97	9,96	8,84	6,82	8,66
3 500 ... 3 750	7,58	10,78	11,50	3,91	11,50	11,00	10,10	8,77	6,78	8,69
3 750 ... 4 000	7,61	10,79	11,50	3,91	11,50	10,99	10,16	8,72	6,74	8,72
4 000 ... 5 000	7,65	10,80	11,50	3,91	11,50	10,96	10,25	8,63	6,71	8,77
5 000 ... 6 000	7,71	10,81	11,50	3,91	11,50	10,93	10,32	8,48	6,67	8,79
6 000 ... 7 000	7,79	10,81	11,50	3,91	11,50	10,89	10,40	8,28	6,62	8,81
7 000 ... 8 000	7,85	10,82	11,50	3,91	11,50	10,86	10,46	8,05	6,60	8,79
8 000 ... 9 000	7,93	10,82	11,50	3,91	11,50	10,80	10,52	7,76	6,56	8,76
9 000 ... 10 000	8,00	10,82	11,50	3,91	11,50	10,76	10,60	7,39	6,51	8,71
10 000 ... 15 000	8,22	10,83	11,50	3,91	11,50	10,65	10,71	7,00	6,44	8,66
15 000 ... 20 000	8,50	10,85	11,50	3,91	11,50	10,45	10,82	6,56	6,26	8,63
20 000 ... 25 000	8,79	10,07	11,50	3,91	11,50	10,26	10,92	6,09	6,12	8,55
25 000 oder mehr	9,17	10,90	11,50	3,91	11,50	9,97	11,11	5,53	5,84	8,48
Zusammen	7,66	10,64	11,50	3,91	11,50	10,78	10,07	8,28	6,77	8,60

Quelle: Berechnungen des DIW unter Verwendung amtlicher Statistiken.

Tabelle 34

Mehrwertsteuerquoten der Privathaushalte 1983
bei einem allgemeinen Steuersatz von 14 %

in vH der Verbrauchsausgaben

Monatlich verfügbares Haushaltseinkommen von ... bis unter ... DM	Nahrungs-mittel	Genuß-mittel	Bekleidung	Wohnungs-miete	Energie	Übrige Haushalts-führung	Verkehr, Nach-richten	Körper- u. Gesundh.pfl., Bildung, Unterhaltung	Persönliche Aus-stattung	Zusammen
unter 1 000	7,89	10,52	12,28	4,20	12,28	10,82	8,57	9,12	7,95	8,60
1 000 ... 2 000	7,94	10,80	12,28	4,20	12,28	11,06	9,05	9,16	7,84	8,71
2 000 ... 2 250	8,00	11,02	12,28	4,20	12,28	11,28	9,62	9,25	7,64	8,88
2 250 ... 2 500	8,01	11,19	12,28	4,20	12,28	11,41	9,80	9,28	7,57	8,97
2 500 ... 2 750	8,03	11,31	12,28	4,20	12,28	11,52	10,09	9,31	7,52	9,06
2 750 ... 3 000	8,05	11,40	12,28	4,20	12,28	11,61	10,30	9,35	7,44	9,13
3 000 ... 3 250	8,07	11,48	12,28	4,20	12,28	11,67	10,53	9,41	7,36	9,20
3 250 ... 3 500	8,09	11,51	12,28	4,20	12,28	11,71	10,65	9,45	7,29	9,25
3 500 ... 3 750	8,11	11,52	12,28	4,20	12,28	11,74	10,80	9,37	7,25	9,29
3 750 ... 4 000	8,15	11,53	12,28	4,20	12,28	11,73	10,86	9,32	7,21	9,32
4 000 ... 5 000	8,19	11,54	12,28	4,20	12,28	11,70	10,96	9,22	7,18	9,37
5 000 ... 6 000	8,25	11,55	12,28	4,20	12,28	11,67	11,03	9,07	7,13	9,41
6 000 ... 7 000	8,34	11,55	12,28	4,20	12,28	11,63	11,12	8,85	7,08	9,42
7 000 ... 8 000	8,40	11,56	12,28	4,20	12,28	11,60	11,18	8,60	7,06	9,40
8 000 ... 9 000	8,49	11,56	12,28	4,20	12,28	11,53	11,24	8,29	7,02	9,35
9 000 ... 10 000	8,56	11,56	12,28	4,20	12,28	11,49	11,33	7,90	6,96	9,30
10 000 ... 15 000	8,80	11,57	12,28	4,20	12,28	11,37	11,45	7,48	6,89	9,25
15 000 ... 20 000	9,10	11,59	12,28	4,20	12,28	11,16	11,56	7,01	6,69	9,22
20 000 ... 25 000	9,41	11,62	12,28	4,20	12,28	10,95	11,67	6,51	6,54	9,16
25 000 oder mehr	9,82	11,65	12,28	4,20	12,28	10,65	11,87	5,91	6,25	9,07
Zusammen	8,20	11,37	12,28	4,20	12,28	11,51	10,76	8,85	7,24	9,19

Quelle: Berechnungen des DIW unter Verwendung amtlicher Statistiken.

213

K   Dokumentation des ökonometrischen Modells

**DIW-Version des ökonometrischen Konjunkturmodells
der Wirtschaftsforschungsinstitute**

Legende zu den Gleichungsspezifikationen
und den Schätzergebnissen

a)   Transformationen werden durch Hinzufügen folgender
Symbole an die Variablenabkürzungen gekennzeichnet:

Mx = Arithmetisches Mittel aus x - Werten

$$\text{Variable } Mx = \frac{1}{x} \sum_{\tau=0}^{x-1} \text{Variable}_{-\tau}$$

$_{-\tau}$ = Verzögerung um τ - Perioden

76 = In Preisen von 1976

b)   Schätzergebnisse:

u   = Geschätzte Residuen der einzelnen
Gleichungen

SE = Standardabweichungen der Residuen der
geschätzten Gleichungen

DW = DURBIN-WATSON-Koeffizient 1. Ordnung

R^2 = Bestimmtheitsmaß der Schätzung

Werte in Klammern unter den geschätzten Koeffizienten stellen
die entsprechenden t-Werte dar. Diese gelten nur als Orientie-
rungshilfe, da die Voraussetzungen des t-Tests i. d. R. nicht
erfüllt sind.
Die (0.1)-Variablen DS1, DS2, DS3 stellen die Saisonvariablen
dar.
Der Schätzzeitraum erstreckt sich vom 1. Quartal 1974 bis
einschließlich dem 4. Quartal 1983 (1974.1 - 83.4)
Die Variablen haben, falls nicht anders vermerkt, die Dimension
Mrd. DM. Die Preisindizes haben die Basis 1976 = 100.

1   Entstehung des Bruttosozialprodukts

Strukturgleichungen

1.1   Abhängig Erwerbstätige, in Mill.

$$EWA = 0.89 EWA_{-1} + 0.04 KAPA - 0.01(BYA_{-2}/(AB_{-2} + NYU_{-2}))$$
$$\quad\quad\quad (35) \quad\quad\quad (10) \quad\quad\quad (0.1)$$

$$\quad - 0.30\, DS1 + 0.09 DS2 + 0.15\, DS3 - 1.77 + u$$
$$\quad\quad (9.4) \quad\quad (3.0) \quad\quad (5.2) \quad\quad (2.9)$$

$$SE = 0.058 \quad DW = 1.75 \quad R^2 = 0.983$$

KAPA - Gesamtwirtschaftl. Kapazitätsausl., in vH 1.10

BYA - Bruttoeink. aus Arbeitnehmertätigkeit, 3.15

AB   - Abschreibungen, 1.7

NYU - Nettoeink. aus Unternehmertätig. u. Vermögen, 3.12

Enthalten in: 1.3, 1.7, 1.8, 2.2, 3.16, 4.1

1.2   Selbständige, in Mill.

$$SELB = - 1.49 LOG(T60I) + 9.93 + u$$
$$\quad\quad\quad (28) \quad\quad\quad\quad (43)$$

$$SE = 0.052 \quad DW = 0.06 \quad R^2 = 0.953$$

T60I - Linearer Trend (1960.1 = 1), exogen

Enthalten in: 1.7

1.3   Registrierte Arbeitslose, in Tausend

$$AL - AL_{-1} = - 620(EWA - EWA_{-1}) + 32.6 DAL - 63.5 DS1$$
$$\quad\quad\quad\quad (7.5) \quad\quad\quad\quad\quad\quad (2.0) \quad\quad (2.0)$$

$$\quad\quad - 263 DS2 - 6.82 DS3 + 102 + u$$
$$\quad\quad (11) \quad\quad (0.3) \quad\quad (6.1)$$

$$SE = 49.284 \quad DW = 1.29 \quad R^2 = 0.940$$

EWA - Abhängig Erwerbstätige, in Mill. 1.1

DAL - Dummy "Erwerbspersonenpotential",
(1980.1 - 1984.4 = 1), exogen

Enthalten in: 3.5, 4.14

1.4   Trend des realen Bruttosozialprodukts

$$BSP76T = 0.17 BAUSN76 - 22.5 DS1 - 16.7 DS2 - 3.60 DS3$$
$$\quad\quad\quad\quad (359) \quad\quad\quad (162) \quad\quad (120) \quad\quad (26)$$

$$\quad\quad + 124 + u$$
$$\quad\quad (234)$$

$$SE = 0.310 \quad DW = 0.27 \quad R^2 = 1.000$$

BAUSN76 - Ausrüstungsbestand, real 1.11

Enthalten in: 1.10

Definitionsgleichungen

1.5   Bruttoinlandsprodukt, real

BIP76 = BSP76 - DYEXIM76

BSP76 - Bruttosozialprodukt, real, 2.36

DYEXIM76- Saldo der Einkommensübertragungen zwischen
Inländern und Ausländern, real, exogen

Enthalten in: 1.8

1.6   Bruttoinlandsprodukt

BIP = BSP - DYEXIM

BSP - Bruttosozialprodukt, 2.37

DYEXIM - Saldo der Einkommensübertragungen zwischen
Inländern und Ausländern, exogen

1.7   Erwerbstätige, in Mill

EW = EWA + SELB

EWA - Abhängig Erwerbstätige, in Mill., 1.1

SELB - Selbständige, in Mill., 1.2

1.8   Produktivität je abhängig Erwerbstätigen

PRODEWA = BIP76/EWA * 1000

BIP76 - Bruttoinlandsprodukt, real 1.5

EWA - Abhängig Erwerbstätige, in Mill., 1.1

Enthalten in: 1.9

**1.9   Index der Produktivität, je abhängig
Erwerbstätigen, 1976 = 100**

PRODEWAI = PRODEWA/127.914

PRODEWA - Produktivität je abh. Erwerbst., 1.8

Enthalten in: 3.25

1.10 Gesamtwirtschaftliche Kapazitätsauslastung, in vH

$$KAPA = BSP76 / BSP76T \cdot 100$$

BSP76 - Bruttosozialprodukt, real, 2.36
BSP76T - Trend des realen Bruttosozialprodukts, 1.4

Enthalten in: 1.1, 29, 2.11, 2.14, 2.15, 2.16

1.11 Brutto-Ausrüstungsbestand, real

$$BAUSN76 = BAUSN76_{-1} + IAU76_{-1} - ABAUS76_{-1}$$

IAU76 - Ausrüstungsinvestitionen, real, 2.4
ABAUS76 - Abgänge an Ausrüstungen, real, exogen

Enthalten in: 1.4

2 Verwendung des Bruttosozialprodukts

Strukturgleichungen

2.1 Privater Verbrauch der Selbständigen-Haushalte, real

$$CPSE76 = 0.43 YPVSE76 + 0.46 CPSE76_{-1} - 0.04 ZINSK$$
$$\qquad (9.4) \qquad\qquad (7.7) \qquad\qquad (3.4)$$

$$- 2.23 DS1 + 0.18 DS2 - 0.43 DS3 + 0.13 + u$$
$$\quad (7.3) \qquad (1.1) \qquad (2.1) \qquad (0.2)$$

$$SE = 0.198 \quad DW = 2.24 \quad R^2 = 0.992$$

YPVSE76 - Verfügbares Einkommen der Selbständigen-Haush., real, 3.22
ZINSK - Geldmarktzins (3-Monatsgeld in Ff/M.), in %, 5.4

Enthalten in: 2.19, 2.21, 3.8

2.2 Privater Verbrauch der übrigen Haushalte, real

$$CPUE76 = 0.46 YPVUE76 + 0.54 CPUE76_{-1} + 0.59(EWA_{-1} - EWA_{-5})$$
$$\qquad (4.7) \qquad\qquad (6.1) \qquad\qquad (1.0)$$

$$- 0.27 ZINSK - 14.8 DS1 + 0.32 DS2 - 3.70 DS3$$
$$\quad (3.7) \qquad (5.3) \qquad (0.2) \qquad (1.9)$$

$$- 0.31 + u$$
$$\quad (0.1)$$

$$SE = 1.240 \quad DW = 2.18 \quad R^2 = 0.991$$

YPVUE76 - Verfügbares Einkommen der übrigen Haush., real, 3.23
EWA - Abhängig Erwerbstätige, in Mill., 1.1
ZINSK - Geldmarktzins (3-Monatsgeld in Ff./M.), in %, 5.4

Enthalten in: 2.20, 2.21, 3.9

2.3 Staatsverbrauch, real

$$CST76 = 0.52 CST76_{-4} + 0.07 BSP76_{-4} - 0.98 DS1 - 1.05 DS2$$
$$\qquad (5.2) \qquad\qquad (3.4) \qquad\qquad (2.2) \qquad (2.3)$$

$$- 2.16 DS3 + 8.81 + u$$
$$\quad (3.7) \qquad (4.0)$$

$$SE = 0.894 \quad DW = 0.81 \quad R^2 = 0.963$$

BSP76 - Bruttosozialprodukt, real, 2.36

Enthalten in: 2.23, 2.36

2.4 Ausrüstungsinvestitionen, real

$$IAU76 = 0.12(IAN76 + EX76 + CP76)$$
$$\qquad (21)$$

$$- 1.27(BYAM2_{-2}/(ABM2_{-2} + NYUM2_{-2}))$$
$$\quad (1.4)$$

$$- 0.75 ZLPBSPM4_{-2} - 2.32 DS1 - 1.95 DS2$$
$$\quad (6.0) \qquad\qquad (5.3) \qquad (5.3)$$

$$- 2.33 DS3 - 3.37 + u$$
$$\quad ((6.3)) \qquad (0.7)$$

$$SE = 0.767 \quad DW = 1.02 \quad R^2 = 0.972$$

IAN76 - Anlageinvestitionen, real, 2.30
EX76 - Export, real, 2.9
CP76 - Privater Verbrauch, real, 2.21
BYA - Bruttoeinkommen aus Arbeitnehmertätigkeit, 3.15
AB - Abschreibungen, 3.7
NYU - Nettoeinkommen a. Unternehmertätigk. u. Vermögen, 3.12
ZLPBSP - Realzins, 5.7

Enthalten in: 1.11, 2.10, 2.24, 2.30, 3.26

2.5 Gewerbliche Bauinvestitionen, real

$$IBGE76 = 0.22 IBGE76_{-1} + 0.03(IAN76 + EX76 + CP76)$$
$$\qquad\quad (1.6) \qquad\qquad (5.7)$$

$$- 0.48(BYAM2_{-3}/(ABM2_{-3} + NYUM2_{-3}))$$
$$\quad (0.7)$$

$$- 0.07 ZLPBSPM4_{-3} - 0.01 DWIB1 - 0.59 DS1$$
$$\quad (0.9) \qquad\qquad (3.7) \qquad (1.9)$$

$$+ 1.06 DS2 + 0.67 DS3 + 1.25 + u$$
$$\quad (3.3) \qquad (2.7) \qquad (0.4)$$

$$SE = 0.446 \quad DW = 2.02 \quad R^2 = 0,905$$

IAN76 - Anlageinvestitionen, real, 2.30
EX76 - Export, real, 2.9
CP76 - Privater Verbrauch, real, 2.21
BYA - Bruttoeinkommen aus Arbeitnehmertätigkeit, 3.15
AB - Abschreibungen, 3.7
NYU - Nettoeinkommen a. Unternehmertätigk. u. Vermögen, 3.12
ZLPBSP - Realzins, 5.7
DWIB1 - Dummy "Witterung", 1. Quartal, exogen

Enthalten in: 2.25, 2.28

2.6 Wohnungsbauinvestitionen, real

$$IBWO76 = 0.04 YPV76M4_{-4} - 0.57 ZINSL_{-6} - 0.02 DWIB1$$
$$\qquad\quad (4.7) \qquad\qquad (7.3) \qquad (4.6)$$

$$- 3.93 DS1 - 0.29 DS2 - 0.41 DS3 + 15.8 + u$$
$$\quad (13) \qquad (1.0) \qquad (1.4) \qquad (8.9)$$

$$SE = 0.667 \quad DW = 1.35 \quad R^2 = 0.913$$

YPV76 - Verfügb. Einkommen der privaten Haush., real, 3.24
ZINSL - Kapitalmarktzins (Umlaufrendite inländischer festverzinslicher Wertpapiere), in %, 5.5
DWIB1 - Dummy "Witterung, 1. Quartal", exogen

Enthalten in: 2.26, 2.28

2.7 Öffentliche Bauinvestitionen

$$IBST = 0.82 IBST_{-1} - 0.008 DWIB1 + 0.01 ESTM4$$
$$\qquad (6.6) \qquad\quad (2.2) \qquad\quad (1.5)$$

$$+ 0.07 DEF - 2.98 DS1 + 2.88 DS2 + 0.62 DS3$$
$$\quad (2.3) \qquad (8.6) \qquad (5.1) \qquad (1.7)$$

$$+ 1.17 + u$$
$$\quad (1.1)$$

$$SE = 0.753 \quad DW = 1.69 \quad R^2 = 0.897$$

DWIB1 - Dummy "Witterung, 1. Quartal", exogen

217

EST   – Staatseinnahmen, insgesamt, 4.26
DEF   – Finanzierungssaldo des Staates, 4.28

Enthalten in: 2.27, 2.29, 4.4, 4.23

2.8 Lagerinvestitionen, real

$$IL76 = \underset{(3.1)}{0.36}IL76_{-1} + \underset{(3.6)}{0.19}BSP76 - \underset{(3.6)}{0.18}BSP76_{-4}$$

$$+ \underset{(2.0)}{0.02}DWIB1 + \underset{(9.6)}{33.3}DS1 + \underset{(11.2)}{13.7}DS2 + \underset{(15.8)}{36.6}DS3$$

$$- \underset{(4.2)}{22.9} + u$$

$$SE = 1.956 \quad DW = 1.94 \quad R^2 = 0.977$$

BSP76   – Bruttosozialprodukt, real, 2.36
DWIB1   – Dummy "Witterung, 1. Quartal", exogen

Enthalten in: 2.10, 2.36, 2.41

2.9 Export, real

$$LOG(EX76) = \underset{(13)}{0.83}LOG(WEX75R) - \underset{(1.0)}{0.003}KAPA - \underset{(4.9)}{0.54}(PEX/PIM)$$

$$- \underset{(0.4)}{0.004}DS1 - \underset{(3.1)}{0.03}DS2 - \underset{(0.9)}{0.009}DS3$$

$$+ \underset{(8.6)}{0.11}DEX76 + \underset{(5.1)}{1.24} + u$$

$$SE = 0.018 \quad DW = 1.42 \quad R^2 = 0.987$$

WEX75R – Volumenindex des Weltexports (1975 = 100), exogen
KAPA   – Gesamtwirtschaftl. Kapazitätsauslastung, in vH, 1.10
PEX   – Preisindex der Exporte, 1976 = 100, 2.17
PIM   – Preisindex der Importe, 1976 = 100, exogen
DEX76   – Dummy "D-Mark-Abwertung", ab 1981.3 = 1, exogen

Enthalten in: 2.4, 2.5, 2.10, 2.33, 2.36

2.10 Import, real

$$IM76 = \underset{(3.1)}{0.13}IM76M2_{-1} + \underset{(5.7)}{0.29}CP76$$

$$+ \underset{(6.3)}{0.34}(IL76 + IAU76 + EX76) + \underset{(0.9)}{1.28}DS1 + \underset{(5.6)}{4.73}DS2$$

$$+ \underset{(1.3)}{1.90}DS3 - \underset{(5.4)}{30.4} + u$$

$$SE = 1.248 \quad DW = 1.59 \quad R^2 = 0.989$$

CP76   – Privater Verbrauch, real, 2.21
IL76   – Lagerinvestitionen, real, 2.8
IAU76   – Ausrüstungsinvestitionen, real, 2.4
EX76   – Export, real, 2.9

Enthalten in: 2.34, 2.36

2.11 Preisindex des privaten Verbrauchs (1976 = 100)

$$PCP = \underset{(12)}{0.84}PCP_{-1} + \underset{(1.3)}{0.08}LDRM4_{-2} + \underset{(1.5)}{0.05}KAPAM4$$

$$+ \underset{(4.2)}{0.08}PIM + \underset{(4.1)}{0.89}DS1 + \underset{(2.3)}{0.50}DS2 + \underset{(1.6)}{0.34}DS3$$

$$+ \underset{(0.6)}{3.88} + u$$

$$SE = 0.472 \quad DW = 1.69 \quad R^2 = 0.999$$

LDR   – Lohndruck, 3.25

KAPA   – Gesamtwirtschaftl. Kapazitätsauslastung, in vH, 1.10
PIM   – Preisindex der Importe (1976 = 100), exogen

Enthalten in: 2.19, 2.20, 3.22, 3.23, 3.24, 5.3, 5.5

2.12 Preisindex des Staatsverbrauchs (1976 = 100)

$$PCST = \underset{(65)}{0.75}(TLGH(1 + DWG/6)) - \underset{(4.5)}{3.08}DS1 - \underset{(2.8)}{1.93}DS2$$

$$- \underset{(1.3)}{0.85}DS3 + \underset{(14)}{23.2} + u$$

$$SE = 1.412 \quad DW = 1.93 \quad R^2 = 0.994$$

TLGH   – Index des Tariflohn- und -gehaltniveaus
          je Stunde, 1976 = 100, exogen
DWG   – Dummy "Weihnachtsgeld" (bis 71.4 mit 0.67 und ab
          72.4 mit 1 jeweils das vierte Quartal besetzt), exogen

Enthalten in: 2.23

2.13 Preisindex der Ausrüstungsinvestitionen (1976 = 100)

$$PIAU = \underset{(9.6)}{0.71}PIAU_{-1} + \underset{(2.5)}{0.19}LDRM4 + \underset{(1.4)}{0.04}PIM_{-1}$$

$$+ \underset{(0.3)}{0.10}DS1 + \underset{(3.9)}{1.12}DS2 - \underset{(1.5)}{0.42}DS3 + \underset{(3.1)}{25.9} + u$$

$$SE = 0.634 \quad DW = 3.03 \quad R^2 = 0.997$$

LDR   – Lohndruck, 3.25
PIM   – Preisindex der Importe (1976 = 100), exogen

Enthalten in: 2.24, 3.26

2.14 Preisindex der gewerblichen Bauinvestitionen (1976 = 100)

$$PIBGE = \underset{(24)}{0.93}PIBGE_{-1} + \underset{(1.5)}{0.07}LDRM4_{-2} + \underset{(5.0)}{0.44}KAPAM4$$

$$+ \underset{(0.8)}{0.34}DS1 + \underset{(7.3)}{3.30}DS2 + \underset{(1.6)}{0.71}DS3 - \underset{(4.9)}{36.5} + u$$

$$SE = 1.006 \quad DW = 1.64 \quad R^2 = 0.997$$

LDR   – Lohndruck, 3.25
KAPA   – Gesamtwirtschaftl. Kapazitätsauslastung, in vH, 1.11

Enthalten in: 2.25

2.15 Preisindex der öffentlichen Bauinvestitionen (1976 = 100)

$$PIBST = \underset{(25)}{0.92}PIBST_{-1} + \underset{(1.7)}{0.08}LDRM4_{-2} + \underset{(5.5)}{0.53}KAPAM4$$

$$+ \underset{(2.4)}{1.14}DS1 + \underset{(3.8)}{1.82}DS2 + \underset{(2.8)}{1.32}DS3 - \underset{(5.6)}{44.7} + u$$

$$SE = 1.055 \quad DW = 1.75 \quad R^2 = 0.997$$

LDR   – Lohndruck, 3.25
KAPA   – Gesamtwirtschaftl. Kapazitätsauslastung, in vH, 1.10

Enthalten in: 2.27

2.16 Preisindex der Wohnungsbauinvestitionen (1976 = 100)

$$PIBWO = \underset{(23)}{0.94}PIBWO_{-1} + \underset{(1.4)}{0.09}LDRM4_{-1} + \underset{(0.5)}{0.42}KAPAM4$$

$$+ \underset{(3.2)}{1.34}DS1 + \underset{(7.1)}{2.98}DS2 + \underset{(2.2)}{0.93}DS3 - \underset{(5.1)}{35.7} + u$$

$$SE = 0.940 \quad DW = 2.17 \quad R^2 = 0.998$$

LDR   – Lohndruck, 3.25

KAPA — Gesamtwirtschaftl. Kapazitätsauslastung, in vH, 1.10
Enthalten in: 2.26

2.17 Preisindex der Exporte (1976 = 100)

$$PEX = 0.53PEX_{-1} + 0.15LDRM4 + 0.23PIM$$
$$(7.1) \qquad (2.4) \qquad (9.2)$$

$$- 0.39DS1 + 0.47DS2 - 0.07DS3 + 25.0 + u$$
$$(1.4) \qquad (1.7) \qquad (0.3) \qquad (3.9)$$

$$SE = 0.600 \quad DW = 0.55 \quad R^2 = 0.998$$

LDR — Lohndruck, 3.25
PIM — Preisindex der Importe (1976 = 100), exogen
Enthalten in: 2.9, 2.33, 5.4

2.18 Preisindex der Lagerbestände (1976 = 100)

$$PIL = 0.03T60I + 1.23DPIL + 97.4 + u$$
$$(1.5) \qquad (5.4) \qquad (67)$$

$$SE = 0.673 \quad DW = 2.54 \quad R^2 = 0.871$$

T60I — Linearer Trend (1960.1 = 1), exogen
DPIL — Dummy "Preisindex Lagerbestand" (1979.1 - 79.2: 0,5;
1979.3 - 79.4: 1; 1980.1 - 80.2: 1,5; 1980.3 - 80.4: 2;
1981.1 - 84.4: 2,5), exogen

Enthalten in: 2.40

Definitionsgleichungen

2.19 Privater Verbrauch der Selbständigen-Haushalte

$$CPSE = CPSE76 \cdot PCP/100$$

CPSE76 — Privater Verbrauch der Selbständigen-Haush., real, 2.1
PCP — Preisindex des privaten Verbrauchs (1976=100), 2.11
Enthalten in: 2.22

2.20 Privater Verbrauch der übrigen Haushalte

$$CPUE = CPUE76 \cdot PCP/100$$

CPUE76 — Privater Verbrauch der übrigen Haush., real 2.2
PCP — Preisindex des privaten Verbrauchs (1976=100), 2.11
Enthalten in: 2.22

2.21 Privater Verbrauch, real

$$CP76 = CPSE76 + CPUE76$$

CPSE76 — Privater Verbrauch der Selbständigen-Haush., real, 2.1
CPUE76 — Privater Verbrauch der übrigen Haush., real 2.2
Enthalten in: 2.4, 2.5, 2.10, 2.36

2.22 Privater Verbrauch

$$CP = CPSE + CPUE$$

CPSE — Privater Verbrauch der Selbständigen-Haush., 2.19
CPUE — Privater Verbrauch der übrigen Haush., 2.20
Enthalten in: 2.37, 4.4, 4.5

2.23 Staatsverbrauch

$$CST = CST76 \cdot PCST/100$$

CST76 — Staatsverbrauch, real, 2.3
PCST — Preisindex des Staatsverbrauchs (1976=100), 2.12

Enthalten in: 2.37, 4.4, 4.27

2.24 Ausrüstungsinvestitionen

$$IAU = IAU76 \cdot PIAU/100$$

IAU76 — Ausrüstungsinvestitionen, real, 2.4
PIAU — Preisindex d. Ausrüstungsinv. (1976 = 100), 2.13
Enthalten in: 2.31

2.25 Gewerbliche Bauinvestitionen

$$IBGE = IBGE76 \cdot PIBGE/100$$

IBGE76 — Gewerbliche Bauinvestitionen, real, 2.5
PIBGE — Preisindex der gewerbl. Bauinv. (1976 = 100), 2.14
Enthalten in: 2.29

2.26 Wohnungsbauinvestitionen

$$IBWO = IBWO76 \cdot PIBWO/100$$

IBWO76 — Wohnungsbauinvestitionen, real, 2.6
PIBWO — Preisindex der Wohnungsbauinv. (1976 = 100), 2.16
Enthalten in: 2.29, 4.4

2.27 Öffentliche Bauinvestitionen, real

$$IBST76 = IBST/PIBST \cdot 100$$

IBST — Öffentliche Bauinvestitionen, 2.7
PIBST — Preisindex der öffentl. Bauinv. (1976 = 100), 2.15
Enthalten in: 2.28

2.28 Bauinvestitionen, real

$$IB76 = IBGE76 + IBWO76 + IBST76$$

IBGE76 — Gewerbliche Bauinvestitionen, real, 2.5
IBWO76 — Wohnungsbauinvestitionen, real, 2.6
IBST76 — Öffentliche Bauinvestitionen, real, 2.27

Enthalten in: 2.30, 2.39, 3.27

2.29 Bauinvestitionen

$$IB = IBGE + IBWO + IBST$$

IBGE — Gewerbliche Bauinvestitionen, 2.25
IBWO — Wohnungsbauinvestitionen, 2.26
IBST — Öffentliche Bauinvestitionen, 2.7

Enthalten in: 2.31, 2.39

2.30 Anlageinvestitionen, real

$$IAN76 = IAU76 + IB76$$

IAU76 — Ausrüstungsinvestitionen, real, 2.4
IB76 — Bauinvestitionen, real, 2.28

Enthalten in: 2.4, 2.5, 2.36

2.31 Anlageinvestitionen

$$IAN = IAU + IB$$

IAU — Ausrüstungsinvestitionen, 2.24
IB — Bauinvestitionen, 2.29
Enthalten in: 2.37

2.32 Lagerinvestitionen

$$IL = ILBEST - ILBEST_{-1}$$

ILBEST   - Lagerbestand, 2.40

Enthalten in: 2.37

2.33 Export

EX   = EX76 * PEX/100

EX76   - Export, real, 2.9
PEX   - Preisindex der Exporte (1976 = 100), 2.17

Enthalten in: 2.35

2.34 Import

IM   = IM76 * PIM/100

IM76   - Import, real, 2.10
PIM   - Preisindex der Importe (1976 = 100), exogen

Enthalten in: 2.35

2.35 Außenbeitrag

EXIM   = EX - IM

EX   - Export, 2.33
IM   - Import, 2.34

Enthalten in: 2.37, 4.4, 5.5

2.36 Bruttosozialprodukt, real

BSP76   = CP76 + CST76 + IAN76 + IL76 + EX76 - IM76

CP76   - Privater Verbrauch, real, 2.21
CST76   - Staatsverbrauch, real, 2.3
IAN76   - Anlageinvestitionen, real, 2.30
IL76   - Lagerinvestitionen, real, 2.8
EX76   - Export, real, 2.9
IM76   - Import, real, 2.10

Enthalten in: 1.5, 1.10, 2.3, 2.8, 2.38, 3.1

2.37 Bruttosozialprodukt

BSP   = CP + CST + IAN + IL + EXIM

CP   - Privater Verbrauch, 2.22
CST   - Staatsverbrauch, 2.23
IAN   - Anlageinvestitionen, 2.31
IL   - Lagerinvestitionen, 2.32
EXIM   - Außenbeitrag, 2.35

Enthalten in : 1.6, 2.38, 3.10, 4.10, 4.11, 4.15, 5.5

2.38 Preisindex des Bruttosozialprodukts (1976 = 100)

PBSP   = BSP/BSP76 * 100

BSP   - Bruttosozialprodukt, 2.37
BSP76   - Bruttosozialprodukt, real, 2.36

Enthalten in: 4.3, 5.7

2.39 Preisindex der Bauinvestitionen (1976 = 100)

PIB   = IB/IB76 * 100

IB   - Bauinvestitionen, 2.29
IB76   - Bauinvestitionen, real, 2.28

Enthalten in: 3.27

2.40 Lagerbestand

ILBEST = ILBEST76 * PIL/100

ILBEST76 - Lagerbestand, real, 2.41
PIL   - Preisindex der Lagerbestände (1976 = 100), 2.18

Enthalten in: 2.32

2.41 Lagerbestand, real

$$ILBEST76 = ILBEST76_{-1} + IL76$$

IL76   - Lagerinvestitionen, real, 2.8

Enthalten in: 2.40

3   Verteilung des Bruttosozialprodukts

Strukturgleichungen

3.1 Bruttolohn- und -gehaltsumme je abh. Erwerbstätigen

$$BLGAJW = 0.29(0.6BSP76JW + 0.3BSP76JW_{-1} + 0.1BSP76JW_{-2})$$
$$(5.6)$$
$$+ 0.72TLGHJW + 0.92 + u$$
$$(16) \quad (2.7)$$
$$SE = 0.739 \quad DW = 1.26 \quad R^2 = 0.881$$

TLGH   - Index des Tariflohn- und -gehaltniveaus
          je Stunde, 1976 = 100, exogen
BSP76   - Bruttosozialprodukt, real, 2.36

Enthalten in: 3.16

3.2 Nettolöhne und -gehälter der Selbständigen-Haushalte

$$NLGSE = 0.02NLG + 0.02T60I - 0.08DS1 - 0.06DS2$$
$$(13) \quad (6.5) \quad (2.6) \quad (2.3)$$
$$- 0.06DS3 - 0.62 + u$$
$$(2.3) \quad (12)$$
$$SE = 0.040 \quad DW = 0.56 \quad R^2 = 0.996$$

NLG   - Nettolohn- und -gehaltsumme, 3.17
T60I   - Linearer Trend (1960.1 = 1), exogen

Enthalten in: 3.18, 3.19

3.3 Verteilte Gewinne

$$GV = 0.44NLGM4 + 0.58(NYUM8 - BYUSTM8 + ZASTM8)$$
$$(2.9) \quad (2.4)$$
$$+ 0.80ZINSLM4 - 11.1DS1 - 12.8DS2 - 12.3DS3$$
$$(2.3) \quad (9.7) \quad (11) \quad (11)$$
$$+ 17.0 + u$$
$$(4.2)$$
$$SE = 2.541 \quad DW\ 1.29 \quad R^2 = 0.975$$

NLG   - Nettolohn- und -gehaltsumme, 3.17
NYU   - Nettoeinkommen aus Unternehmertätigkeit u. Vermögen, 3.12
BYUST   - Erwerbseinkünfte des Staates, 4.10
ZAST   - Zinsausgaben des Staates, 4.13

ZINSL   - Kapitalmarktzins (Umlaufrendite inländischer
          festverzinslicher Wertpapiere), in %, 5.5

Enthalten in: 3.4, 3.13, 3.21, 5.2

3.4 Verteilte Gewinne der übrigen Haushalte

$$GVUE = 0.36GV + 0.16T60I - 0.27DS1 - 0.42DS2$$
$$(8.4) \quad (3.2) \quad (0.5) \quad (0.7)$$
$$- 0.50DS3 - 9.13 + u$$
$$(0.8) \quad (8.8)$$

$SE = 0.642$ $DW = 0.30$ $R^2 = 0.993$

GV   - Verteilte Gewinne, insgesamt, 3.3
T601 - Linearer Trend (1960.1 = 1), exogen

Enthalten in: 3.13, 3.20

3.5 Transfereinkommen der privaten Haushalte, insgesamt

$$YTRA = 0.67 YTRA_{-1} + 0.0006 AL + 0.11 BLGM12$$
$$\quad\quad (6.7) \quad\quad\quad (1.0) \quad\quad (2.8)$$

$$+ 0.009 DWIB1 + 1.26 DS1 - 3.30 DS2 - 1.60 DS3$$
$$\quad (1.8) \quad\quad\quad (2.6) \quad\quad (5.5) \quad\quad (3.4)$$

$$+ 1.49 + u$$
$$\quad (1.1)$$

$SE = 1.053$ $DW = 1.93$ $R^2 = 0.991$

AL   - Registrierte Arbeitslose, in Tausend, 1.3
BLG   - Bruttolohn- und -gehaltsumme, 3.16
DWIB1 - Dummy "Witterung 1. Quartal", exogen

Enthalten in: 3.6, 3.14, 3.21, 5.1

3.6 Transfereinkommen der übrigen Haushalte

$$YTRAUE = 1.00 YTRA - 2.90 DS1 - 3.84 DS3 - 3.33 DS3 + 3.02 + u$$
$$\quad\quad\quad (67) \quad\quad (6.9) \quad\quad (9.1) \quad\quad (7.9) \quad\quad (3.7)$$

$SE = 0.939$ $DW = 2.14$ $R^2 = 0.993$

YTRA - Transfereinkommen der privaten Haush., insgesamt, 3.5

Enthalten in: 3.14, 3.20

3.7 Abschreibungen

$$AB = 0.01 BAUSN + 0.004 BBAUN + 0.11 DS1 + 0.47 DS2$$
$$\quad\quad (23) \quad\quad\quad (22) \quad\quad\quad (1.6) \quad\quad (6.6)$$

$$+ 0.10 DS3 + 2.49 + u$$
$$\quad (1.4) \quad\quad (18)$$

$SE = 0.158$ $DW = 0.90$ $R^2 = 1.000$

BAUSN - Brutto-Ausrüstungsbestand, 3.26
BBAUN - Brutto-Bautenbestand, 3.27

Enthalten in: 1.1, 2.4, 2.5, 3.10, 5.2

3.8 Zinsausgaben auf Konsumentenschulden der Selbständigen-Haushalte

$$ZAHHSE = 0.03 CPSEM4 + 0.02 ZINSKM4 - 0.004 DS1$$
$$\quad\quad\quad (39) \quad\quad\quad (14) \quad\quad\quad (0.3)$$

$$+ 0.007 DS2 + 0.009 DS3 - 0.60 + u$$
$$\quad (0.6) \quad\quad (0.8) \quad\quad (24)$$

$SE = 0.027$ $DW = 0.34$ $R^2 = 0.984$

CPSE - Privater Verbrauch der Selbständigen-Haushalte, 2.1
ZINSK - Geldmarktzins (3-Monatsgeld in Ff./M.), in %, 5.4

Enthalten in: 3.19

3.9 Zinsausgaben auf Konsumentenschulden der übrigen Haushalte

$$ZAHHUE = 0.03 CPUEM4 + 0.12 ZINSKM4 - 0.04 DS1$$
$$\quad\quad\quad (29) \quad\quad\quad (12) \quad\quad\quad (0.4)$$

$$+ 0.03 DS2 + 0.05 DS3 - 3.23 + u$$
$$\quad (0.3) \quad\quad (0.5) \quad\quad (18)$$

$SE = 0.193$ $DW = 0.18$ $R^2 = 0.971$

CPUE - Privater Verbrauch der übrigen Haushalte, 2.2
ZINSK - Geldmarktzins (3-Monatsgeld in Ff./M.), in %, 5.4

Enthalten in: 3.20

Definitionsgleichungen

3.10 Volkseinkommen

$$Y = BSP - TIND - AB$$

BSP - Bruttosozialprodukt, 2.37
TIND - Indirekte Steuern abzüglich Subventionen, 4.19
AB   - Abschreibungen, 3.7

Enthalten in: 3.11

3.11 Bruttoeinkommen aus Unternehmertätigkeit und Vermögen

$$BYU = Y - BYA$$

Y   - Volkseinkommen, 3.10
BYA - Bruttoeinkommen aus Unternehmertätigkeit, 3.15

Enthalten in: 3.12, 4.2, 4.5

3.12 Nettoeinkommen aus Unternehmertätigkeit und Vermögen

$$NYU = BYU - TUKOZ - KOZUAG$$

BYU   - Bruttoeink. aus Unternehmertätigk. und Vermögen, 3.11
TUKOZ - Direkte Steuern der Unternehmer
        (o. Konjunkturzuschlag), 4.2
KOZUAG - Konjunkturzuschlag der Unternehmer, exogen

Enthalten in: 1.1, 2.4, 2.5, 3.3, 5.2

3.13 Verteilte Gewinne der Selbständigen-Haushalte

$$GVSE = GV - GVUE$$

GV   - Verteilte Gewinne, insgesamt, 3.3
GVUE - Verteilte Gewinne der übrigen Haushalte, 3.4

Enthalten in: 3.19

3.14 Transfereinkommen der Selbständigen-Haushalte

$$YTRASE = YTRA - YTRAUE$$

YTRA   - Transfereinkommen, insgesamt 3.5
YTRAUE - Transfereinkommen der übrigen Haushalte, 3.6

Enthalten in: 3.19

3.15 Bruttoeinkommen aus Arbeitnehmertätigkeit

$$BYA = BLG + SVU$$

BLG - Bruttolohn- und -gehaltsumme, 3.16
SVU - Sozialversicherungbeiträge der Unternehmer, 4.8

Enthalten in: 1.1, 2.4, 2.5, 3.11, 4.12

3.16 Bruttolohn- und -gehaltsumme

$$BLG = BLGA * EWA / 1000$$

BLGA - Bruttlohn- u. -gehaltsumme je abh. Erwerbst., 3.1
EWA - Abhängig Erwerbstätige, in Mill., 1.1

Enthalten in: 3.5, 3.15, 3.17, 4.1, 4.6, 4.7, 4.8, 4.9, 4.14

3.17 Nettolohn- und -gehaltsumme

$$NLG = BLG - TANKO - KOZUAN - SVAN$$

BLG - Bruttolohn- und -gehaltsumme, 3.16

TANKO - Direkte Steuern der Arbeitnehmer
(ohne Konjunkturzuschlag), 4.1
KOZUAN - Konjunkturzuschlag der Arbeitnehmer, exogen
SVAN - Sozialversicherungsbeiträge der Arbeitnehmer, 4.7

Enthalten in: 3.2, 3.3, 3.18, 3.21, 5.1

3.18 Nettolöhne und -gehälter der übrigen Haushalte

NLGUE = NLG - NLGSE

NLG - Nettolöhne und -gehälter, insgesamt, 3.17
NLGSE - Nettolöhne und -gehälter der Selbständigen-Haush., 3.2

Enthalten in: 3.20

3.19 Verfügbares Einkommen der Selbständigen-Haushalte

YPVSE = NLGSE + GVSE + YTRASE - ZAHHSE

NLGSE - Nettolöhne und -gehälter der Selbständigen-Haush., 3.2
GVSE - Verteilte Gewinne der Selbständigen-Haushalte, 3.13
YTRASE - Transfereinkommen der Selbständigen-Haushalte, 3.14
ZAHHSE - Zinsausgaben auf Konsumentenschulden
der Selbständigen-Haushalte, 3.8

Enthalten in: 3.22

3.20 Verfügbares Einkommen der übrigen Haushalte

YPVUE = NLGUE + GVUE + YTRAUE - ZAHHUE

NLGUE - Nettolöhne und -gehälter der übrigen Haush., 3.18
GVUE - Verteilte Gewinne der übrigen Haushalte, 3.4
YTRAUE - Transfereinkommen der übrigen Haushalte, 3.6
ZAHHUE - Zinsausgaben auf Konsumentenschulden
der übrigen Haushalte, 3.9

Enthalten in: 3.23

3.21 Verfügbares Einkommen der privaten Haushalte
(ohne Zinsen auf Konsumentenschulden)

YPV = NLG + GV + YTRA

NLG - Nettolohn- und -gehaltsumme, 3.17
GV - Verteilte Gewinne, insgesamt, 3.3
YTRA - Transfereinkommen der priv. Haushalte, 3.5

Enthalten in: 3.24, 5.2

3.22 Verfügbares Einkommen der Selbständigen-Haushalte, real

YPVSE76 = YPVSE * 100 / PCP

YPVSE - Verfügb. Einkommen der Selbständigen-Haush., 3.19
PCP - Preisindex des privaten Verbrauchs (1976=100), 2.11

Enthalten in: 2.1

3.23 Verfügbares Einkommen der übrigen Haushalte, real

YPVUE76 = YPVUE * 100 / PCP

YPVUE - Verfügbares Einkommen der übrigen Haushalte, 3.20
PCP - Preisindex des privaten Verbrauchs (1976=100), 2.11

Enthalten in: 2.2

3.24 Verfügbares Einkommen der priv. Haushalte, real

YPV76 = YPV * 100 / PCP

YPV - Verfügbares Einkommen der priv. Haushalte, 3.21
PCP - Preisindex des privaten Verbrauchs (1976 = 100), 2.11

Enthalten in: 2.6

3.25 Lohndruck

LDR = TLGH - PRODEWAI

TLGH - Index des Tariflohn- und -gehaltniveaus
je Stunde, 1976 = 100, exogen
PRODEWAI - Index der Produktivität je abhängig
Erwerbstätigen, 1976 = 100, 1.9

Enthalten in: 2.11, 2.13, 2.14, 2.15, 2.16, 2.17

3.26 Brutto-Ausrüstungsbestand

$$BAUSN = (BAUSN_{-1} \frac{100}{PIAU_{-1}} + IAU76_{-1} - ABAUS_{-1}) \frac{PIAU}{100}$$

PIAU - Preisindex der Ausrüstungsinv. (1976 = 100), 2.13
IAU76 - Ausrüstungsinvestitionen, real, 2.4
ABAUS - Abgänge an Ausrüstungen, exogen

Enthalten in: 3.7

3.27 Brutto-Bautenbestand

$$BBAUN = (BBAUN_{-1} \frac{100}{PIB_{-1}} + IB76_{-1} - ABBAU_{-1}) \frac{PIB}{100}$$

PIB - Preisindex der Bauinvestitionen (1976 = 100), 2.39
IB76 - Bauinvestitionen, real, 2.28
ABBAU - Abgänge an Bauten, exogen

Enthalten in: 3.7, 4.16

4 Erweiterter öffentlicher Sektor

Strukturgleichungen

4.1 Direkte Steuern der Arbeitnehmer ohne Konjunkturzuschlag

$$LOG(TANKO/EWA) = \underset{(16)}{1.28LOG(BLG/EWA)} - \underset{(0.6)}{0.01DTAN1} - \underset{(0.9)}{0.02DTAN2}$$

$$- \underset{(8.8)}{0.21DS1} - \underset{(5.8)}{0.12DS2} - \underset{(3.5)}{0.07DS3} - \underset{(15)}{2.26} + u$$

$$SE = 0.042 \quad DW = 1.33 \quad R^2 = 0.978$$

BLG - Bruttolohn- und -gehaltsumme, 3.16
EWA - Abhängig Erwerbstätige, in Mill., 1.1
DTAN1 - Dummy "Einkommensteuerreform Jan. 1983", exogen
DTAN2 - Dummy "Einkommensteuerreform Jan. 1979", exogen

Enthalten in: 3.17, 4.17

4.2 Direkte Steuern der Unternehmer ohne Konjunkturzuschlag

$$LOG(TUKOZ) = \underset{(11)}{0.69LOG(BYU_{-3})} - \underset{(6.8)}{0.02INSK_{-3}} - \underset{(0.4)}{0.01DS1}$$

$$- \underset{(6.2)}{0.18DS2} - \underset{(2.3)}{0.07DS3} + \underset{(0.2)}{0.04} + u$$

$$SE = 0.064 \quad DW = 0.85 \quad R^2 = 0.853$$

BYU - Bruttoeink. aus Unternehmertätigk. u. Vermögen, 3.11
ZINSK - Geldmarktzins (3-Monatsgeld in Ff./M.), in %, 5.4

Enthalten in: 3.12, 4.17

4.3 Subventionen

$$SUBVEN = \underset{(10)}{0.08TINSG_{-1}} - \underset{(6.9)}{2.03DS1} - \underset{(4.0)}{1.19DS2} - \underset{(1.7)}{0.52DS3}$$

$$- \underset{(2.9)}{6.96PIM/PBSP} - \underset{(2.6)}{0.98DSUBV} + \underset{(3.6)}{7.68} + u$$

$$SE = 0.623 \quad DW = 1.87 \quad R^2 = 0.846$$

TINSG - Direkte und indirekte Steuern, 4.20
PIM - Preisindex der Importe (1976 = 100), exogen
PBSP - Preisindex des BSP (1976 = 100), 2.38
DSUBV - Dummy "Subventionen" (1973.4: -1; 1975.1: -1;
1975.4: 1; 1978.4: -1), exogen

Enthalten in: 4.19, 4.24, 4.25

4.4 Mehrwertsteuer

$$TINDMWST = 0.006(DMWST(CP + 0.4CST + IBWO + IBST - EXIM))$$
$$(60)$$

$$+ 3.1DS1 - 0.08DS2 - 0.82DS3 + 0.45 + u$$
$$(13) \quad (0.3) \quad (3.6) \quad (1.2)$$

$$SE = 0.515 \quad DW = 2.08 \quad R^2 = 0.991$$

DMWST - Dummy "Mehrwertsteuer", exogen
CP - Privater Verbrauch, 2.22
CST - Staatsverbrauch, 2.23
IBWO - Wohnungsbauinvestitionen, 2.26
IBST - Öffentliche Bauinvestitionen, 2.7
EXIM - Außenbeitrag, 2.35

Enthalten in: 4.18

4.5 Sonstige indirekte Steuern

$$TINDSON = 0.04(CP - 4.97DS1 - 3.12DS2 - 2.09DS3$$
$$(1.7) \quad (7.5) \quad (5.8) \quad (3.7)$$

$$+ 0.13BYUM8 + 9.47 + u$$
$$(1.7) \quad (9.3)$$

$$SE = 0.958 \quad DW = 1.38 \quad R^2 = 1.943$$

CP - Privater Verbrauch, 2.22
BYU - Bruttoeink. aus Unternehmertätigk. u. Vermögen, 3.11

Enthalten in: 4.18

4.6 Lohnsteuern auf Pensionen und nicht zurechenbare Steuern

$$TSONST = 0.009BLG - 0.18DS1 - 0.15DS2 - 0.11DS3$$
$$(14) \quad (3.5) \quad (3.0) \quad (2.3)$$

$$+ 0.37 + u$$
$$(3.1)$$

$$SE = 0.104 \quad DW = 1.18 \quad R^2 = 0.899$$

BLG - Bruttolohn- und -gehaltsumme, 3.16

Enthalten in: 4.24

4.7 Sozialversicherungsbeiträge der Arbeitnehmer

$$SVAN = 0.008(TSV \cdot BLG) + 1.21DS1 + 1.50DS2 + 1.37DS3$$
$$(171) \quad (16) \quad (21) \quad (19)$$

$$- 1.83 + u$$
$$(12)$$

$$SE = 0.158 \quad DW = 1.49 \quad R^2 = 0.999$$

TSV - Durchschnittl. Beitragssatz zur Sozialvers., in vH, exogen
BLG - Bruttolohn- und -gehaltsumme, 3.16

Enthalten in: 3.17, 4.21

4.8 Sozialversicherungsbeiträge der Unternehmer

$$SVU = 0.01(TSV \cdot BLG) + 1.26DS1 + 0.75DS2 + 0.80DS3$$
$$(103) \quad (6.3) \quad (3.9) \quad (4.2)$$

$$- 0.25 + u$$
$$(0.6)$$

$$SE = 0.416 \quad DW = 0.55 \quad R^2 = 0.997$$

TSV - Durchschnittl. Beitragssatz zur Sozialvers., in vH, exogen
BLG - Bruttolohn- und -gehaltsumme, 3.16

Enthalten in: 3.15, 4.21

4.9 Sozialversicherungsbeiträge, insgesamt

$$S = 0.02(TSV \cdot BLG) + 2.48DS1 + 1.85DS2 + 1.47DS3$$
$$(102) \quad (7.2) \quad (5.6) \quad (4.5)$$

$$- 2.62 + u$$
$$(3.9)$$

$$SE = 0.717 \quad DW = 0.83 \quad R^2 = 0.997$$

TSV - Durchschnittl. Beitragssatz zur Sozialvers., in vH, exogen
BLG - Bruttolohn- und -gehaltsumme, 3.16

Enthalten in: 4.26

4.10 Erwerbseinkünfte des Staates

$$BYUST = 0.01BSP + 0.21ZINSL + 0.63DS1 + 0.23DS2$$
$$(13) \quad (4.7) \quad (3.4) \quad (1.3)$$

$$+ 0.18DS3 - 3.34 + u$$
$$(1.0) \quad (5.9)$$

$$SE = 0.394 \quad DW = 2.10 \quad R^2 = 0.983$$

BSP - Bruttosozialprodukt, 2.37
ZINSL - Kapitalmarktzins (Umlaufrendite inländischer festverzinslicher Wertpapiere), in %, 5.5

Enthalten in: 3.3, 4.26

4.11 Sonstige laufende Übertragungen

$$YTRALES = 0.0003YTRALG_{-8} + 0.02BSP - 1.72 + u$$
$$(0.02) \quad (4.1) \quad (3.5)$$

$$SE = 0.417 \quad DW = 1.44 \quad R^2 = 0.858$$

YTRALG - Laufende Übertragungen vom Staat, 4.25
BSP - Bruttosozialprodukt, 2.37

Enthalten in: 4.26

4.12 Empfangene Vermögensübertragungen

$$YTRAVE = 0.76YTRAVE_{-1} - 0.00008BYA - 0.96DS1$$
$$(7.7) \quad (0.1) \quad (13)$$

$$- 0.41DS2 - 0.33DS3 + 0.83 + u$$
$$(7.5) \quad (6.1) \quad (5.4)$$

$$SE = 0.115 \quad DW = 1.90 \quad R^2 = 0.890$$

BYA - Bruttoeinkommen aus Arbeitnehmertätigkeit, 3.15

Enthalten in: 4.26

4.13 Zinsausgaben des Staates

$$ZAST = 0.02SCHUST_{-5} + 0.15ZINSLM4_{-4}$$
$$(20) \quad (1.4)$$

$$+ 324ZAST_{-4}/SCHUST_{-9} - 7.90 + u$$
$$(6.2) \quad (6.8)$$

$$SE = 0.866 \quad DW = 1.98 \quad R^2 = 0.933$$

SCHUST - Schuldenbestand des Staates, 4.29
ZINSL - Kapitalmarktzins (Umlaufrendite inländischer festverzinslicher Wertpapiere), in %, 5.5

Enthalten in: 3.3, 4.27

4.14 Laufende Übertragungen vom Staat (ohne Subventionen)

$$YTRALGOS = 0.69YTRALGOS_{-1} + 0.0007AL + 0.14BLGM12$$
$$(8.0) \quad (1.3) \quad (3.2)$$

$$+ 0.01DWIB1 - 0.63DS1 - 4.08DS2 - 3.23DS3$$
$$(2.3) \quad (1.3) \quad (7.3) \quad (7.1)$$

$$+ 2.28 + u$$
$$(1.7)$$

$$SE = 0.989 \quad DW = 2.10 \quad R^2 = 0.995$$

AL   - Registrierte Arbeitslose, in Tausend, 1.3
BLG   - Bruttolohn- und -gehaltsumme, 3.16
DWIB1   - Dummy "Witterung, 1. Quartal", exogen

Enthalten in: 4.25

4.15 Geleistete Vermögensübertragungen

$$YTRAVG = 0.26 YTRAVG_{-4} + 0.01 BSP - 2.63 DS1 - 1.27 DS2$$
$$(1.7) \qquad (2.8) \qquad (4.4) \qquad (3.1)$$

$$- 1.33 DS3 + 3.36 + u$$
$$(3.3) \qquad (3.9)$$

$$SE = 0.774 \quad DW = 1.45 \quad R^2 = 0.857$$

BSP   - Bruttosozialprodukt, 2.32

Enthalten in: 4.27

4.16 Abschreibungen des Staates

$$ABST = 0.0005 BBAUN + 0.02 DS1 + 0.03 DS2 - 0.02 DS3$$
$$(101) \qquad (1.2) \qquad (1.8) \qquad (1.1)$$

$$- 0.04 + u$$
$$(1.9)$$

$$SE = 0.033 \quad DW = 0.40 \quad R^2 = 0.997$$

BBAUN   - Brutto-Bautenbestand, 3.27

Enthalten in: 4.22

Definitionsgleichungen

4.17 Direkte Steuern

$$TDIR = TANKO + TUKOZ + KOZUAN + KOZUAG$$

TANKO   - Direkte Steuern der AN (o. Konjunkturzuschlag), 4.1
TUKOZ   - Direkte Steuern der Untern. (o. Konjunkturzuschl.), 4.2
KOZUAN   - Konjunkturzuschl. der Arbeitnehmer, exogen
KOZUAG   - Konjunkturzuschl. der Unternehmer, exogen

Enthalten in: 4.20, 4.24

4.18 Indirekte Steuern

$$TINDSUB = TINDMWST + TINDSON$$

TINDMWST - Mehrwertsteuer, 4.4
TINDSON   - Sonstige indirekte Steuern, 4.5

Enthalten in: 4.19, 4.20

4.19 Indirekte Steuern abzüglich Subventionen

$$TIND = TINDSUB - SUBVEN$$

TINDSUB   - Indirekte Steuern, 4.18
SUBVEN   - Subventionen, 4.3

Enthalten in: 3.10, 4.24

4.20 Direkte und indirekte Steuern

$$TINSG = TDIR + TINDSUB$$

TDIR   - Direkte Steuern, 4.17
TINDSUB   - Indirekte Steuern, 4.18

Enthalten in: 4.3

4.21 Sozialversicherungsbeiträge

$$SV = SVAN + SVU$$

SVAN   - Sozialversicherungsbeiträge der Arbeitn., 4.7
SVU   - Sozialversicherungsbeiträge der Untern., 4.8

4.22 Nettoinvestitionen des Staates

$$IANNST = IANST - ABST$$

IANST   - Anlageinvestitionen des Staates, 4.23
ABST   - Abschreibungen des Staates, 4.16

Enthalten in: 4.27

4.23 Anlageinvestitionen des Staates

$$IANST = IBST + IAUST + ILST$$

IBST   - Öffentliche Bauinvestitionen, 2.7
IAUST   - Ausrüstungsinvestitionen des Staates, exogen
ILST   - Lagerinvestitionen des Staates, exogen

Enthalten in: 4.22

4.24 Steuern insgesamt, in der Abgrenzung des erweiterten öffentlichen Sektors

$$T = TDIR + TIND + TSONST + SUBVEN$$

TDIR   - Direkte Steuern, 4.17
TIND   - Indirekte Steuern, abzügl. Subventionen, 4.19
TSONST   - Lohnsteuern auf Pensionen und nicht zurechenbare Steuern, 4.6
SUBVEN   - Subventionen, 4.3

Enthalten in: 4.26

4.25 Laufende Übertragungen vom Staat

$$YTRALG = YTRALGOS + SUBVEN$$

YTRALGOS - Lfd. Übertragungen vom Staat, o. Subventionen, 4.14
SUBVEN   - Subventionen, 4.3

Enthalten in: 4.11, 4.27

4.26 Staatseinnahmen, insgesamt

$$EST = T + S + BYUST + YTRALES + YTRAVE$$

T   - Steuern, insgesamt, in der Abgrenzung des erweiterten öffentlichen Sektors, 4.24
S   - Sozialversicherungsbeiträge, insgesamt, in der Abgrenzung des erweiterten öffentl. Sektors, 4.9
BYUST   - Erwerbseinkünfte des Staates, 4.10
YTRALES   - Sonstige laufende Übertragungen, 4.11
YTRAVE   - Empfangene Vermögensübertragungen, 4.12

Enthalten in: 2.7, 4.28

4.27 Staatsausgaben, insgesamt

$$AST = CST + ZAST + YTRALG + YTRAVG + IANNST$$

CST   - Staatsverbrauch, 2.23
ZAST   - Zinsausgaben des Staates, 4.13
YTRALG   - Laufende Übertragungen vom Staat, 4.25
YTRAVG   - Geleistete Vermögensübertragungen, 4.15
IANNST   - Nettoinvestitionen des Staates, 4.22

Enthalten in: 4.28

4.28 Finanzierungssaldo des Staates

$$DEF = EST - AST$$

EST   - Staatseinnahmen, insgesamt, 4.26
AST   - Staatsausgaben, insgesamt, 4.27

Enthalten in: 2.7, 4.29

4.29 Schuldenbestand des Staates

$$SCHUST = SCHUST_{-1} - DEF + DARVER$$

DEF   - Finanzierungssaldo des Staates, 4.28
DARVER - Differenz zwischen der Haushalts- und
           der Finanzierungsrechnung, exogen

Enthalten in: 4.13

5   Monetärer Bereich

Strukturgleichungen

5.1   Bargeldumlauf

$$BGU4JW = 0.38(NLGM2 + YTRAM2)JW - 0.79ZINSK_{-2}$$
$$(3.8) \qquad\qquad (9.3)$$

$$+ 1.11 + u$$
$$(13)$$

$$SE = 1.737 \quad DW = 0.43 \quad R^2 = 0.720$$

NLG   - Nettolohn- und -gehaltsumme, 3.17
YTRA - Transfereinkommen der privaten Haushalte, 3.5
ZINSK - Geldmarktzins (3-Monatsgeld in Ff/M.), in %, 5.4

Enthalten in: 5.6

5.2   Mindestreserven (bereinigt um reservepolitische Maßnahmen)

$$BIRES4 = 0.79BIRES4_{-1} + 0.04(NYU - GV + AB + YPV)$$
$$(6.9) \qquad\qquad (1.7)$$

$$- 0.22ZINSL_{-2} + 1.19DS1 - 0.70DS2 - 0.28DS3$$
$$(2.6) \qquad (2.3) \quad\;\; (1.3) \qquad (0.9)$$

$$+ 2.41 + u$$
$$(2.9)$$

$$SE = 0.541 \quad DW = 1.75 \quad R^2 = 0.997$$

NYU   - Nettoeink. aus Unternehmertätigk. und Vermögen, 3.12
GV   - Verteilte Gewinne, insgesamt, 3.3
AB   - Abschreibungen, 3.7
YPV   - Verfügbares Einkommen der privaten Haushalte, 3.21
ZINSL - Kapitalmarktzins (Umlaufrendite inländischer
         festverzinslicher Wertpapiere), in %, 5.5

Enthalten in: 5.6

5.3   Diskontsatz (Quartalsdurchschnitt), in %

$$PDISKD = 0.67PDISKD_{-1} - 0.002LIR4JW + 0.14ZKUSA_{-1}$$
$$(12) \qquad\qquad (4.6) \qquad\qquad (5.1)$$

$$+ 0.24PCPJW - 0.59 + u$$
$$(4.8) \qquad (3.0)$$

$$SE = 0.283 \quad DW = 1.50 \quad R^2 = 0.977$$

LIR4   - Freie Liquiditätsreserven, 5.6
ZKUSA - Diskontsatz der USA (Quartalsende), in %, exogen
PCP   - Preisindex des privaten Verbrauchs (1976 = 100), 2.11

Enthalten in: 5.4

5.4   Geldmarktzins (3-Monatsgeld in Ff./M.), in %

$$ZINSK - PDISKD = 0.35(ZINSK_{-1} - PDISKD_{-1})$$
$$(4.1)$$

$$+ 0.16(ZKUSA_{-1} - PDISKD_{-1})\cdot PIM_{-1}/PEX_{-1}$$
$$(3.7)$$

$$+ 5.17 \cdot 1/LIR4 - 0.56 + u$$
$$(4.5) \qquad\qquad (2.9)$$

$$SE = 0.521 \quad DW = 1.21 \quad R^2 = 0.865$$

PDISKD - Diskontsatz (Quartalsdurchschnitt), in %, 5.3
ZKUSA - Diskontsatz der USA (Quartalsende), in %, exogen
PIM   - Preisindex der Importe (1976 = 100), exogen
PEX   - Preisindex der Exporte (1976 = 100), 2.17
LIR4   - Freie Liquiditätsreserven, 5.6

Enthalten in: 2.1, 2.2, 3.8, 3.9, 4.2, 5.1, 5.5

5.5   Kapitalmarktzins (Umlaufrendite inländischer

**   festverzinslicher Wertpapiere), in %**

$$ZINSL = 0.43ZINSKM4 + 0.39(ZINSK - ZINSK_{-1})$$
$$(14) \qquad\qquad (4.9)$$

$$+ 0.15(BSP - EXIM)JW + 0.50PCPJW_{-4} + 1.93 + u$$
$$(4.6) \qquad\qquad (8.3) \qquad (4.1)$$

$$SE = 0.433 \quad DW = 1.31 \quad R^2 = 0.917$$

ZINSK - Geldmarktzins (3-Monatsgeld in Ff/M.), in %, 5.4
BSP   - Bruttosozialprodukt, 2.37
EXIM - Außenbeitrag, 2.35
PCP   - Preisindex des priv. Verbrauchs (1976 = 100), 2.11

Enthalten in: 2.6, 3.3, 4.10, 4.13, 5.2, 5.7

Definitionsgleichungen

5.6   Freie Liquiditätsreserven

$$LIR4 = MBA24 - BGU4 - BIRES4 \geq 2$$

MBA24 - Zentralbankgeldangebot, exogen
BGU4   - Bargeldumlauf, 5.1
BIRES4 - Mindestreserven (bereinigt um reservepol. Maßnahmen), 5.2

Enthalten in: 5.3, 5.4

5.7   Realzins, in %

$$ZLPBSP = ZINSL - PBSPJW$$

ZINSL - Kapitalmarktzins (Umlaufrendite inländischer
         festverzinslicher Wertpapiere), in %, 5.5
PBSP - Preisindex des Bruttosozialprodukts (1976 = 100), 2.38

Enthalten in: 2.4, 2.5

L ARIMA-Schätzungen und die Preisindizes der Lebenshaltung

Identifikation, Schätzung und Prognose eines ARIMA-Prozesses für den Preisindex
für Waren und Dienstleistungen für Bildungs- und Unterhaltungszwecke (BILUN)

```
SERIES: BILUN    PERIOD: 12   RANGE: 1974 1 TO 1983 6
DIFF: 1  SDIFF: 0  SPAN: 12
NET OBS: 113  MEAN:        0.292034    SD:          0.264118
MIN:       -0.100006  MAX:          1.59999


GUESSES
CONSTANT        0.304
AR1             1.
MA1             0.1


INITIAL SSR =       71.5246
NITER = 13   FINAL SSR =        7.01181

CONFIDENCE LEVEL = 95%
```

COEF	ESTIMATE	STER	TSTAT
CONSTANT	0.012908	0.02289	0.563912
AR1	0.960233	0.080386	11.9453
MA1	0.831324	0.078363	10.6086

COEF	LOWLIM	UPLIM
CONSTANT	-0.031955	0.05777
AR1	0.80268	1.11779
MA1	0.677736	0.984913

```
EST.RES.SD (WITH BACKCAST)    =   0.252475
EST.RES.SD (WITHOUT BACKCAST) =   0.251196
RSQ =       0.119  DEGFRE = 110
F(2/110) =       7.463   PROB>F =        0.001
```

ESTIMATE OF COV/CORR OF ESTIMATES

	CONSTANT	AR1	MA1
CONSTANT	0.000524	-0.989734	-0.816635
AR1	-0.001821	0.006462	0.825388
MA1	-0.001465	0.005199	0.006141

BILUN: AR 1 MA 1 CONST DIFF 1
RES ACF - CONFIDENCE LEVEL = 95%

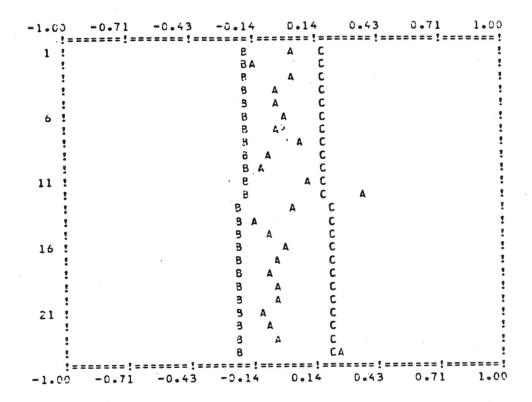

```
 -1.00    -0.71    -0.43    -0.14     0.14     0.43     0.71     1.00
   .!======!======!======!======!======!======!======!
  1 !                       B       A   C                        !
    !                       BA          C                        !
    !                       R       A   C                        !
    !                       B     A     C                        !
    !                       B     A     C                        !
  6 !                       B      A    C                        !
    !                       B     A.    C                        !
    !                       R   . A     C                        !
    !                       B  A        C                        !
    !                       B A         C                        !
 11 !                     .  B       A C                         !
    !                       B           C     A                  !
    !                      B        A   C                        !
    !                      B A          C                        !
    !                      B    A       C                        !
 16 !                      B         A  C                        !
    !                      B       A    C                        !
    !                      B      A     C                        !
    !                      B       A    C                        !
    !                      B        A   C                        !
 21 !                      B A          C                        !
    !                      B   A        C                        !
    !                      B    A       C                        !
    !                      B           CA                        !
   !======!======!======!======!======!======!======!
 -1.00    -0.71    -0.43    -0.14     0.14     0.43     0.71     1.00
```

*****************************LEGEND*********************************

TIME BOUNDS: 1 TO 24

SYMBOL SCALE NAME
   A   #1   BILUN+RESAUTO
   B   #1   MINUS+STDERR
   C   #1   PLUS+STDERR

****

BILUN: AR 1 MA 1 CONST DIFF 1
RES PACF - CONFIDENCE LEVEL = 95%

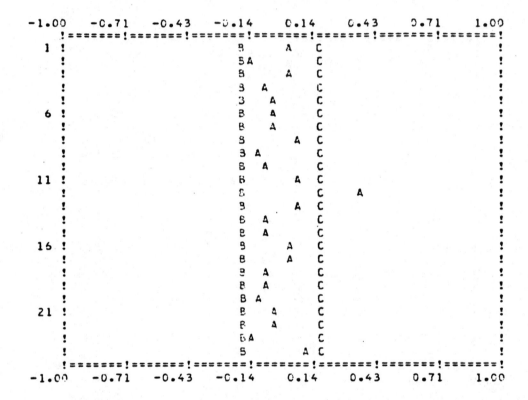

```
   -1.00    -0.71    -0.43    -0.14     0.14     0.43     0.71     1.00
     !======!======!======!======!======!======!======!======!
   1 !                          B       A      C                      !
     !                          BA             C                      !
     !                          B       A      C                      !
     !                          B   A          C                      !
     !                          B     A         C                     !
   6 !                          B     A         C                     !
     !                          B     A         C                     !
     !                          B          A    C                     !
     !                          B A            C                      !
     !                          B     A         C                     !
  11 !                          B          A    C                     !
     !                          B              C      A               !
     !                          B          A    C                     !
     !                          B   A          C                      !
     !                          B   A          C                      !
  16 !                          B       A      C                      !
     !                          B       A      C                      !
     !                          B  A           C                      !
     !                          B   A          C                      !
     !                          B A            C                      !
  21 !                          B     A         C                     !
     !                          B     A         C                     !
     !                          BA            C                       !
     !                          B           A  C                      !
     !======!======!======!======!======!======!======!======!
   -1.00    -0.71    -0.43    -0.14     0.14     0.43     0.71     1.00
```

*****************************LEGEND****************************

TIME BOUNDS: 1 TO 24

SYMBOL SCALE NAME
     A   #1   BILUN+RESPART
     B   #1   MINUS+STDERR
     C   #1   PLUS+STDERR

****

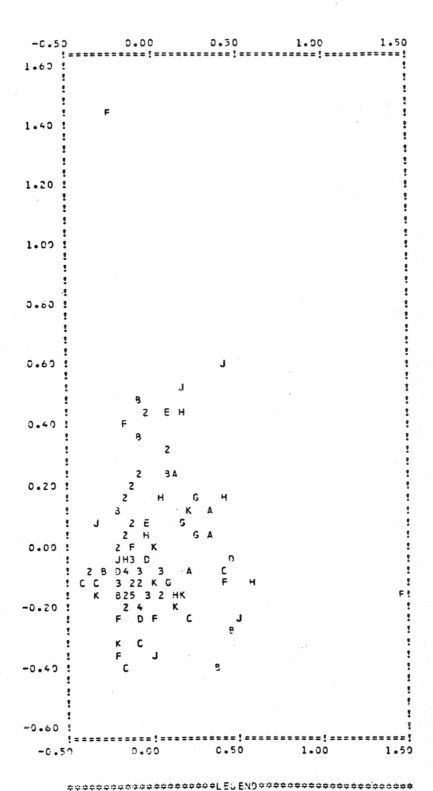

BILUN: AR 1 MA 1 CONST DIFF 1

COEF ESTIMATES
CONSTANT   0.012908
AR1   0.460233
MA1   0.331324

NOBS IN ESTIMATION = 120
CONFIDENCE LEVEL = 95%

DATE	FORECAST	LOWLIM	UPLIM
1983 7	121.479	120.874	122.093
1983 8	121.759	120.848	122.67
1983 9	122.041	120.856	123.226
1983 10	122.325	120.879	123.771
1983 11	122.61	120.908	124.312
1983 12	122.897	120.941	124.853
1984 1	123.136	120.976	125.395
1984 2	123.476	121.012	125.939
1984 3	123.767	121.05	126.484
1984 4	124.059	121.039	127.031
1984 5	124.353	121.126	127.58
1984 6	124.648	121.166	128.131
1984 7	124.945	121.206	128.683
1984 8	125.242	121.248	129.237
1984 9	125.541	121.29	129.791
1984 10	125.84	121.333	130.347
1984 11	126.141	121.378	130.903
1984 12	126.442	121.424	131.46

DATE	ACTUAL	(A-F)	%(A-F)/A
1983 7	123.4	1.92148	1.55711
1983 8	123.8	2.04114	1.64874
1983 9	124.	1.95903	1.57986
1983 10	124.3	1.97523	1.58909
1983 11	124.3	1.68932	1.35947
1983 12	124.4	1.50282	1.20806
1984 1	NA	NA	NA
1984 2	NA	NA	NA
1984 3	NA	NA	NA
1984 4	NA	NA	NA
1984 5	NA	NA	NA
1984 6	NA	NA	NA
1984 7	NA	NA	NA
1984 8	NA	NA	NA
1984 9	NA	NA	NA
1984 10	NA	NA	NA
1984 11	NA	NA	NA
1984 12	NA	NA	NA

```
                        BILUN: AR 1 MA 1 CONST DIFF 1
                        CONFIDENCE LEVEL = 95%


              120.0    122.0    124.0    126.0    128.0    130.0    132.0
              !=======!=======!=======!=======!=======!=======!
   1983 JUL   !   C   B D       A                                      !
              !   C     B     D     A                                  !
              !   C       B     D   A                                  !
              !     C       B       D A                                !
              !     C         B         2                              !
              !     C           B       AD                             !
   1984 JAN   !     C             B         D                          !
              !     C             B           D                        !
              !     C               B           D                      !
              !     C               B             D                    !
              !      C                B             D                  !
              !      C                  B             D                !
   1984 JUL   !      C                  B               D              !
              !      C                    B               D            !
              !      C                      B               D          !
              !      C                        B               D        !
              !       C                       B                 D      !
              !       C                         B                   D  !
              !=======!=======!=======!=======!=======!=======!
              120.0    122.0    124.0    126.0    128.0    130.0    132.0
```

*******************LEGEND*******************

TIME BOUNDS: 1983 JULY TO 1984 DECEMBER

SYMBOL SCALE NAME
   A   #1   BILUN
   B   #1   BILUN+FORECAST
   C   #1   LOWER+CONF+LIMIT
   D   #1   UPPER+CONF+LIMIT

****
```
```

Die Entwicklung des Preisindex für die Gesamtlebenshaltung und seiner zehn Hauptgruppen

(Die senkrechten Striche markieren die Zeitpunkte der letzten drei Mehrwertsteueranhebungen)

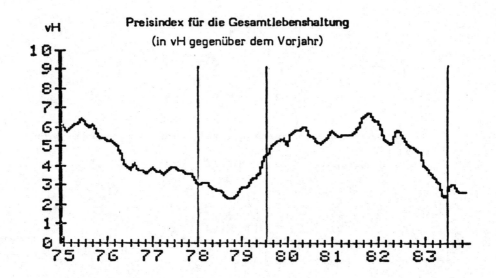

Preisindex für die Gesamtlebenshaltung
(in vH gegenüber dem Vorjahr)

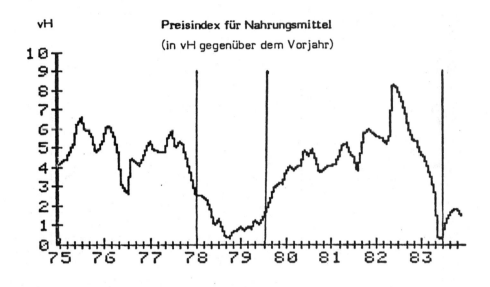

Preisindex für Nahrungsmittel

(in vH gegenüber dem Vorjahr)

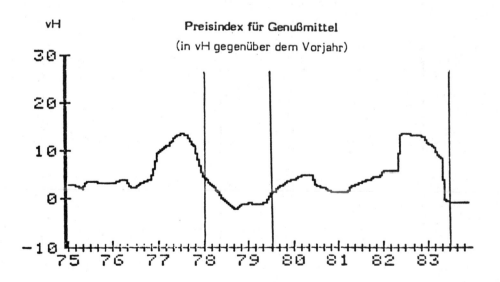

Preisindex für Genußmittel

(in vH gegenüber dem Vorjahr)

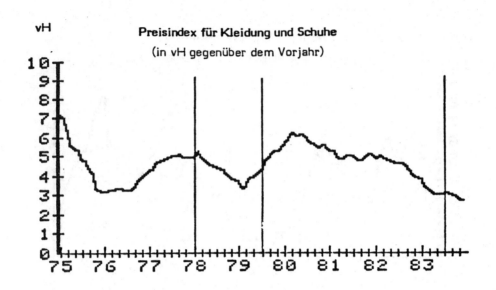

Preisindex für Kleidung und Schuhe
(in vH gegenüber dem Vorjahr)

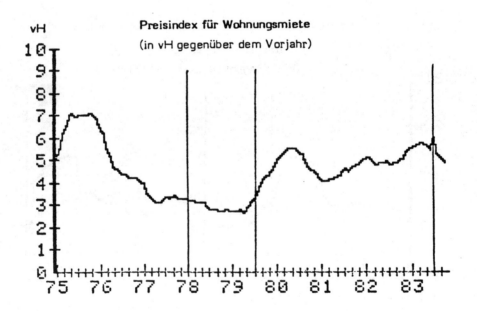

Preisindex für Wohnungsmiete
(in vH gegenüber dem Vorjahr)

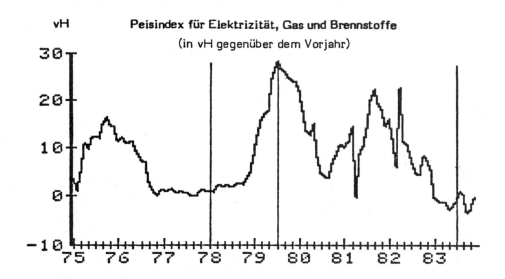

Peisindex für Elektrizität, Gas und Brennstoffe

(in vH gegenüber dem Vorjahr)

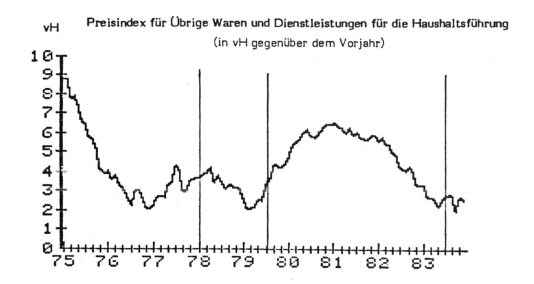

Preisindex für Übrige Waren und Dienstleistungen für die Haushaltsführung

(in vH gegenüber dem Vorjahr)

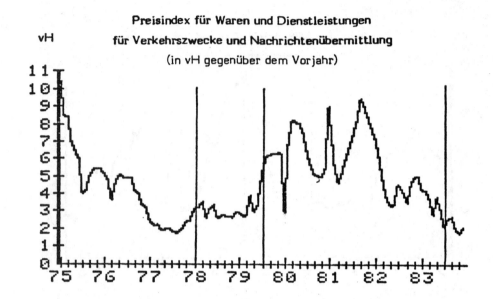

Preisindex für Waren und Dienstleistungen
für Verkehrszwecke und Nachrichtenübermittlung
(in vH gegenüber dem Vorjahr)

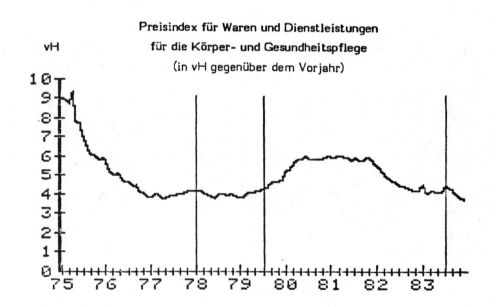

Preisindex für Waren und Dienstleistungen
für die Körper- und Gesundheitspflege
(in vH gegenüber dem Vorjahr)

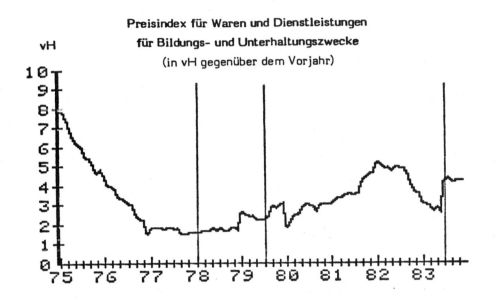

Preisindex für Waren und Dienstleistungen für Bildungs- und Unterhaltungszwecke
(in vH gegenüber dem Vorjahr)

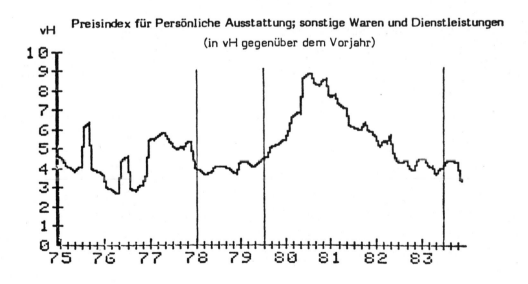

Preisindex für Persönliche Ausstattung; sonstige Waren und Dienstleistungen
(in vH gegenüber dem Vorjahr)